本书部分内容为国家科技支撑项目“动态数字出版内容发布关键技术及标准规范研究”（项目编号：2012BAH89F03）、国家自然科学基金项目“基于文本逻辑主题结构的数字出版内容重组研究”（项目编号：71673208）和湖北省自然科学基金项目“基于理想认知模型的出版内容重组框架研究”（项目编号：2020CFB821）之成果。

基于知识库的出版知识服务实现

The Realization of Repository-based Publishing Knowledge Service

国家新闻出版署语义出版与知识服务重点实验室

袁小群 著

WUHAN UNIVERSITY PRESS
武汉大学出版社

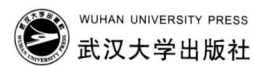

图书在版编目(CIP)数据

基于知识库的出版知识服务实现/袁小群,国家新闻出版署语义出版与知识服务重点实验室著.—武汉：武汉大学出版社,2021.10
数字时代图书馆学情报学研究论丛
ISBN 978-7-307-22596-1

Ⅰ.基… Ⅱ.①袁… ②国… Ⅲ.电子出版物—出版工作—商业服务—研究—中国 Ⅳ.G239.2

中国版本图书馆 CIP 数据核字(2021)第 195715 号

责任编辑：詹 蜜 黄河清　　责任校对：汪欣怡　　版式设计：韩闻锦

出版发行：**武汉大学出版社**　(430072　武昌　珞珈山)
（电子邮箱：cbs22@whu.edu.cn　网址：www.wdp.com.cn）
印刷：武汉市金港彩印有限公司
开本：720×1000　1/16　印张：19.25　字数：275 千字　插页：3
版次：2021 年 10 月第 1 版　　　2021 年 10 月第 1 次印刷
ISBN 978-7-307-22596-1　　　定价：78.00 元

版权所有，不得翻印；凡购我社的图书，如有质量问题，请与当地图书销售部门联系调换。

袁小群，男，湖北孝感人，工学博士、副教授，毕业于华中科技大学电子与信息工程系，现任武汉大学信息管理学院出版科学系副主任，国家新闻出版署语义出版与知识服务重点实验室智能出版研究室主任，主持和参与国家科技支撑计划、973计划、国家自然科学基金、湖北省自然科学基金等多类项目，在 *IEEE TCC*、*FGCS*、*IEEE ACCESS*、*ASIS&T*、《出版科学》、《中国出版》等国内外重要期刊和iConference等会议上发表学术论文30余篇，主要研究方向有出版知识服务、数据分析和计算机网络应用等。

序：出版人也需要有技术思维

出版的基本属性虽然是文化，但它与技术有着深厚的渊源和密切的联系。千百年来，出版业以书示人的传统格局正是造纸术和印刷术等出版相关的技术的发明和应用所建构的。20世纪中叶以来，数字技术的发展和普及，正在悄然改变着传统出版的产业形态和产业发展逻辑。如数字载体技术的发展改变了出版物的产品呈现形态，光电复制技术改变了出版物的制作与传播形态，大数据与人工智能改变了出版物的编审业务流程和行为规范，多模态信息获取技术改变了读者的阅读或消费心理与行为，等等。新的技术发展，造就了新的出版生态，并将从根本上重构现代出版业。

随着技术的发展或进步，出版作为一个服务产业，经历了从文献服务、情报服务到知识服务的变迁或演进。未来的出版业必将以知识服务业的形态示人。因此，充分利用现代信息技术手段，建设结构化的内容资源，提供个性化的知识服务，才是出版业发展的未来。《基于知识库的出版知识服务实现》，正是基于这一理念撰写的一部出版学术专著，它从技术视角，描绘了出版业的未来形态，勾勒出了出版知识服务的雏形，是一部关于出版知识服务研究的力作。我相信，作者的这种基于技术的出版思维，对当下我国出版业的转型升级和高质量发展具有较好的学术指导意义。

作者袁小群，博士毕业于华中科技大学计算机科学与技术专业，攻博期间一直跟着尹浩教授在清华学习，打下了很好的专业和技术基础。博士毕业后，进入我校"图书情报与档案管理"一级学科博士后流动站跟着我做博士后研究，出站后成了我的同事。袁博士曾参与过我主持的多个项目的研究工作，而且承担的都是其中的技术活，表现出了不同于我等文科生的独到技术眼光和能力，为这些项目的顺利完成做出了不小的贡献。留校任教以来，教学方面承担的主要是出版学专业的技术类课程，科研方面从事的也都是些技术开发类项目的研究工作，为武汉大学编辑出版学和数字出版两个专业的建设做了不少有意义的工作。其中，《基于知识库的出版知识服务实现》就是这些年来他在数字出版教学与科研活动中累积的成果的一个集中反映。

学习了这本著作，我有这样三点体会：

首先，在现代技术背景下，出版人应该懂点数字技术，有点"技术思维"。特别声明，我是一个文科生，并非一个技术决定论者。但是，看过本著作，我相信出版的确是应该有点技术含量的，忽视技术是做不好出版的。关注技术，重视技术思维，不仅没有改变出版的文化属性，没有淡化出版是内容产业的意思，而且提升了出版作为文化或内容的感染力、渗透力和影响力。

其次，对出版业而言，技术不是一些眼花缭乱的名词术语，不是"装饰"，不是用来装门面或唬人的，而是内化于出版业务活动和出版成果的东西。都说技术"赋能"，数字技术赋予出版业的是其业务能力的提升，是其业务流程的优化，是出版产品或服务感染力和影响的提升，是出版影响经济、文化或社会能力的提升。出版业对技术的重视，不是成立一个数字出版部门就能解决问题的，而是要将技术融入各类出版业务活动之中，体现在为社会提供的出版产品和服务之中。插上技术的"翅膀"，出版才能飞得更高、走得更远。

然后，没有出版理论的创新，也就没有出版业的科学发展。出版理论研究同样需要关注技术，单纯的人文视角往往难以回答出版业发展所面临的各种理论或现实问题。传统出版学的一些概念范畴、知识体系和学科范式，在现代技术背景下，需要有一个重新解读、重新定义和重新建构的过程。因此，基于技术视角，关注现代出版技术、研究现代出版技术,应该成为出版理论研究的自觉,成为出版学人的自觉。

于珈山
2020 年 8 月 23 日

前　　言

作为现代科学技术与传统出版产业相结合的产物，数字出版拥有高效率、灵活性、节能环保和快速便捷等优势，是出版产业发展的一种趋势。但数字出版物的匿名可复制性使得盗版猖獗，阻碍数字出版的发展。此外，随着信息爆炸的来临和移动终端的普及，碎片化时空条件下的内容个性化定制已成为数字阅读的必然需求，客观上要求出版提供个性化定制出版服务。鉴于此，业界引入知识服务概念，提出"为读者提供个性化定制内容的出版知识服务"这一新的数字出版形态。首先，个性化出版知识服务不仅有助于满足用户个性化内容消费需求，还与其碎片化阅读模式相匹配，有助于进一步满足用户阅读需求，提升其阅读积极性。其次，出版知识服务通过对已有资源进行重组，有助于提高出版内容资源的利用率。最后，由于出版知识服务产品定制化程度高、需求和消费指向性明显独特，不具备大规模匿名复制的可能性。因此，个性化出版知识服务还有助于减少数字出版盗版现象。

个性化出版知识服务具有明显的应用优势，但目前关于这方面的研究还不多，还停留在概念层面，缺乏具体解决方案。事实上，信息技术、网络通信技术、数据库技术以及语义技术的快速发展，已经能够从技术层面上解决个性化出版知识服务内容动态生产和即时服务的诉求。首先，语义、领域本体以及非关系型数据库为出版内容资源进行碎片化和序化，并形成出版知识库提供技术支撑。其次，内容推荐、用户偏好和大数据为解读和推断用户阅读需求提供

前　言

了技术上的可能。再次，语义技术、文本分析以及自然语言处理等理论有助于根据用户阅读需求为其提供相应的定制内容。最后，生物信息、计算机视觉和排版等技术使得根据用户阅读情形提取相应规律，并形成满足用户阅读视觉体验的自动排版和封装成为可能。上述方案组合一起，已经从出版产品生产角度形成能够为用户提供个性化阅读内容的出版知识服务产品生产流程与解决方案，基本实现基于信息技术的个性化出版知识服务的产品生产。

本书旨在解决如何利用信息技术实现个性化定制出版的出版知识服务，从而克服数字出版面临的资源利用率低、个性化服务能力不足等问题。全书以数字出版资源为对象，以出版知识服务活动过程中出版内容资源的流动方向为主线，构建出版知识服务内容生产和服务解决方案，为国内出版企业发展提供指导和借鉴。为此，本书首先从用户内容消费入手，对用户内容消费需求特性进行分析，并引入知识服务概念，系统分析和阐述出版知识服务。在此基础上，本书以出版知识服务内容流通为主线，引入语义技术、数据分析、自然语言处理、生物信息技术、优化理论以及网络通信技术，从出版内容资源管理、出版物动态生成以及服务提供与优化三个角度阐述了实现个性化出版内容定制的技术原理，实现信息技术对出版流程的再造，是信息技术与出版产业的高度融合，具有重要的学术价值和现实意义。

从学术上看，本书针对当前网络环境，从技术上提出一种实现个性化定制出版知识服务的系统解决方案。该方案能解决当前数字出版面临的内容资源利用率低、个性化服务不够等问题，具有重要的理论价值。在此基础上，本书从交叉学科研究的角度开展研究活动，充分运用文献分析、定性和定量分析以及理论建模、数据挖掘等社会科学的研究方法和自然工程学的研究方法，实现不同学科种类间的有机融合，具有一定的科学研究借鉴意义。

从出版实践看，本书提出的个性化定制出版知识服务解决方案，有助于弥补当前数字出版存在的匿名可复制性缺陷，促进出版产业的良性发展。虽然数字出版作为传统出版的发展趋势，具有方便快捷等诸多优势，但其内容匿名可复制性容易形成盗版，给出版单位造成极大损失，直接影响数字出版的推广和发展。而出版知识服务的出版产品不具有普遍性，客观上减少了用户盗版的驱动力，有助于减少盗版。此外，出版知识服务产品的个性化定制特性符合当前网络个性化消费的趋势，其整个出版内容服务过程的商业逻辑明晰，有助于形成较为完整的可复用的商业模式，进而促进出版产业的快速发展。最后，出版知识服务根据用户阅读需求从已有出版资源中获取资源并服务用户，有助于出版资源的重复利用，对于出版企业盘活自身内容资源，形成以内容资源为核心的价值增值体系有重要意义。显然，出版知识服务不仅符合用户网络内容消费需求，还能解决当前数字出版面临的核心挑战，进而形成出版企业以内容资源为核心竞争力的新型服务模式，对出版产业的良性发展，有重要的实践价值。

全书旨在从技术角度向读者展示如何构建一套可以用于个性化定制的出版知识服务解决方案，包括出版知识库构建、基于用户偏好和理想认知模型的出版知识服务产品自动生产和封装，以及基于合作云的弹性出版知识服务平台构建和服务等三部分，共分八章：

第一章，出版知识服务概念界定和辨析。以用户内容消费行为为切入点并展开分析，根据其内容消费需求将出版服务分为文献服务、信息服务和知识服务三大类。在此基础上，对出版知识服务的概念、含义及特点进行详细阐述。

第二章，知识库构建。出版知识库为出版知识服务提供内容资源，是出版知识服务的基础。本章旨在向读者展示如何构建出版知识库，从而实现出版资源的序化和一致化。为此，本章首先从用户和出版单位两方出发，引入博弈理论，详细分析出版知识库构建过程中内容碎片化粒度大小问题，并得出相应的碎片化粒度策略，为出版单位构建出版知识库时内容碎片化程度的确定提供理论支撑。在此基础上，引入本体理论，构建基于本体的出版知识库。

第三章，出版知识服务内容生产。出版知识服务为用户提供的个性化出版产品是建立在对用户有足够认知，且能准确推断出其真正阅读意图及偏好的基础上的。本章从数字内容产生入手，在分析用户偏好含义的基础上，结合语义检索技术，设计基于用户偏好的检索内容推荐,从而达到准确推断用户阅读意图的目的。

第四章、第五章,出版知识服务内容聚合与重组。出版知识服务根据用户阅读需求从知识库中抽取内容,重新组织成适合用户阅读的出版内容。显然,内容重组是出版知识服务的核心和关键环节。第四章、第五章对出版知识服务的内容聚合重组展开详细介绍。其中,第四章从内容聚合与出版知识服务之间的关系入手,详细介绍内容聚合在出版知识服务中的地位、相应的特性和面临的挑战,并以学术数据库出版为例,从用户偏好角度分析如何实现出版内容的聚合。在此基础上,第五章引入理想认知模型,设计了一种基于理想认知模型的内容重组框架,以适用于更为普遍的出版环境。

第六章,基于视觉焦点的自动排版。自动排版旨在将出版知识服务内容以合适的方式向用户呈现,是影响用户阅读体验的重要因素。鉴于视觉效果对于内容消费具有显著影响,本章引入神经信息学,通过对用户阅读信息的分析归纳,提取用户阅读时的视觉规律,进而设计出相应的自动排版解决方案,以提高用户阅读体验。

第七章,联合云环境下云出版知识服务平台构建。本章旨在解决当前出版企业尤其中小型出版企业在构建出版服务平台时面临的资金不足的困境,首先分析了国内中小型出版企业数字出版服务平台的建设现状,并指出引入云计算和云联合,能有效解决目前出版企业数字出版服务平台建设资金不足以及单个云出版服务平台服务规模和服务范围有限的问题。在此基础上,本章进一步分析了联合云出版的经济模式,提出一种基于合作的出版知识服务平台方案。

第八章,数字出版平台内容服务。本章在上章提出的基于合作的出版知识服务平台方案基础上,设计了一套资源优化方案,以实现用户个性化出版知识服务过程中的资源有效利用,提高平台对用户的个性化服务能力和服务效率。为此,本章首先提出一种基于用户需求变化的动态服务节点部署方案,以较低成本满足用户个性化出版知识服务的需求。在此基础上,本章提出一种平台节点间的资源分配方案,以确保平台在服务用户时系统资源的顺畅流动,保证系统的良好高效运转。最后,本章提出一种动态的服务节点选择方案，通过将用户定位到最佳的服务节点上，以保证用户个性化出版知识服务过程中的体验。基于上述三种方案，本章形成了一套用户需求到服务节点、源节点到边缘节点、边缘节点到用户的完整的平台出版知识服务内容资源优化方案，能有效保证用户个性化出版知识服务过程中的使用与服务体验，实现平台构建过程中以最低成本确保最高品质用户服务的目标，最终厘清并优化出版知识服务的全流程。

目 录

1 出版知识服务 ··· 1
  1.1 用户内容消费行为与需求分析 ·· 3
    1.1.1 用户内容消费行为 ·· 3
    1.1.2 用户内容消费需求 ·· 5
  1.2 基于用户需求的出版服务模式分析 ······································ 6
    1.2.1 文献服务 ·· 7
    1.2.2 信息服务 ·· 8
    1.2.3 知识服务 ·· 9
    1.2.4 面向用户需求的出版服务策略 ··································· 10
  1.3 出版知识服务 ··· 11
    1.3.1 出版知识服务概念辨析 ·· 12
    1.3.2 信息、信息资源与知识服务 ······································ 15
    1.3.3 数字内容与出版知识服务 ··· 16
    1.3.4 出版知识服务的特点 ··· 18
  本章参考文献 ·· 19

2 知识库构建 ··· 23
  2.1 基于博弈的知识服务资源粒度确定 ···································· 24
    2.1.1 粒度与知识单元 ··· 24
    2.1.2 出版知识服务资源粒度博弈模型 ······························· 27

目 录

  2.1.3 博弈策略分析 …………………………………… 30
 2.2 领域本体 …………………………………………………… 35
  2.2.1 本体理论概述 …………………………………… 35
  2.2.2 本体对数字内容按需获取的作用 ……………… 36
 2.3 基于本体的出版知识库构建 …………………………… 39
  2.3.1 中小学教育资源处理 …………………………… 40
  2.3.2 中小学教育知识库构建 ………………………… 46
 2.4 本章小结 ………………………………………………… 56
 本章参考文献 ………………………………………………… 57

3 基于用户偏好的出版知识服务内容生产 …………………… 59
 3.1 数字内容生产的概述 …………………………………… 59
  3.1.1 数字内容生产的介绍 …………………………… 60
  3.1.2 数字内容生产的意义 …………………………… 62
 3.2 语义检索(智能检索)系统 ……………………………… 64
  3.2.1 语义的基本概念 ………………………………… 64
  3.2.2 语义检索系统的概念及结构 …………………… 65
  3.2.3 语义检索系统的实现要求 ……………………… 66
  3.2.4 语义检索系统的功能 …………………………… 66
  3.2.5 语义检索系统的流程 …………………………… 67
  3.2.6 语义检索系统的技术 …………………………… 69
 3.3 数字出版平台用户偏好模型的构建 …………………… 70
  3.3.1 用户偏好的获取 ………………………………… 71
  3.3.2 用户偏好模型构建的方法 ……………………… 72
  3.3.3 用户偏好模型构建的实现思路 ………………… 74
 3.4 基于用户偏好的检索内容推荐 ………………………… 80
  3.4.1 知识服务内容检索推荐流程 …………………… 80
  3.4.2 用户邻居集确定 ………………………………… 83
  3.4.3 推荐内容集确定 ………………………………… 84
  3.4.4 基于用户评分矩阵的推荐系统 ………………… 85

3.5 本章小结 ………………………………………………… 88
本章参考文献 ………………………………………………… 89

4 出版知识服务与内容聚合 ………………………………… 91
4.1 出版知识服务与内容聚合 ………………………………… 93
4.1.1 出版知识服务是数字出版发展必然趋势 ……………… 93
4.1.2 语义技术使得出版知识服务成可能 …………………… 95
4.1.3 内容聚合是出版知识服务的核心环节 ………………… 96
4.2 内容聚合研究内容、优势及面临的挑战 ………………… 97
4.2.1 内容聚合研究内容 ………………………………………… 97
4.2.2 语义内容聚合是实现出版知识服务的重要途径…… 99
4.3 出版知识服务内容聚合实现 ……………………………… 100
4.3.1 内容聚合的影响因素分析 ……………………………… 100
4.3.2 数字出版内容聚合设计 ………………………………… 102
4.4 基于混合模型的出版主题推荐 …………………………… 105
4.4.1 模型构建 …………………………………………………… 105
4.4.2 用户信息建模 …………………………………………… 106
4.4.3 邻近用户集确定 ………………………………………… 108
4.4.4 关联出版主题确定 ……………………………………… 111
4.4.5 推荐结果优化 …………………………………………… 113
本章参考文献 ………………………………………………… 114

5 基于理想认知模型的内容重组框架 …………………… 116
5.1 基于认知的出版内容重组 ………………………………… 117
5.1.1 向量空间模型 …………………………………………… 118
5.1.2 阅读语境创设和用户认知结构对用户认知行为的
影响 ………………………………………………………… 124
5.1.3 认知视角下的用户信息需求挖掘 …………………… 125
5.1.4 内容重组实现思路 ……………………………………… 127
5.2 理论基础和出版内容重组框架设计 ……………………… 128

  5.2.1 理论基础 ………………………………………… 128
  5.2.2 出版内容重组框架 ………………………………… 132
 5.3 出版内容的文本表征空间 ……………………………… 133
  5.3.1 文本表征空间的组成单位 ………………………… 134
  5.3.2 语言功能模块 ……………………………………… 134
  5.3.3 基于语言功能模块的关联语义链网络构建 ……… 137
  5.3.4 辐射状范畴结构的关联语义链网络构建 ………… 139
 5.4 辐射状范畴结构的动态激活机制 ……………………… 146
  5.4.1 基于相似度的动态激活 …………………………… 146
  5.4.2 基于转喻、隐喻映射机制的动态激活 …………… 149
 5.5 基于理想认知模型的内容重组实现 …………………… 153
  5.5.1 语料库的建立 ……………………………………… 153
  5.5.2 候选词词表的构建 ………………………………… 154
  5.5.3 关联语义链网络构建 ……………………………… 155
  5.5.4 基于扩展激活算法的网络区域激活 ……………… 158
 5.6 本章小结 ………………………………………………… 160
 本章参考文献 ………………………………………………… 161

6 基于视觉焦点的自动排版 ……………………………… 170
 6.1 内容排版与阅读视觉 …………………………………… 170
 6.2 自动排版解决方案 ……………………………………… 172
  6.2.1 自动排版的概念 …………………………………… 172
  6.2.2 自动排版功能即解决方案 ………………………… 174
 6.3 基于阅读视觉的眼动实验 ……………………………… 177
  6.3.1 排版规则与阅读规律 ……………………………… 177
  6.3.2 眼动实验假设 ……………………………………… 179
  6.3.3 实验准备 …………………………………………… 181
  6.3.4 实验具体操作 ……………………………………… 183
 6.4 实验数据分析与视觉规律提取 ………………………… 184
  6.4.1 实验数据获取 ……………………………………… 184

6.4.2　实验数据分析与视觉规律提取 ………………………… 185
　　6.4.3　视觉分布规律在出版知识服务内容排版中的
　　　　　应用 …………………………………………………… 200
6.5　基于视觉焦点的全媒体自动排版实现 …………………… 203
　　6.5.1　技术基础 ………………………………………………… 203
　　6.5.2　系统设计 ………………………………………………… 205
　　6.5.3　系统实现 ………………………………………………… 206
本章参考文献 …………………………………………………………… 219

7　联合云环境下云出版知识服务平台构建 ……………… 221

7.1　联合云环境的云出版 ……………………………………… 222
　　7.1.1　云出版与联合云出版 …………………………………… 222
　　7.1.2　联合云计算环境下云出版服务模式 …………………… 224
7.2　联合云环境下云合作博弈分析 …………………………… 227
　　7.2.1　联合云环境下的出版企业合作博弈模型 ……………… 227
　　7.2.2　两种云出版合作博弈分析 ……………………………… 231
　　7.2.3　出版企业和云服务商共同服务 ………………………… 233
　　7.2.4　出版企业云服务决策 …………………………………… 236
　　7.2.5　联合云环境下的云出版弹性扩展策略 ………………… 244
7.3　联合云环境下的云出版扩展方案 ………………………… 245
　　7.3.1　联合云环境下的云出版扩展系统 ……………………… 245
　　7.3.2　联合云计算知识服务平台性能分析 …………………… 246
7.4　本章小结 …………………………………………………… 252
本章参考文献 …………………………………………………………… 252

8　数字出版平台内容服务 …………………………………… 253

8.1　出版知识服务平台资源分配 ……………………………… 253
8.2　基于用户需求的服务节点确定 …………………………… 256
　　8.2.1　基于网络坐标服务节点部署方案 ……………………… 257
　　8.2.2　基于网络坐标服务节点部署的关键技术 ……………… 258

8.3 平台中心节点到边缘节点间传输内容资源分配 ……… 261
　8.3.1 系统模型和资源分配 ………………………… 263
　8.3.2 数据中心间的动态资源优化 …………………… 267
8.4 边缘节点服务用户资源分配机制 ……………………… 273
　8.4.1 问题描述 ……………………………………… 275
　8.4.2 多频道品质模型 ………………………………… 276
　8.4.3 参数估计和预测 ………………………………… 279
　8.4.4 服务器服务资源的分配 ………………………… 281
　8.4.5 动态资源分配算法 ……………………………… 282
8.5 本章小结 ……………………………………………… 283
本章参考文献 ……………………………………………… 284

后记 ……………………………………………………… 288

1　出版知识服务

进入 21 世纪以来，出版产业一直在信息技术的推动下呈现政策、市场以及业务模式的不断变革。从 21 世纪初的电子出版、网络出版、数字出版，到近年来受到广泛关注的大数据、语义分析技术、知识挖掘、知识图谱、增强现实、人工智能等新兴技术，出版业态在技术变革基础上发生巨变。而当前全媒体信息环境下信息技术呈指数态势发展升级，信息爆炸、知识爆炸等现象不仅困扰着用户，也给行业和学界带来诸多挑战。新形势下如何处理"知识爆炸"与"知识准确利用"之间的矛盾，如何践行移动互联环境下以用户为中心的服务理念成为出版界亟须解决的问题。

长久以来，作为出版环境变迁根本推动力的技术不断进步，导致了出版发展过程中服务模式的嬗变。从造纸、印刷术到光与电的转移，每一次技术创新都促进了出版行业的革新。然而，当下的出版业面临着前所未有的混乱和激烈竞争：一方面，以数字化为代表的新技术应用到出版产业，衍生出许多带技术特征的新型出版形态，例如网络出版、云出版、大数据出版、复合出版等。随之而来的是科技公司和互联网企业挟技术和平台先发制人，催生以数据库出版和自媒体出版为代表的新型出版模式，打造出中国知网、微信公众号、豆瓣和得到 APP 等新型知识服务平台，构建互联网内容生态，使得出版企业不再是连接作者和读者的唯一桥梁。另一方面，技术的普及应用与消费能力的提升改变了用户知识消费习惯。人们借助各种互联网工具获得更多消费话语权，在知识选择和消费上更趋理性,对知识生产主体的诉求更加激烈。面对纷繁复杂的新型出版形态、日益变化的知识服务市场和用户知识消费需求,出版企业只有根据自身特点,找到适合自身的知识服务模式,才能在数字时代立足,才能应对激烈的市场竞争。显然,在纷繁复杂的出版环境和众多出版形态中挖掘出版知识服务规律,制定符合自身特征的发展策略对出版企业而言具有重要的意义。

事实上,很多学者对信息环境下的出版知识服务模式进行讨论,探索可行的数字化发展道路。这些研究大致可以分为三个方向:一是从出版的两个要素(内容和技术)出发总结知识服务发展的模式。如有学者依据企业立足点的不同,提出两种发展模式:以数据库出版、网络文学网站为代表的内容资源主导模式和依托电子书阅读器的技术创新主导模式。二是依据具体的出版方式来分析解读,形成了诸如众包出版、移动优先出版、自出版以及开放获取出版等多样化的出版模式。三是紧跟实践变化,探究新技术对出版产业的影响。如围绕"出版融合""知识付费""知识服务""新技术+出版"等主题,从概念、特点、现存问题、转型路径等方面探究新形势下的出版知识服务模式,并以此形成具有时代特色的出版新模式论断。可以看出,这些研究的着眼点都在出版主体,鲜有从用户角度出发对出版知识服务模式进行审视。而用户视角是构建企业竞争优势最基础、最重要的角度。用户需求作为企业生存及发展的前提和动力,对出版业的经济效益、转型升级和持续发展至关重要。为了在激烈的竞争中占有一席之地,出版企业必须重视"用户"这一微观环境中的关键力量,洞察用户需求,向用户提供有价值的产品和服务。显然,有必要以用户需求为视角对出版知识服务模式进行分类研究,分析每一种服务模式的内涵和特点及其中各生产主体的合作方式、用户需求的满足方式等关键问题,并从行业性质、业务整合、投融资等方面探讨面向用户需求的出版知识服务策略,以期为我国出版企业发展提供借鉴。

1.1 用户内容消费行为与需求分析

信息服务业的两阶段发展模式表明，用户需求是产业发展从创新阶段迈向稳定市场阶段的决定性因素，用户需求与产业发展之间的关系如图 1-1 所示。出版同样如此。在创新阶段，出版企业对新技术的采纳直接促使其服务模式里其他因素发生变化，产生新的知识内容和服务，吸引小部分乐于尝试新事物的用户，重构其知识消费、生活甚至思维方式，进而影响其知识内容需求；反过来，从创新阶段到稳定市场阶段的顺利过渡，则取决于能否形成足量用户需求，从而充分发挥技术潜力以创造巨大利润。因此，准确把握用户需求与行为的变化，是出版企业区分各种知识服务模式，从而找准改革和发展方向的关键着力点，也是难点。

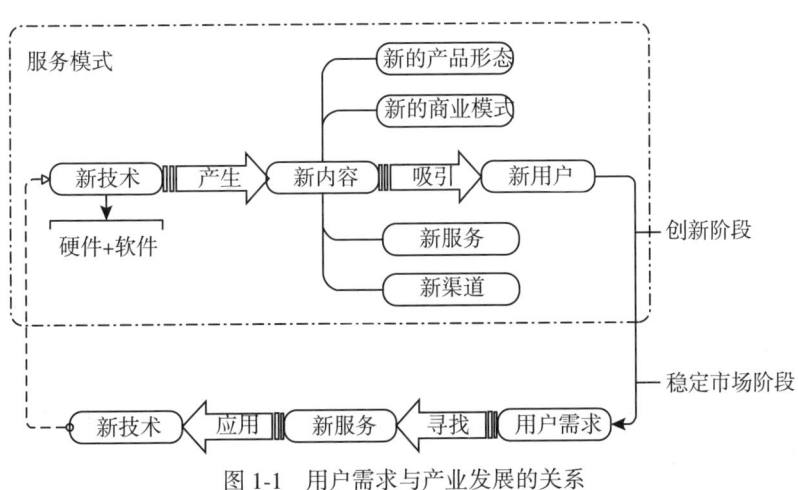

图 1-1 用户需求与产业发展的关系

1.1.1 用户内容消费行为

从信息技术的诞生到移动智能终端的产生和普及，用户的阅读及内容消费行为历经几次显著变化：(1)纸质阅读受到冲击，急剧减少；(2)纸质阅读与数字阅读平分秋色，互为依存；(3)数字阅读占一定优势，且形式多样，如电子书、博客阅读、社群阅读、有声读物等。第十七次全国国民阅读调查结果表明①，2019年我国成年国民数字化阅读方式的接触率为79.3%；与此同时，纸质书、报刊的阅读率均较上年有所下降。数据显示，手机和互联网已经成为我国成年国民使用的主体媒介(见图1-2)。

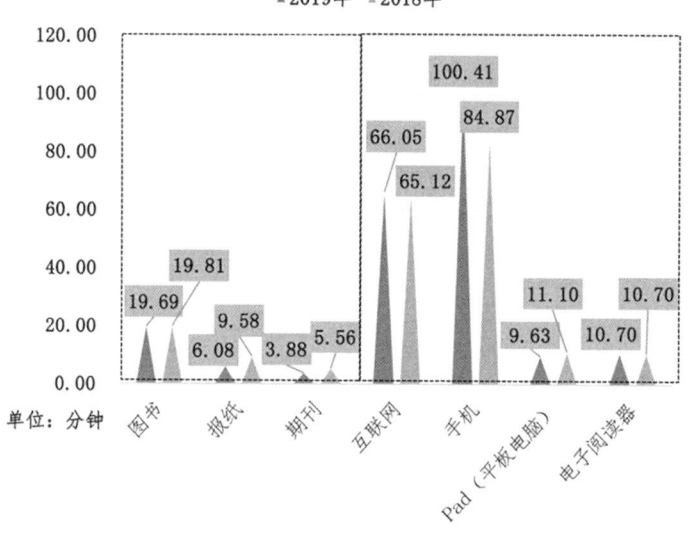

数据来源：《第十七次全国国民阅读调查结果》报告。
图1-2　2019年我国国民接触各类媒介时长

据此分析移动信息时代用户内容消费行为的特点，主要体现在以下几个方面：

(1)盲目跟风和理性选择并存。从众效应是消费市场中普遍存

---

① 国家新闻出版署. 书香中国：第十七次全国国民阅读调查成果发布[EB/OL]. [2020-04-20]. http://www.nppa.gov.cn/nppa/contents/280/45906.shtml.

在的现象。面对海量信息，用户的信息处理能力有限，只能选择追随潮流，盲目跟风。与此同时，理性选择依然存在，体现在用户对自身需求的把握、对内容信息的了解和对品牌的追求上。

（2）用户对生产主体的诉求增多，渴望互动。用户更愿意与那些能够积极回应其需要、关心其利益的公司打交道。

（3）用户更加青睐移动便捷、跨终端、多媒介的内容消费。技术发展为用户提供了多样的媒体选择，现阶段，用户已经习惯在不同媒介之间来回切换。

（4）追求高质量、定制化的内容消费。定制化不同于个性化，不是单纯基于兴趣的内容推送，而是在特定场景下的解决方案。

（5）用户更加重视高层次的价值体验，如舒适、审美和社交。

（6）用户的消费决策越来越复杂。很难确定从生产到营销的哪个环节触发了用户的购买行为。因此，必须重视多媒介的内容布局、营销效果追踪以及品牌管理。

1.1.2 用户内容消费需求

用户的内容需求具有层次性。当前环境下，用户越来越重视高层次需求及其满足，并且这种需求会随着使用情境的变化而变化。用户需求包含三个方面的内容：产品属性、产品功效以及使用结果。如何在特定使用情境中，从这三个方面达成用户的使用满足，直接决定了用户对产品和服务的价值感知。伍德拉夫在其用户价值层次理论中将用户价值划分为三个层面：属性层、结果层和最终目的层。即用户价值不应该局限于产品属性或特性，企业应该关注更多高层次的东西，以一种更宽的视角去看待用户价值。

（1）属性层。即产品/服务的特征及其组成部分。对出版产品来说，属性层又可以分为三个层次：第一层是核心属性，即出版产品中所承载的内容和质量，包括内容的准确性、完整性、时效性和可用性等，用以满足用户对出版产品的直接需求。第二层是形式层，包括内容载体、由载体直接决定的内容呈现方式和外观设计以及作者和出版品牌等。近年来，用户对形式层的需求主要体现在对应不同使用场景的不同载体和形式内容产品，如在上下班途中或从事其他休闲活动时对有声读物的需求。同时基于数字阅读习惯变迁，用户也越来越注重在内容长度、文字排版、图片和视频剪辑质量等方面的体验。第三层是出版产品延伸层，即用户在附加服务方面的需求，如产品目录、产品信息展示、送货上门以及退换货等服务。

（2）结果层。它是指用户在使用完成后对产品的主观评价，可能是正面的，也可能是负面的。用户对使用结果的描述通常十分抽象，比如"这本书太棒了，看的过程中我感到很舒服""这个付费课太糟糕了，千万不要去买"。透过这些示例可以看到属性层视角和结果层视角的差异，为了达成用户的期望（"这本书太棒了"），产品生产者需要探索其对应所有产品属性的组合。用户在使用结果层的需求常常被忽略，或没有得到足够的重视和利用。但用户在使用完成后对产品做出的每一个价值判断都会对潜在用户产生先验性影响，尤其是那些负面的价值反馈。因此，重视用户在这一层面的诉求，除需严格输出优质内容产品外，更要注重从各个渠道收集并响应用户反馈，从而完成内容产品的迭代更新。

（3）最终目的层。这个层面的需求是使用者的核心价值需求，也是他们获取和使用产品最根本的驱动力。在这个层次中，产品及其服务是用户达成目标的一种手段，而产品属性或使用结果层面的价值对其决策的影响会相应降低。不同用户、不同任务导向背后均有不同类型的价值需求在支撑。安全感、社交归属感、成就感以及审美这些抽象价值都属于最终目的层的范畴，这些价值可能与产品使用直接相关，如用户在一本讲述校园暴力的小说里得到共鸣。产品使用也会为用户带来其他方面的好处，如通常在诺贝尔文学奖颁布之后，会引发一阵阅读诺奖作家作品的热潮，阅读这些作品除带给用户知识和情感体验，也会帮助他们在社交场合建立自信。

1.2　基于用户需求的出版服务模式分析

出版服务模式是指出版企业在向用户提供内容服务时与产业链

其他主体的合作模式,具体包括内容生产与制作方式、产品形态、付费方式、服务渠道和服务理念等因素。虽然出版服务模式是上述多种因素的综合,但作为商品,出版产品最终为用户所消费,因此,出版产品对用户需求的满足程度,直接决定这种出版产品所对应服务模式的发展前景。鉴于此,本节以不同出版形态对用户需求的满足程度为标准,结合出版服务模式的众多因素,将当前出版服务基本模式划分为:文献服务、信息服务和知识服务三种,如表1-1所示。

表 1-1　　用户需求与出版服务模式的对应关系

用户需求层次	内容、载体、形式	用户的使用感受和主观评价	价值追求:安全感、成就感、获得成功
	属性层	结果层	最终目的层
服务模式	文献服务	信息服务	知识服务
核心业务	产品制作,属性改进	信息系统构建,支持并响应应用用户反馈	理解用户最终目的,提供定制化内容服务

1.2.1　文献服务

文献服务又称为产品服务,指出版商通过选题、编印发等环节制作出版产品并将其销售给读者,是典型的出版服务模式。文献服务从出版产业诞生就开始存在,直到今天依然是国内出版企业最主要的服务模式。在这种模式下,出版企业的业务以出版内容产品如书报刊等(包含数字版)的编辑加工和销售为主,出版物的编辑制作水平是其核心竞争力;上游的创意策划和内容生产主要由独立工作室和作者群体完成,下游的营销推广和读者服务则主要由发行商承担,出版企业作为出版产品的生产者存在。因此,这种服务模式下出版商是典型的工业流水线中的一环,并且处于价值较低的制作环节。这决定了企业的利润来源主要是产品销售,一旦选题方向失误,所生产的产品无法销售,对企业造成的损失是巨大的。

文献服务属于产品思维,重点关注用户在产品属性层面的需求(文稿准确性、排版以及载体尺寸和材质),忽略了与用户的对话及其核心价值诉求。Web3.0 时代,作者群体都在积极利用新媒体联结用户,却鲜有出版社的编辑团队以任何显性或隐性方式关注用户反馈。此外,即使是属性层面,很多出版企业也局限于核心层,在产品形式层和延伸层少有作为。比如经典内容有声化或原创有声内容开发等潜力市场,依然是互联网企业和自媒体文化品牌占主导。

1.2.2 信息服务

信息服务是指根据用户信息需求对内容资源进行序化和组织,并向用户提供内容资源检索与传递服务。在这里,信息需求是指个人或群体定位和获取信息以满足自身有意识或无意识需求的期望。

在这种模式下,出版商的主要任务是将数字内容资源或出版产品进行序化组织并集中存储,方便用户检索使用,同时向用户提供咨询、趋势分析和产品信息展示等相关服务。传统出版服务里也有类似的信息服务,如帮助机构用户和个人用户了解图书出版信息的书目邮寄等。信息服务模式自 20 世纪末兴起,历经 30 多年,已从创新阶段走向成熟的市场阶段。从纸质内容数字化,到构建信息系统以供用户进行内容搜索、查询、阅读和下载,再到如今为用户提供个性化内容推送等便捷服务,这一模式在技术发展和用户需求的双重推动下重塑了人们的知识文化消费。其中典型代表是数据库出版。如国际学术出版商爱思唯尔的数字化战略和产品开发聚焦于两个方面:一是搜索与发现,二是科研绩效评估与规划。ScienceDirect 和 Scopus 是爱思唯尔的旗舰信息产品:前者是一个大型科学、技术和医学(STM)文献全文数据库,向科研用户提供数百万篇学术文献(期刊论文和专著)的搜索、阅读、下载和推荐服务;后者是一个同行评议科研文章摘要和引文数据库,为用户提供较为全面的多学科研究成果概览。爱思唯尔还致力于提供学术咨询服

1.2 基于用户需求的出版服务模式分析

务，通过 SciVal 平台分析全球科研动态，对比不同研究机构的表现，以帮助决策者优化研究战略和资金分配。

文献服务的核心是产品，信息服务则关注用户对使用结果的反馈，站在更高层次理解用户需求。如数据库为用户提供远超出"纸质内容数字化"范畴的服务，整个数据库信息系统都围绕用户需求进行构建：注册时收集用户个人信息，搜索查询时揣摩用户意图，浏览时提供相似内容推荐，同时展示新趋势、热门和经典的内容。这些产品构建，都指向用户需求的结果层，即在信息环境下更方便、更有效地向读者提供阅读资源信息。

1.2.3 知识服务

知识服务是近年来的热点话题。学术界对此多有探讨，但并未出现成熟的概念界定和规范的讨论体系。产业界在这方面则一马当先，各类付费"知识产品"层出不穷，如付费音频、视频、直播以及社群讲课。

图书情报界认为，知识服务是以信息知识的搜寻、组织、分析、重组的知识和能力为基础，根据用户的问题和环境，融入用户解决问题的过程之中，提供能够有效支持知识应用和知识创新的服务。方卿教授认为，知识服务回归了出版的本质，即持续为用户提供有价值、有组织、系统化的知识内容，并用新技术加以传播和包装，使之更符合信息时代用户的知识消费需求。知识服务关注用户的核心价值诉求，为用户提供服务，解决用户在不同情境下的问题，具体有以下两种表现形式：

（1）各领域的专业人员在深入分析用户问题的基础上，利用自身专业知识、经验和能力形成相应的知识产品，为用户解决其自身知识和能力所不能解决的问题。如专业问答社区（微博问答）、知识社区（知识星球）、微信社群知识分享等实现形式。但这些形式鱼龙混杂，发展并不规范，所以为用户交付的价值较为稀疏。

（2）贯穿用户问题的全过程，给出一份定制化解决方案，并提供配套服务。这种表现形式常见于教育出版领域。例如，校园应该如何开展数字教育以更好地辅助教师和学生？传统上，教育出版商仅向师生提供教科书和教辅材料，但数字时代，部分出版商如培生教育出版集团(Pearson)会开发一整套数字学习流程和教学解决方案，为合作学校提供包括教育内容、教育信息技术、学习方法、评测系统等所有与教育相关的服务，从而满足用户不断增长的在线学习和移动学习需求。

知识服务是自上而下的，是在理解用户最终目的的基础上解决问题。知识服务提供商将筛选和确定的相应属性(内容、载体、付费和渠道等)加入自己的出版产品中，从而向用户交付定制的、持续的卓越价值。可以看到，在知识服务模式里，出版产品的属性并不确定，内容是静态还是动态、载体是纸质还是数字、付费是整体还是拆分等，这些属性决策都依赖于整体服务设计，而服务设计则依赖于用户使用出版产品的目的。

1.2.4 面向用户需求的出版服务策略

面向用户需求开展出版服务，就要明确用户价值的三个层次，并从较高层次来定义所提供的产品和服务。出版商只有从最终目的或想要达成的结果层面理解用户，才能有效开展具体的产品属性决策和产品特性组合，为出版服务带来根本性的改进。单纯聚焦于属性改进，就像追逐热点，只能产生过时、短暂的利益，且容易被竞争对手模仿，而无法获得用户认可和忠诚消费。众所周知，单纯将纸质内容数字化或改进图书封面设计并没能"拯救出版"。基于此，结合对上述三种出版服务模式的分析，提出以下出版服务策略：

(1)处于文献服务模式下的出版企业，应转移业务重心，向服务转型。当前，我国出版企业大多还是典型的出版产品生产、加工型企业，出版物的编辑制作依然是其核心竞争力。为应对来自用户和其他文化产品的挑战，出版企业必须改变传统做法，将业务重心转移至出版价值链的前端和后端；同时根据业务线流程组建团队(区别于传统编室)，重视产品策划、产品营销以及用户服务。

(2)处于信息服务模式下传统出版企业的实践策略应视情况而

异。对已经形成自身优势品牌的出版企业，强化品牌优势并开展新的业务是比较明智的做法。如与互联网公司合作，整合市场调研、内容、技术、平台、运营等资源，为用户提供优质内容产品。而那些产品竞争力较弱的企业，则应聚焦目标用户，整合创意策划、内容、作者、编辑等出版资源，培育自身品牌，用优质产品，尤其是优质内容打开市场局面。对出版业来讲，内容为王的时代已经来临，优质内容，特别是优质的原创内容变得尤为珍贵。

（3）处于知识服务模式、想开展知识服务模式的出版企业，应开展用户调研，评估目前的产品和服务。信息服务模式在结果导向下进行了很多尝试，但仍有改进空间；而开展用户调研可以帮助企业了解哪些是信息系统中最重要的业务，是更全面的信息展示、更权威的论文内容还是更多样的媒介形态。出版企业必须明确自身哪些服务是关键的、可以带来竞争优势的，哪些是依据主观经验认为重要但实际给用户带来困扰的。用户调研不是出版企业所习惯和擅长的，但它至关重要，精准的调研数据可以为出版企业服务决策提供强有力的支持。出版企业需要做的是，明确自身发展阶段、确定重点发展方向、为用户提供基于自身优势的出版服务。文献服务会一直存在，出版企业的编辑制作能力也不能舍弃，关键在于跳出属性改进、从较高层次出发理解用户需求并交付用户价值。与其断定某一种服务模式是出版的未来，不如让价值交付成为出版服务的常态。

1.3 出版知识服务

国内图书情报学界早在20世纪90年代末就对大数据环境下的信息爆炸做出反应，并引入"知识服务"（Knowledge Service）这一概念，探索数字图书馆在信息环境下的发展路径。如今相关研究已较为成熟，且形成对"图书馆知识服务"内涵有代表性的探讨和界定。反观出版界，2003年前后已经有学者针对国内科技期刊的出版和传播困境，提出把改革思路转向知识服务；2012年由电子工业出

1 出版知识服务

版社牵头,对基于内容动态重组的知识服务出版模式展开实践探索并取得初步成果。但实践先行使得出版知识服务在理论探索方面多有模糊,主要表现在目前针对出版知识服务的研究多集中在传统出版社知识服务转型对策研究与出版知识服务实证分析——尤其是技术分析和模式创新等方面;而对"出版知识服务"的概念和内涵,要么避而不谈,要么直接沿用图书情报学界的思路。众所周知,内涵探讨和概念界定是任何新兴研究都无法避免的最基础步骤和本质任务。只有从本质上界定"出版知识服务"的内涵,我们才能在探索其服务模式、商业模式、转型策略、规律和趋势等方面内容的过程中有所依托。

因此,本节通过梳理当前出版知识服务研究现状,分析出版领域与图情领域知识服务的区别所在,从而引出对出版知识服务的内涵探讨及概念界定;同时深入剖析数字出版和出版知识服务之间的关系,明确后者的主要特点。

1.3.1 出版知识服务概念辨析

国外对知识服务的研究,最初起源于企业内部的知识管理,其目的是通过对企业智力资产进行筛选、分类、整合和共享以提高企业的经济效益及竞争能力,后来该理念被引入图情领域。1995 年,基于欧盟(EU)提出的知识密集型商业服务研究报告,Miles 等人做出最早的关于知识服务的研究。这份报告的关键贡献在于将知识型服务与一般的劳动密集型服务(如清洁服务和房地产经纪信息提供服务)区分开来,为知识服务扩展研究奠定基调,即知识服务包含"知识"和"服务"两个研究范畴。2001 年,美国学者克莱尔在《知识服务:公司业绩提升的关键》一文中提出,知识服务是一种将信息管理、知识管理和战略学习相融合的管理智力资产的方法,其目的是在知识战略家的领导下确保组织内知识共享的最高水平。同年,作为美国专业图书馆协会(SLA)前会长的克莱尔将知识服务引入图情领域,认为专业图书馆的最新发展趋势就是要开展知识服务,新形势下的专业馆员和信息专家应为用户提供创新知识、获取知识的知识服务。此后，克莱尔在此定义基础上对知识服务展开持续性、系统性研究，大致包括知识服务的概念、内涵、特征、作用、技术支撑和实际应用与评估等方面内容。近来，克莱尔针对知识服务的研究主要集中在"战略学习"方面，深入探讨如何将知识战略与企业发展战略相匹配从而为企业创造巨大利益。而从总体来看，目前国外大多数文献侧重于探讨知识服务特点并对知识服务在行业中的实际作用进行实证分析。

国内对于知识服务的系统研究几乎与国外同时。20世纪90年代末，任俊为将知识服务引入国内的图书情报界，拉开了中国图书情报界研究知识服务的序幕。此后，以张晓林、陈景增等学者为代表，引导图书馆学界对"图书馆知识服务"的研究向纵深发展，议题铺设亦较为全面。除对知识服务基本理论(定义、特征、内容等)的持续探讨之外，图书馆学界的研究还集中在知识服务与信息服务的关系、知识服务运营模式、知识服务系统设计与开发、知识服务技术支撑、知识服务能力建设等方面。同时，研究还紧贴环境变化和技术前沿：一方面对大数据环境下知识服务概念和内涵进行重新审视；另一方面尝试利用大数据、语义网和云计算等新技术为图书馆知识服务提供新思路，使得知识服务研究从重视理论研究过渡到理论研究与应用研究并重。

出版界的知识服务研究起步紧跟图情界之后。2002—2003年，清华大学学者王明亮就针对国内科技期刊的出版和传播困境，把改革思路转向知识服务。他认为知识服务为传统科技期刊的数字化出版和传播提供了新的视角，个性化知识服务将利用知识挖掘等智能工具向人们提供各种问题的解决方案。但出版知识服务的发展后续乏力，呈现出"政策支持、实践先行、研究不足"的特点。截至2020年6月27日，在中国知网中以"知识服务"为"主题"进行检索，相关研究绝对集中在图情领域——图情领域结果文献有6841篇，出版领域仅有834篇，在数量上后者远不及前者。研究主题方面主要涉及出版知识服务体系和生态构建、知识服务商业模式探索及创新、传统出版企业知识服务转型、出版社知识服务能力建设、关键技术研究以及对国外典型出版知识服务平台的案例分析等。研究对象则集中在科技期刊出版、学术出版、专业出版和教育出版领域。知识服务在这些领域率先展开并非偶然，这缘于它们与知识服务的天然契合。学术出版本身就是将经过提炼的信息和知识传递给用户，和教育出版相同，其终极目标在于传播知识，满足不同用户对知识的需求。总体来看，人工智能、语义出版技术、大数据等新兴技术的兴起为出版知识服务提供了新的机遇和现实支撑，重新激活了出版界对知识服务的研究。

目前，学者们已经明确认识到知识服务是出版的未来，分解知识元、构建知识库和以知识要素为单位开展数据化生产模式是开展出版知识服务的关键基础。但同时，出版知识服务研究过程中也存在诸多易混淆的关键要点：一是对数字出版与知识服务关系的混淆。有学者认为知识服务是数字出版的一种服务形态，源于传统出版的数据和信息服务而发展至今。众所周知，无论传统出版还是数字出版都是围绕"内容"为用户提供服务，而数据和信息服务则属于图情领域，因此将知识服务看作数字出版时代的一种服务形态存在一定偏差。由此引出第二个混淆，即绝大多数学者在开展研究时直接引用图情领域对知识服务的界定，鲜有立足出版业对知识服务内涵进行辨析并做出最终界定。如李弘沿用张晓林的观点，认为："知识服务不同于信息服务，它既是对底层信息资源的深层次开发与利用，也是通过知识管理与挖掘为用户提供个性化问题解决方案的服务。知识服务活动是依靠服务者自身的人力、技术和知识信息等资源来开展的。"许远则认为知识服务是围绕目标用户的知识需求，在各种显性和隐性知识资源中有针对性地提炼知识，通过提供信息、知识产品和解决方案，解决用户问题的高级阶段的信息服务过程。可以看出，这些观点都强调为用户提供问题解决方案是知识服务的最终目的；不同之处在于，一类概念强调知识工作者自身的知识和能力，另一类则强调显性知识和隐性知识的转化，体现出知识管理的理念。对这些概念的借鉴有其合理性，但不能一味沿用，因为出版领域知识服务的概念和内涵有其自身独特性，并不完全适用图情领域的内容。在图情领域，信息服务和知识服务所依托的都是信息资源，而出版知识服务则倚靠内容资源，这与以往图书馆和出版社为读者所分担的服务任务是相对应的。而出版知识服务基础理论研究的滞后已经在一定程度上对其扩展研究和实践应用方向产生影响。因此,本节重点尝试解决前述两个混淆问题,同时对出版知识服务研究和实践发展做出有益的前景展望。

1.3.2 信息、信息资源与知识服务

信息:在现实生活中,人们总是在自觉或不自觉地接收、传递、存储和利用信息。信息作为事物存在方式和运动状态的反映,是我们逐渐认识事物本质、进行决策的重要证据。图书情报学界认为,信息与物质、能量并列为客观世界的三大要素,是反映事物特征的形式,也是管理和决策的重要依据。我国《情报与文献工作词汇基本术语》将信息定义为"物质存在的一种方式,一般指数据、消息中所包含的意义,可以减少消息中所描述的事件的不定性"。

信息资源:"信息资源"一词来源于美国,是随着20世纪70年代美国信息资源管理(Information Resources Management,IRM)研究的兴起而产生的一个术语。20世纪80年代,我国学术界也开始引入并使用"信息资源"这一概念。资源的特性之一是有用性,即一定要能够被人类通过直接或间接的方式加以利用,并且产生经济价值。由此,信息能够成为一种资源,首先在于信息在社会经济发展中扮演着越来越重要的作用。这里引用中国学者马费成和赖茂生对信息资源概念的界定,"所谓信息资源,就是指人类社会信息活动中积累起来的以信息为核心的各类信息活动要素(信息技术、设备、设施、信息生产者等)的集合。这里的信息活动包括围绕信息的搜集、整理、提供和利用等开展的一系列社会经济活动"。

知识服务:知识服务,或者说管理学意义上的知识服务,无论面向企业内部还是面向用户,都是在丰富信息资源的支撑下来进行的。图情领域的学者对"图书馆知识服务"的界定和探讨也证明了这一点。姜永常认为,知识服务就是为了适应知识经济发展和知识创新的需要,通过用户知识需求和问题环境分析,以提供用户问题的解决方案为目标,基于整个问题解决过程而提供的经过信息析

1 出版知识服务

取、重组、创新、集成，形成恰好符合用户需要的知识产品的服务。张晓林也认为知识服务为用户所提供的知识产品来源于对信息的析取重组。而处理信息的过程依赖于信息及其中各种活动要素的密切配合。任奎礼则彻底地将信息资源视为图书馆开展知识服务的基础，认为："知识服务是一种基于一切信息资源（物理资源和数字资源）……帮助用户形成问题解决方案的服务。知识服务从各种显性和隐性信息资源中，针对人们的需要将知识提炼出来……"因此，图书馆知识服务就是以图书馆员的知识和能力为基础，利用现代技术搜寻、组织、分析和重组各种信息资源，从中提炼知识并为用户提供知识产品或问题解决方案的个性化、专业化服务。

常见的图书馆知识服务项目如专题情报调研服务，需要专业图书馆员在师生课题研究过程中全程提供动态、新颖的专题信息，并对其进行分析、对比和归纳处理。技能培训服务，即图书馆为用户赋能，开展信息检索技能培训或科学研究规范及过程培训，以帮助用户迅速了解如何高效使用图书馆的各项资源。诸如此类服务不仅需要强大的信息资源支撑，还需图书馆员具备管理知识、用户的本领以及将显性知识转化为隐性知识的能力。知识服务是一个动态过程，需要知识工作者和用户双向互动；知识工作者作为知识中介，要能够运用自身专业知识来提炼、管理和分享知识，最终实现用户知识的扩展与创新。

1.3.3 数字内容与出版知识服务

内容的概念贯穿人类信息传播行为始终，人类从文字产生之初就在进行内容的生产、保存和传播工作。数字内容则是文化产业与信息技术结合产生的词汇，广义上的数字内容是指所有在互联网上出现的可供在线浏览或下载的多媒体信息或产品，其出现的形式多种多样，包括以数字方式展现的文档、出版物、图像、视频、音频、软件、表格、数据、设计、合同以及电子邮件等。①

---

① 内容之于网络[N]. 中国计算机报，2003-11-10(B14).

1.3 出版知识服务

从古至今，出版业一直在进行内容（知识）筛选、编纂、保存和传播工作，秉持文化传承和知识传播的社会责任，生产各种形态的出版产品。在国外，数字内容管理（Digital Content Management）是数字环境下比数字出版（Digital Publishing）更为流行的出版概念，出版产业逐渐被纳入内容产业范畴，出版企业也完成从出版商到内容生产商的转变。有学者认为，"知识服务作为一种服务行为过程，早就被应用于出版业的服务实践中"。这一观点有一定合理性：出版物本身就承载着各类科学文化和专业知识。在出版物形成过程中，编辑应用自身的知识储备、人文眼光和编辑技能等对信息和内容进行筛选把关，从而使作者和编辑的隐性知识显性地呈现于出版物中，以满足读者或用户对各类知识的需求。编辑即知识工作者，而出版物也可称作内容产品、知识产品。因此，出版过程及其结果部分符合知识服务的内在涵义。只是技术和时代背景的限制，使这一服务过程呈现静态、单向、非个性化的特点，出版产品在传递到用户手中之后即完成了出版使命，缺少对于这些知识是否能够到达真正需要它的用户、能否帮助用户解决特定问题或做出正确决策等方面内容的关注。相比服务意识，出版者在其与读者的关系中处于绝对强势地位。

数字出版在一定程度上弥补了这些不足，开始重视用户在出版过程中发挥的作用。此一时期，数字出版商从技术和理念两个方面入手，积极关注和挖掘动态变化的用户需求，尝试为用户设计并提供相应的服务。于是出版物在载体、形式、传播方式和商业模式等方面呈现出全方位转变，也出现数字内容的拆分与打包。但由于拆分和打包的层级有限，出版物依然是以整本、整篇等形式传递给用户。以数据库为例，用户所得到的是知识篇章以及篇章之间的关系，而不是知识本身、知识之间的联系以及问题解决方案。正是在这种需求缺口下，出版知识服务应运而生，我们有理由认为出版知识服务与数字出版类似，将成为当下及未来新的出版形式，驱动出版实现新一轮转型升级。与图书馆知识服务不同，出版知识服务不需要"提炼知识"这一环节，而是以内容资源为依托，以解决问题引发的用户需求为目标，把重点放在知识拆分和知识库构建、知识之间关系揭示、知识块打碎与重新排列组合、知识动态更新、对用户知识内化的引导以及对用户知识共享的支持等一系列工作上，并以此为基础向用户提供配套扩展服务，方便用户在不同情境下获取并利用这些知识。这些工作内容也契合了克莱尔对知识服务的最初定义，即知识服务是一种将信息管理、知识管理和战略学习相融合的管理智力资产的方法，其目的是在知识战略家的领导下确保组织内知识共享的最高水平。

由此，本书对出版知识服务做出较为准确的定义，即出版知识服务是一种将知识管理和战略学习相融合的管理出版企业内容资源的方法，其目的是在信息环境下以用户问题需求为导向，支持用户进行知识获取、知识挖掘、知识内化、知识评价、知识共享和知识外化，确保最终用户达成知识创新和价值创造。

1.3.4　出版知识服务的特点

在明确了出版知识服务的概念后，我们还有必要对出版知识服务的主要特征作进一步分析。结合出版知识服务的内容和内涵，可以得出出版知识服务具有以下几个方面的鲜明特征：

其一，服务的个性化和集成化。出版知识服务是以用户问题需求为导向的，不同用户、不同问题、不同情境之间的交叉要求出版企业为用户提供个性化定制的知识产品，改变了以往一份产品多次使用的状况。同时，出版知识服务实现了知识服务专家、各类分布式内容和知识资源以及众多计算机技术之间的有机结合，在构建知识元库基础上发挥整体和系统优势，从而为用户的知识获取与挖掘提供有力支撑。

其二，能够实现知识创新和价值增值。出版知识服务是面向内容和知识、提供知识产品并满足用户知识需求的服务过程。其核心竞争力在于其产品和服务所包含的知识量和创新程度。因此，知识服务的过程更注重揭示和挖掘知识的内在含义及知识之间的关系，从而引导用户将显性知识转化为个人的隐性知识，并在解决问题的过程中完成知识创新和价值创造。

其三，服务的层次性和灵活性。出版知识服务的层次性是指根据用户不同类型的知识需求向用户提供不同知识含量的产品和服务。知识需求可从不同角度划分为个体需求与群体需求、目标需求与一般需求、职业需求与专业需求等类别；考虑到用户与知识资源之间的关系，还可以将知识需求分为用户清晰提出的需求、用户模糊意识到的需求以及用户尚未意识到的需求。知识服务提供的本质就是提供者在合适的时间将符合用户需求的知识产品或服务传递到用户手中，因此从理论上明确用户的知识需求并在技术实践上予以满足是知识工作者的使命之一。灵活性是指出版知识产品在内容、载体、组织形式、传送渠道和商业模式等方面都十分灵活，用户与知识工作者之间不断进行双向互动，共同进行知识迭代、创新和应用，以最大限度满足用户知识需求。

其四，对服务人员和技术的超高要求。出版知识服务要求内容编辑具备综合性素质，同时需要知识专家进行知识资产的识别和评估。出版知识服务由新技术催生和激活，代表出版产业发展新方向，技术支撑能力的高低决定了用户从知识获取、知识挖掘到知识外化全过程能否顺利进行。因此，对于作为知识工作者的服务人员，需具备自身专业领域之外的知识管理、客户关系管理、战略学习等素养。出版企业则需将知识服务提到企业战略的高度，从而科学规划企业自身的知识服务业务。

本章参考文献

[1] 李弘. 面向知识服务的出版融合发展浅析[J]. 科技与出版，2016(12)：12-16.

[2] 方卿，王清越. 关于数字出版模式的思考(一)——内容资源主导模式[J]. 中国出版，2011(17)：35-37.

[3] 方卿，周洁. 关于数字出版模式的思考(二)——技术创新主导[J]. 中国出版，2011(19)：36-38.

[4] 袁甜阳子，沈阳. 众包出版：新兴出版模式探析[J]. 科技与出

版, 2015(12): 72-76.

[5] 周华清. 科技期刊的移动优先出版模式研究[J]. 科技与出版, 2017(1): 78-83.

[6] 张波. 论自出版模式的演变及其发展[J]. 编辑之友, 2015(7): 22-26.

[7] 朱晓文, 刘培一. 我国科技期刊开放获取出版模式: 从概念到实践[J]. 科技与出版, 2015(7): 12-15.

[8] 曹继东. 传统出版和新兴出版融合发展模式探析[J]. 出版科学, 2016, 24(3): 24-27.

[9] 张雪珍, 方颖芝. 从知识付费平台的发展谈教育出版数字化转型[J]. 出版发行研究, 2018(11): 29-32.

[10] 杨金花. 传统出版企业知识服务转型路径探析[J]. 科技与出版, 2018(5): 140-144.

[11] 王晓光. 人工智能与出版的未来[J]. 科技与出版, 2017(11): 4-6.

[12] 罗伯特 B. 伍德拉夫, 萨拉·费雪·加蒂尔. 洞察你的顾客[M]. 北京: 机械工业出版社, 2004.

[13] 中国新闻出版研究院: 第十六次全国国民阅读调查[EB/OL]. [2019-04-29]. http://www.199it.com/archives/868955.html.

[14] Woodruff R B. Customer Value: The Next Source for Competitive Advantage[J]. Journal of the Academy of Marketing Science, 1997, 25(2): 139-153.

[15] 王钰. 科技信息用户价值层次研究: 一个基于系统综述的概念框架[J]. 出版科学, 2018, 26(1): 82-89.

[16] 方卿. 产品或服务: 出版人的一个选择题[J]. 现代出版, 2018(1): 18-21.

[17] 陈建, 王建冬, 胡磊, 刘合翔. 再论知识服务的概念内涵——与信息服务关系的再思考[J]. 图书情报知识, 2010(4): 14-19.

[18] 宋巍. 基于主题的查询意图识别研究[D]. 哈尔滨: 哈尔滨工业大学, 2013.

[19] 陈丹, 董鑫, 张玉洁. 爱思唯尔期刊运营模式及数字出版研究[J]. 科技与出版, 2013(2): 10-14.

[20] 张晓林. 走向知识服务: 寻找新世纪图书情报工作的生长点[J]. 中国图书馆学报, 2000(5): 30-35.

[21] 王明亮. 科技期刊出版的知识服务化[J]. 中国科技期刊研究, 2004, 15(1): 12-14.

[22] 李弘. 基于国家数字复合出版系统工程的知识服务浅析[J]. 科技与出版, 2015(8): 18-21.

[23] 任萍萍. 国内图书馆知识服务研究综述(1999—2011)[J]. 图书情报工作, 2012, 56(7): 5-10.

[24] Miles L, N Kastrinos. Knowledge-Intensive Business Services: Users, Carriers and Sources of Innovation[R]. Netherlands: TNO Policy Research, 1995.

[25] Guy St. Clair. Knowledge Services: Your company's key to performance excellence[J]. Information outlook, 2001, 5(66): 6-12.

[26] 任奎礼. 高效图书馆知识服务研究[D]. 天津: 天津大学, 2008: 2.

[27] Jeongeun B, Park H. An International Comparison of Competitiveness in Knowledge Services[J]. Technical Forecasting and Social Change, 2017(114): 203-213.

[28] 任俊为. 知识经济与图书馆的知识服务[J]. 图书情报知识, 1999(1): 28-30.

[29] 郭卫宁. 国内图书情报学领域知识服务研究脉络探析[J]. 图书馆学研究, 2016(4): 2-9.

[30] 汤超, 胡冰, 郑继承, 杨蕾. 中国激光杂志社全媒体知识服务体系构建初探[J]. 中国科技期刊研究, 2015, 26(3): 275-280.

[31] 张凡. 探索知识服务商业模式[J]. 出版参考, 2016(6): 40-41.

[32] 刘永坚, 白立华, 施其明, 唐伶俐. 出版企业基于大数据开

展知识服务的现实路径分析[J].出版参考,2017(11):8-11.

[33] 袁阳,肖洪.基于知识元库自动编辑的知识服务优化[J].科技与出版,2017(6):22-25.

[34] 从挺.基于知识链的全球学术出版服务模式创新研究[J].出版科学,2018(1):29.

[35] 许剑颖.数字出版知识服务的内涵、模式及对策[J].科技与出版,2017(11):107-111.

[36] 许远.迈向数字时代的知识服务展望[J].科技与出版,2015(12):84-88.

[37] 陈庄,刘加伶,成卫.信息资源组织与管理[M].北京:清华大学出版社,2011:2.

[38] 裴成发.信息资源管理[M].北京:科学出版社,2008:2.

[39] 姜永常.论知识服务与信息服务[J].情报学报,2001(5):572-578.

[40] 谢友宁,杨海平,金旭虹.数字内容产业发展研究——以内容产业评估指标为对象的探讨[J].图书情报工作,2010,54(12):54-55.

[41] 张立.数字内容管理与出版流程再造[J].出版参考,2007(Z1):28.

[42] 张红丽,吴新年.知识服务及其特征分析[J].图书情报工作,2010,54(3):23-27.

2　知识库构建

　　出版知识服务根据用户阅读需求动态地组织读者阅读内容，并将组织好的内容封装成读者所需的产品形态供其消费。显然，这一过程客观上要求出版内容资源以合适的粒度碎片化并进行系统组织，而出版知识库旨在构建出版知识服务所需的内容资源，是将已有的出版内容资源进行碎片化和系统组织的过程，有助于提高出版内容资源利用率，是出版知识服务的起点和基础。

　　传统出版产业正向数字化转型，现阶段最受业界重视的两个问题：一个是基于数字技术的传统编辑出版流程改造，也即业内常说的流程再造；另一个就是出版资源的数字化。前者涉及数字化出版内容生成的各个环节，由于各个出版商所采用的方式各不相同，加之各出版单位运营理念不尽相同，因而数字化过程很难表述，处理难度也相对较大。而出版资源数字化则是数字出版的起点和基础，是每个出版企业都亟须攻克的环节，因此需要立足整个数字出版产业的发展来加以规划。

　　当前，国内企业热衷于将出版资源进行大规模的所谓"数字化"工作，但由于自身条件限制，以及对数字出版产业的认知存在一定偏差，产生了许多格式各异但形式单一的数字化资源，这些资源不仅难以满足当前数字出版中按需出版的个性化服务需求，甚至连基本的多终端用户阅读需求都难以满足。此外，由于数字化不彻底，"数字化资源"只能以整体方式进行存储，需要占用大量存储空间。由此可见，这种出版资源数字化不仅导致出版内容利用率低下，浪费大量存储空间，还会增加企业的管理成本，给出版企业的转型和技术改造带来负面影响。造成上述困境的原因除了企业数字化理念不恰当、对出版内容数字化特点理解不足之外，还在于出版资源数字化程度不够。在当前网络环境下，数字出版需要根据用户需求，为读者提供满足其需要的特定出版物。不仅如此，在网络环境中，应用服务提供商还需为用户提供快速服务响应，以提高用户服务体验。因此，数字出版服务提供商需要快速准确地为读者提供其所需的数字出版内容，并将其组织成数字出版物。

解决上述两个问题需要数字化的内容具备流通性和可用性，即数字化的内容应该以较小的片断存储起来，以便于内容检索和重组。但在知识库构建过程中，如果出版内容资源碎片化粒度过大，会增加用户在浏览和阅读过程中的认知负担和时间成本。反之，增加粒度的精细化程度，又会增加出版方的负担和压力。所以，在专业出版知识服务资源碎片化过程中，如何平衡专业出版单位的成本压力和用户对精细化碎片化的资源需求，是有待探讨的问题。本章旨在回答出版知识库构建时内容资源碎片化粒度和知识库构建等问题。为此，本章首先引入博弈理论，将专业出版知识库构建过程中的内容资源碎片化粒度问题形式化为一个博弈问题，找出出版知识库构建过程内容资源碎片化时需要注意和解决的事项。在此基础上，以出版领域的书店为例，介绍如何利用领域本体技术构建出版知识库。

2.1 基于博弈的知识服务资源粒度确定

2.1.1 粒度与知识单元

"粒度"本来是一种物理学领域的概念，本质是指颗粒物的大小，常常用在矿物学领域，是矿物质所包含的颗粒大小的一种度量方式。后来"粒度"的概念被广泛应用到大数据领域，普遍意义上，表示了知识单元的相对大小或者粗糙程度，"粒度"可以是衡量知

2.1 基于博弈的知识服务资源粒度确定

识单元大小的一种标准。

知识单元是对知识进行分割后的基本单位,通过对知识单元的组织利用,可以对知识进行管理。广义上的知识单元泛指资源内任何一种相对独立的组成单元,如一整篇文献,知识单元可以再细分,如文献中的某一章节。而狭义的知识单元指最小的独立单位,无法再进行细分。知识单元可以根据资源的逻辑结构和物理结构进行分解,分解形成的知识单元所属类别也不尽相同,但大多可以从概念、方法等角度进行分类。总的来说,知识单元可以是整本图书或者整篇文献,也可以是一个章节、一个段落、一个数据、一个词语或者是公式图表等信息,不同层次的知识单元用粒度的概念进行区分。

长时间以来,文献往往被当作知识管理的基本知识单元,这是基于广义的知识单元概念,后来,随着人们对知识的进一步认识,狭义的知识单元概念产生。文献单元相对来说更侧重物理结构,往往就是传统意义上出版的知识载体形式。而知识单元是构成整体的部分,可分为两种,一种是物理结构上的,一种是从逻辑结构上的。

有学者对出版物的知识单元进行了基本的粒度划分,主要分为三个层次:一是出版物,即一本图书、一篇文献、一本期刊或者一份报纸等;二是篇章,通常来说,一本图书或者一篇文献的组成结构是章节,而一份期刊的组成结构是文献;三是知识元,即能够表达特定知识内容的最小单位,这往往包括概念、方法、事实、数值等内容。

知识单元具有知识性、独立性、整体性、再生性等特点:

(1)知识单元的知识性。知识单元是一个完整的知识点,能够提供完整的知识内容,对于使用者来说,所表达的内容应该要有意义。

(2)知识单元的独立性。知识单元是相对独立的,可以脱离资源整体单独存在,也可以作为独立单位相互结合,重新组织,组成新的内容。

(3)知识单元的整体性。知识单元是整体的组成部分,与整体

2 知识库构建

息息相关，例如一篇论文，其中的章节、段落、图表等部分虽然可以独立存在，但都属于这篇论文的组成部分。

(4) 知识单元的再生性。知识单元可以通过重新组合形成新的知识，通过不同层次的划分、不同方法的组织，可以将知识单元组成不同的知识内容，从而实现知识增值。

在专业出版面向知识服务转型升级的背景下，国内外用户的内容资源需求逐渐升级，不再是对整篇文本的需求，而是需要精确到一本图书或者一篇文献中的部分章节、段落、公式、图表等信息，呈现出了细粒度化的发展趋势。

而目前总体上，许多专业类出版单位对知识的利用和管理方式仍然停留在以"整篇文献"为单位的传统水平上。为顺应互联网碎片化的资源发展要求，也有越来越多的专业类出版单位开始对信息资源进行二次加工，将信息粒度从"文献"深入"知识元"，挖掘细粒度的知识单元，并对其进行分解与重新组织。当前，各出版机构最先将结构简单、规范化程度高的词表和百科全书等文献形式作为主要的细粒度化对象，后来逐步开始对图书、期刊等文献进行加工。

在国外，出版商爱思唯尔的内容资源结构化程度最高。爱思唯尔对其收录的资源进行了二次加工，实现内容的结构化，并且从文献中抽取了数学公式、专业术语、图表、主题词等，做成细化结构的产品。此外，施普林格基于 XML 格式数据对内容资源进行重组，将图书、期刊等整体的知识单元按照对应学科的知识体系结构进行关联和组织。①

在国内，中国知网是资源细粒度化的代表。中国知网也对其收录的内容资源进行了结构加工，从中提取出更加细粒度的知识内容，如年鉴和工具书是最先进行结构化加工的内容。②

---

① https://www.elsevier.com/zh-cn.
② https://www.cnki.net/.

2.1.2 出版知识服务资源粒度博弈模型

在出版知识服务过程中，影响资源碎片化粒度的两大主体是读者和出版单位，也是资源碎片化粒度划分的博弈主体。双方没有约束协议的限制，均为"理性的经济人"，都寻求自身收益的最大化。读者为了提高获取资源的效率，希望在控制自己付费水平的前提下获得更加细粒度化、结构化的资源。而出版单位为了能够获取最大利润，则需要在控制碎片化资源粒度处理成本的同时，考虑用户资源粒度需求可能对其付费情况产生的影响。显然，分析这两者成本和收益的基本结构，可以帮助构造其在出版知识服务过程中基于利益诉求的相互关系，从而有助于找到双方关系的均衡点，得到有效的出版内容资源碎片化粒度策略。

2.1.2.1 出版知识服务的成本结构

出版知识服务的成本结构是比较复杂的，既包括了诸如版权费用等传统支出，也包括数据库运营维护等新成本，除了基础的软件开发成本，资源碎片化的开发对于数据存储能力、软件功能复杂度等计算和服务成本都有了新的要求。在基础成本不变的情况下将出版资源粒度细化的过程中，知识服务平台的构造和运营成本不断提高，主要包括了四个方面：知识的提取、知识的表示、知识的存储以及知识的检索。在提取知识时，从一开始的整体图书文献，到篇章，再到段落，最后到句子、词、公式图表等信息，对知识每一步粒度的提取都会增加相应的成本，粒度越小，计算难度越大，成本越高。而知识的表示、存储和检索都需要对知识进行重新组织，不同粒度的知识单元根据不同的方法进行组织，同一篇文献的细粒度知识单元具有整体性，知识单元之间有逻辑联系，但同时不同的知识单元也具有独立性，可以脱离原文献。在知识表示上，当知识单元细化，以整篇文献或图书为单位的标题目录式的表示方式将不再适用，采用不同方式对知识单元进行命名和排列将会产生相应不同的成本。在知识存储上，细粒度的知识单元需要更加复杂的计算能力和更大的存储空间，粒度的细化也会导致维护成本的提高。在知识检索上，粒度细化需要更高要求的语义检索能力，进一步提高了计算成本。

2.1.2.2 出版知识服务的收益结构

按照企业利润点的划分方式，专业出版单位在知识服务上的收益可以分为三个部分。首先是以内容资源为核心的基础利润点，对资源内容进行细化解构后，能够基于高质量资源内容在类似平台中形成竞争优势，增加用户吸引力，并通过用户满意度的形成与提高而增大用户黏性，引导其增加付费，进而提高出版单位的基础收益。其次是增值服务的期望利润点，随着粒度细化，增值服务有了更多的发展空间，多样化的知识服务形式使得增值服务的收益随之增加。最后在此基础上，第三方投入的附加利润点可能会受到间接因素的影响而提高。

2.1.2.3 用户的知识服务付费结构

在进行知识服务消费时，用户需要支付相应的知识服务费用，不同粒度知识服务下的成本费用不同。同时，由于知识服务平台以整篇文献和图书为基础，容易增加用户对知识内容获取的难度，降低其知识获取效率，浪费造成时间精力成本，还增加了新的成本。而随着文献、图书的粒度细化，用户能够准确找到所需的信息，吸收有效的知识，同时享受到更多的增值服务，获得相比于粗粒度知识服务模式更多的收益。

2.1.2.4 基于双方利益分歧构建博弈模型

显然，在出版知识服务过程中，由于双方的利益分歧，读者和出版主体间对出版内容资源碎片化理论期望不尽相同，即双方之间的博弈是非合作的。为更好描述这种博弈行为，可以进行如下假设：

(1)出版单位在追求文化效益的同时，也积极追求经济效益，要通过对知识服务资源粒度的管理，来吸引读者付费使用，以获取利润。用户需要衡量知识服务的真正价值，最终考虑是否接受和购买知识服务，即是否消费。

(2)出版单位和读者均为"中性风险"的"理性经济人"，双方

2.1 基于博弈的知识服务资源粒度确定

的经济行为都是"理性"的，以追求自身收益的最大化为根本目标。

（3）出版单位重视粒度划分带来的成本增长，读者更关心自身的知识获取满意度，会根据资源内容的不同粒度，选择是否进行消费。

（4）在模型中，假设的要素对模型结果的影响是单一的，没有其他复合性质的市场因素影响。

此外，为简化起见，模型简单地将资源粒度划分为粗粒度和细粒度两种形式，出版单位可以选择两种知识服务模式，即细粒度的知识服务模式和粗粒度的知识服务模式。而读者可以选择消费和不消费，这是读者的两种策略元素。

（1）假设出版单位选择细粒度的知识服务方式概率为 p，选择粗粒度的知识服务方式的概率为 $1-p$；

（2）假设读者选择消费的概率为 q，选择不消费的概率为 $1-q$；

（3）假设出版单位和用户的策略组合的表示形式为（出版单位收益，读者收益）；

（4）假设博弈在一般情况下，即出版单位选择粗粒度的知识服务方式，读者选择不消费的情况下，双方的收益和损失都为0，即策略组合（粗粒度知识服务，选择不消费）的结果为（0，0），在其他情况下，将产生超额收益和额外损失；

（5）对博弈策略所涉及的各类元素进行定义，如表 2-1 所示。

表 2-1　有关专业出版知识服务资源粒度博弈策略因素的内容定义

序号	元素	内　　容
1	C	细粒度知识服务比粗粒度知识服务带来的成本增加为 C
2	Z	细粒度知识服务被读者消费，为出版单位带来的收益增长为 Z。同时，读者因为选择消费细粒度知识服务导致的成本增加也为 Z
3	E	粗粒度知识服务被读者消费，为出版单位带来的收益增长为 E。同时，读者因为选择消费粗粒度知识服务导致的成本增加也为 E

续表

序号	元素	内　容
4	F	读者在使用细粒度知识服务时，相比于粗粒度知识服务下所增加的收益为 F

当出版单位选择粗粒度的知识服务模式时，若读者选择消费，出版单位获得收益，无损失成本。当出版单位选择细粒度的知识服务模式时，出版单位增加成本，若读者消费，则出版单位获得收益，读者承担成本的同时，获得细粒度知识服务带来的收益。基于此，可以得到基本的博弈模型，如表2-2所示。

表2-2　　出版知识服务资源粒度博弈模型

出版单位 \ 用户	选择消费(q)	选择不消费($1-q$)
细粒度知识服务(p)	($Z-C$, $F-Z$)	($-C$, 0)
粗粒度知识服务($1-p$)	(E, $-E$)	(0, 0)

2.1.3　博弈策略分析

在上述博弈模型中，博弈双方都选择合适的策略进行博弈，希望实现自身收益的最大化。因此，可通过对博弈双方的期望收益进行分析，从而分析得到相应策略。

2.1.3.1　出版单位的粒度选择策略

(1) 出版单位选择细粒度知识服务模式的期望收益 E_{11} 为：

$$E_{11} = q \times (Z - C) + (1 - q) \times (-C) = Zq - C \quad (2.1)$$

(2) 出版单位选择粗粒度的知识服务模式的期望收益 E_{12} 为：

$$E_{12} = q \times E + (1 - q) \times 0 = qE \quad (2.2)$$

经过整理可得，

$$q = \frac{C}{Z - E} \quad (2.3)$$

若 $E_{11} > E_{12}$，出版单位将更倾向于选择细粒度的知识服务模式。

即 $$Zq - C > qE$$

整理可得， $$q > \frac{C}{Z - E} \quad (2.4)$$

由式(2.4)可知，q（即不等式的左边）越大，或者 $\frac{C}{Z - E}$（即不等式的右边）越小，出版单位倾向于选择细粒度的知识服务模式。

因此影响出版单位选择细粒度的知识服务模式的主要因素有：

（1）q，读者选择进行消费的概率越大，出版单位更倾向于细粒度的知识服务模式；

（2）C，细粒度知识服务比粗粒度知识服务带来的成本增加越小，出版单位更倾向于选择细粒度的知识服务模式；

（3）Z，细粒度知识服务被读者消费，为出版单位带来的收益增长越大，出版单位更倾向于选择细粒度的知识服务模式；

（4）E，粗粒度知识服务被读者消费，为出版单位带来的收益增长越小，出版单位更倾向于选择细粒度的知识服务模式。

2.1.3.2 读者的消费选择策略

(1)读者选择消费的期望收益 E_{21} 为：
$$\begin{aligned} E_{21} &= p \times (F - Z) + (1 - p) \times (-E) \\ &= p \times (F - Z + E) - E \end{aligned} \quad (2.5)$$

(2)读者选择不消费的期望收益 E_{22} 为：
$$E_{22} = p \times 0 + (1 - p) \times 0 = 0 \quad (2.6)$$

经过整理可得， $$p = \frac{E}{E + F - Z} \quad (2.7)$$

若 $E_{21} > E_{22}$，用户将更倾向于选择消费。

即 $$p \times (F - Z + E) - E > 0$$

整理可得， $$p > \frac{E}{E + F - Z} \quad (2.8)$$

显然，p（即不等式的左边）越大，或者 $\frac{E}{E + F - Z}$（即不等式的

2 知识库构建

右边)越小,用户更倾向于进行消费。因此影响读者选择消费的主要因素有:

(1) p,出版单位选择细粒度知识服务模式的概率越大,读者更倾向于进行消费;

(2) E,读者因为选择了粗粒度知识服务消费而导致的成本增加越小,读者倾向于进行消费;

(3) F,读者在使用细粒度知识服务时,相比于粗粒度知识服务下所增加的收益越大,读者更倾向于进行消费;

(4) Z,读者因为选择了对细粒度知识服务消费导致的成本增加越小,读者倾向于进行消费。

综合上述的博弈策略分析,可以得到博弈的纳什均衡结果为:

(1) 当式(2.4) $\left(即 q > \dfrac{C}{Z-E}\right)$ 成立时,出版单位更倾向于选择细粒度的知识服务模式;

(2) 当式(2.8) $\left(即 p > \dfrac{E}{E+F-Z}\right)$ 成立时,读者更倾向于进行消费;

(3) 当(2.4)和(2.8)两式中左右两边等号成立时,则得到博弈双方策略的纳什均衡解。

根据上述的博弈策略和结果分析,可以得出影响专业类出版单位知识服务粒度模式选择和读者消费选择的因素,以及出版知识服务资源碎片化过程中可能出现的问题,进而可以根据影响因素,有针对性地提出其中的选择与优化策略。

从当前的产业状况来看,出版单位可能会更为稳妥地保持粗粒度知识服务模式,倘若读者不消费,则没有任何额外收益和损失,若读者消费,出版单位就会获得相应的收益增加,而读者则会增加相应成本。在此情况下,出版单位获得了稳定的收益,而读者没有获得额外收益。这便使得出版单位在之后的发展过程中,继续固守粗粒度知识服务策略,从而导致决策僵化,出版单位转型困难。从长远的角度来看,这并不利于整个行业的发展。

在博弈初期,对于读者来说,其进行消费的同时,也需要耗费

2.1 基于博弈的知识服务资源粒度确定

较大的时间和精力成本来获取知识服务内容资源。从出版单位的角度来看，由于向知识服务转型需要耗费更多成本，因此希望获得更多利润。而相较于传统的消费模式来说，粗粒度知识服务模式的优势并不明显，无法高效利用庞大的数据资源，对读者的吸引力较低，这并不利于培养读者对出版知识服务的认可和付费意识。

出版单位固守粗粒度的知识服务策略，将会造成知识服务产品发展空间受限，总体质量不高，盈利空间小，不利于激发从业人员的热情和创造力，显然会继续抑制细粒度知识服务资源的发展，由此造成恶性循环。

技术是生产力，技术需要持续发展才能造福社会。当出版单位由于固守粗粒度知识服务策略导致利润空间受限的同时，读者也未能培养为高质量知识付费的意识和观念，这便抑制了对相关技术的需求，不利于推动技术的发展。

知识服务资源的粒度细化，使得增值服务有了更多的发展空间，知识服务形式多样化，增值服务的收益随之增加。而固守粗粒度知识服务策略，将会限制资源内容质量的提高与知识服务产品的多样化发展，限制利润增长，不利于专业类出版单位提高自身竞争力。

2.1.3.3 出版单位知识服务模式转移策略

鉴于此，出版单位应该采取相应的措施，避免陷入困境，使得博弈结果向（细粒度知识服务，读者消费）这个理想化的纳什均衡解转移。根据上述模型中对影响因素的分析，以下提出相应建议，促使出版单位向细粒度化的知识服务模式顺利转移。

（1）发展应用技术。技术是出版资源粒度细化的重要基础，没有技术或者技术难度大都会增加出版单位向细粒度知识服务模式转型的成本压力，成本压力直接影响出版单位决策，细粒度知识服务比粗粒度知识服务带来的成本增加越小，出版单位就更倾向于选择细粒度的知识服务模式，所以要降低成本，从根本而言，必须发展技术。当前对资源粒度的研究有很多，但许多还停留在理论研究层面，没有进行实践分析，研究应该更多地向应用层面转移。出版单位应根据自身的实际情况，向发展较好的知识服务平台学习，吸收

2 知识库构建

互联网知识付费产品的先进技术,具体可利用图书资源原有的逻辑结构,为资源粒度的划分提供依据,发展相应的专有技术。

(2)改变知识服务认知。对于出版单位来说,应该意识到细粒度知识服务模式所具有的一定风险,但更应正确认识其所能带来的长远利益。要保持出版行业的健康快速发展,必须从根本上改变出版单位对于细粒度知识服务模式的认知观念。细粒度知识服务模式能够提高出版单位的竞争力,提高知识服务品质,从基础利润、增值利润和附加利润三个方面增加产品附加值、提升企业收益,是顺应用户需求的发展方向,所以细粒度知识服务模式是未来知识服务的发展趋势。出版单位应该积极投入,勇于尝试,努力向细粒度化的知识服务模式转变。

(3)构建粒度标准体系。目前行业内缺少知识服务粒度的标准化体系,归根结底是知识粒度的研究和实践还未成熟。随着研究的发展,标准化和体系化的知识服务粒度首先将会助力形成最优化的知识服务细粒度决策模式;其次,有利于专业类出版单位的知识服务模式形成统一标准、优化产业链,降低成本,提高整体服务效率与专业化服务质量;最后,还将促进行业之间的交流沟通和合作,进一步推动标准体系的广泛应用的同时,提高用户对知识服务细粒度模式的认可。所以,出版单位应该积极推动知识服务粒度标准和体系的建立。

(4)转变读者消费观念。随着知识服务的迅速发展,许多读者已接受了新的服务方式并逐渐形成了付费意识。由上述博弈模型可知,读者选择进行消费的概率越大,出版单位更倾向于选择细粒度的知识服务模式的结果。因此需要转变读者的消费观念,广泛传播更加优质的细粒度知识服务模式及其带给读者本身的利益,强调优化的服务和内容资源,培养并加深读者为优质知识付费的意识和观念。

(5)准确把握自身实际情况。在博弈模型中,知识服务的粒度被简单地划分为粗粒度和细粒度。实际上,知识资源的粒度粗细程度有很多的划分标准,不同粗细的粒度往往对应不同的构造成本和服务质量。出版单位可通过对自身承受能力等实际情况以及读者需

2.2 领域本体

求的准确把握,并以此为基础在一定程度上选择不同层次的细粒度知识服务模式,以此降低成本压力,减少不确定性因素带来的风险。如在发展知识服务初期,可以先采用细一层次的粒度模型,随着经验积累、收益积累、研究发展、技术的发展以及成本压力的减少再循序渐进地进行细化。

(6)选择多粒度知识服务模式。事实上,知识资源的粒度并不可能是绝对一致的,不同属性的资源有不同的特性,读者对不同资源的需求也不尽不同。如不同图书,其内部的章节、段落等逻辑结构会有所相同,拆分的粒度自然不同。多粒度的知识服务模式,是对细粒度知识服务模式的优化,能更好地适应不同知识资源的特性及读者的消费需求,能优化成本结构和服务质量,也是未来知识服务的发展方向。

2.2 领域本体

知识库构建主要解决数字出版资源可用性和流通性的问题。通过构建数据库知识模型,将知识片断系统地组织起来,并存储在数据库中,为后续的数字出版内容生成和传播提供原材料。当前,知识库构建的主要方法有基于叙词表的知识库构建和基于领域本体的知识库构建两种。其中,基于叙词表的知识库构建方法主要依据现有叙词表来设定不同关键词间的规则,并构建知识库。这种知识库构建方式实现起来较简单,但由于叙词表不能支持关键词间复杂关系的描述,无法支持复杂的语义推理,不适合基于自然语言描述的搜索技术。与叙词表不同,领域本体从系统角度来构建某一领域的知识库,支持复杂语义关系描述和复杂关系推理,同时具有很好的扩展性。鉴于此,本节选择利用本体来构建知识库。

2.2.1 本体理论概述

在信息系统、知识系统等领域,研究者给出了许多不同的本体定义，其中最著名并被引用得最为广泛的定义是由斯坦福大学的 Gruber 提出的，即本体是一套得到大多数人认同的、关于概念体系的明确的、形式化的规范说明。

本体对概念体系的规范和说明是建立在几个基本元素之上的，包括类(或概念)、属性、实例、关系、公理。类是构成本体概念模型主要部分，类与类之间蕴含着复杂的语义关系，这些关系可以通过直接添加不同的关系语句进行表示。此外，通过对类添加不同的属性，以及由属性构造公理和约束，能对类进行明确的描述和定义，并进一步描述类与类之间的关系，进而将不同的类连接成一个复杂的概念网络。如 W3C(万维网联盟)提供了从 XML、RDF 到 OWL 等一系列描述能力不断增强的本体描述语言，通过这些语言将本体形式化表示出来，计算机就能够识别其中复杂的语义关系，进而结合语义标注、信息抽取和机器推理等数字技术，实现对领域知识的智能处理。

本体对概念的清晰定义能力以及对概念关系的强大描述能力使得它成为一种强大的知识表示方法，也是语义分析的基础，它有着广泛的应用前景，在诸如机器翻译、智能检索、异构信息处理、自动问答、跨语种检索等方面都能够发挥重要的作用。目前，本体的应用主要在图书情报、人工智能等领域，但近几年，出版业也开始利用本体思想与技术，同时借鉴图书情报、人工智能界已取得的成果，探索本体在数字出版领域的应用途径。国际上，牛津大学研究小组开发的一种引文类型本体以及微软针对 Word2007 开发的本体插件，都尝试将本体技术引入出版的不同环节；在国内，人民教育出版社组织开发的"人民金典"语义搜索系统，其底层语义模型运用了本体方法论作为指导；此外，方正科技等互联网出版机构研究人员也开始研究将本体引入其知识组织系统中。

2.2.2 本体对数字内容按需获取的作用

数字内容按需获取的最终实现需要从两个方面来综合考虑：一是数字内容本身，二是用户。在数字内容方面，必须解决的问题是

2.2 领域本体

实现数字内容的有效组织,通过数字出版内容知识库的构建将各种加工好的数字内容系统组织并存储起来,实现对数字出版资源的初步优化,它是实现数字内容语义分析和动态重组的基础。在用户方面,必须解决的问题是方便快捷地为用户提供其所需的数字内容,这可以通过两种途径来实现:要么在用户检索时,计算机必须准确识别用户通过自然语言所表达的需求,并根据用户需求实现数字出版内容动态重组,即高效、快捷地从知识库中获取所需资源,并重新组织成满足用户需要的数字内容;要么系统根据用户的浏览习惯、个人背景等信息主动向用户提供个性化服务和信息导航。本体技术为数字内容及用户两个方面问题的解决提供了很好的途径。

首先,针对海量的数字出版内容,目前主要的组织模式有分类法、主题法、分类主题一体化等,这些信息组织方法能够很好地从文献层面对数字出版内容进行组织。如中国知网综合运用了这几种方法来对其数据库文献进行组织,起到了不错的效果,但仍然存在信息格式异构、内容交叉重复、知识关联度低等问题。更为突出的是,这种以文献这一知识载体为单位的知识管理具有很大局限性,无法实现对知识内容本身的有效管理。在如今"信息过载"的局面中,人们在获取自己所需知识的过程中,大量的时间和精力都浪费在查找和筛选上。尤其是在科研领域,知识的快速增长要求科研人员能够迅速把握领域发展现状及趋势,而目前以文献为单位的知识组织方式则将科研人员淹没在大量的无关信息之中。因此,如何使研究知识信息组织从物理层次的文献单元向认知层次的知识单元转变、增加知识的关联度以及实现异构信息的互操作,这些都是亟待解决的问题。本体则为解决这些问题提供了有效机制。

通过领域专家构建领域本体,并搭建本体与从领域文献中抽取出来的领域特征词集的向量空间模型,实现本体与领域文献的概念映射和语义标注,显现地表达和揭示领域文献的语义信息,然后借助信息抽取技术从文献中抽取由特定语义和语用约束的知识片——知识元,在此基础上构建基于知识元的数字内容本体知识库,这样就可以实现由文献单元向知识单元的语义拆分,最后根据用户需求,实现知识单元级别的数字内容动态重组,以满足用户特定的知识需求。此外，由于本体代表一种用机器可以理解的语言和逻辑建立的对信息资源的结构化描述规范，它建立了不同系统能够共同理解并使用的术语。基于一个共同的本体进行语义标注可以提供一个共同的框架来集成异构的数据源中的信息，满足智能主体（Agent）对使用不同操作系统、应用语言和网络协议的文献资源进行有效检索和访问的需求，实现信息资源在语义层次上的全方位互联，并在此基础上，实现更高层次的、基于知识的智能应用。

其次，通过本体构建出版知识库，还能克服传统检索存在的弊端，实现数字内容的语义检索。传统的检索系统工作原理为：对采集来的信息资源内容进行分析，得到信息资源所对应的关键词集合，然后将这些信息资源和关键词集合存储在数据库中，当用户进行检索时，系统就会将用户的查询词与数据库中存储的关键词进行字符串匹配，只要查询词与关键词相同，就会将包含此关键词的资源检索出来。显然这种基于字符串的机械匹配模式并没有考虑信息中的语义，存在以下两个方面弊端：一是无法将语义相同但查询词不同的信息检索出来，比如在中国知网，用关键词查询法分别输入"番茄"和"西红柿"时，检索结果相差很大；二是无法将字符串相同但语义不同或者相关度很低的信息排除在外，导致检索结果中混杂着很多无效的信息。总体而言，其检索效率很低。

基于本体的语义检索模式与这种传统的检索模式相比，根本区别就在于它能实现语义层面的匹配。它是从语义理解的角度对信息对象与检索请求进行分析的，是一种基于概念及其关系的检索与匹配机制。它通过理解和分析用户用自然语言表述的检索需求，构造更为科学的查询表达式，并将查询表达式与同样用本体组织良好的知识库中的数字内容索引库进行语义匹配和语义推理，这样检索出来的结果在准确率和周全度上相较于传统检索模式都会有很大的提高，因此更能达到用户按需获取的最终目的。

最后，利用本体构建出的出版知识库，还能够提供个性化服务和语义导航，给读者带来极大便利。

信息爆炸给用户带来了"信息迷航"的困扰，并使得用户个人信息需求越发个性化和碎片化。此外，用户由于自身知识结构的缺陷、语义理解的主观性等原因，并不是总能清楚地意识到自己所需要的信息到底是什么。由此产生了个性化服务和信息导航以解决和应对这些问题。数字出版业已经在信息导航和个性化服务方面开展了一定的工作：信息导航方面，大多数在线数据库在检索界面中提供了简单的分类或者主题层次结构，以方便用户进行分类检索；个性化服务方面，个性化订阅和推荐已成为重要的研究课题。但总体而言，这两个方面的研究都还存在较大的缺陷：目前信息导航服务所提供的分类或者主题结构过于简单，用户并不能从中获取粒度较小的语义理解支持；而采用关键词法、向量空间法和分类法构建的用户兴趣模型(个性化推荐服务的核心技术)则存在维度过粗、语义缺失、语义关联能力不足等问题。本体技术能够为这些问题的解决提供很好的支持。

本体是由领域概念及其关系构成的复杂网状结构，它不仅能够实现基于语义的分类、主题概念的无缝组合，还能支持概念属性、概念实例层级的知识表示，因此领域知识之间的丰富语义关联能够通过本体以网状结构图形式详细地可视化表现出来，为用户提供上下文相关的知识，方便用户根据不同的浏览意图，自主开展不同粒度的检索行为。

在用户兴趣模型的构建过程中，可以将用户的特征词集合与领域本体进行语义映射，构建用户的语义空间，进而借助领域本体这一中介建立信息源和用户之间的统一语义模型。基于本体自身突出的知识表示能力构建的用户语义模型能够根据用户的背景提供远比目前方法更为精准的主动信息服务，匹配甚至激发用户潜在的兴趣点。

2.3 基于本体的出版知识库构建

本体是一套得到大多数人认同的关于概念体系的明确的、形式化的规范说明。它对概念体系的规范和说明建立在类（或概念）、属性、实例、关系、公理等基本元素之上。本体对概念的定义能力以及对概念关系的描述能力，使得它成为一种强大的知识表示方法和语义分析基础，在诸如机器翻译、智能检索、异构信息处理、自动问答、跨语种检索等方面都能够发挥重要作用，因此有着广泛的应用前景。近几年，出版业也开始引入本体思想与技术，并借鉴图书情报、人工智能领域业已取得的成果，以探索本体在数字出版领域的应用。国际上，牛津大学研究小组开发的一种引文类型本体，微软针对 Word 2007 开发的本体插件，都尝试将本体技术引入出版的不同环节。在国内，人民教育出版社组织开发的"人民金典"语义搜索系统，其底层语义模型运用了本体方法论作为指导。① 此外，研究人员也开始研究将本体引入方正科技等互联网出版机构的知识组织系统中。在基于本体的中小学知识库构建的过程中，涉及中小学教育资源处理、中小学教育知识库构建、中小学教育知识库应用这三个过程。

2.3.1　中小学教育资源处理

2.3.1.1　利用本体处理中小学教育资源的意义

在如今"信息过载"的局面中，人们获取自己想要的知识时，大量的时间和精力都浪费在查找和筛选上。在中小学教育领域中，也不例外。目前，我国中小学的教育模式仍然是课堂上学习与课后作业的传统线性模式。就我国中小学教学活动的实际而言，长期以来的主要缺陷之一就是教学模式过于单一化，单向的、灌输式的教育手段没有考虑到中小学生的学习发展需求及差异，忽视了学生的个性，难以做到因材施教，导致教学效果的不尽如人意，影响了教育教学任务的完成。然而，随着互联网的不断发展，我国中小学教育模式开始借助互联网的力量，中小学生已有更多的途径进行课外学习与扩展。但是这种课外学习资源内容庞杂、质量参差不齐，有些已经过时，对中小学生的学习辅导作用效果甚微，同时也不能有效地区分学生之间学习能力的差异。因此，有必要采取新的技术手

---

① http：//www.siteloop.net/html/rmjd.net.

2.3 基于本体的出版知识库构建

段,对中小学教育资源进行重组织,构建中小学教育知识库,以满足中小学生个性化的教育需求,并实现数字内容按需获取。

然而,中小学教育知识库是一个庞大的资源服务支持系统,里面会有大量且形式多样的中小学教育资源内容,它一般具有以下几个典型特征:第一,它应该是一个丰富的多媒体数字信息资源库;第二,资源库中的资源是可以拷贝、传输、使用、加工和组合的独立单元;第三,所有资源都应有基于标准的元数据,便于查找和利用;第四,标准的教育资源库用该有一个标准的资源管理系统来支撑,这个系统应该能够适应分布式资源建设的特点,实现资源的有序组织,并具有动态性和开放性。这四个特点决定了我国中小学教育知识库中的教育资源内容处理有很大的难度。另外,我国中小学教育资源分布不平衡、不合理的特点也造成了中小学教育资源处理的困难性。因此,研究知识信息组织向认知层次的知识单元转变、增加知识的关联度以及实现异构信息的互操作都是亟待解决的问题。本体则为解决这些问题提供了有效机制。

一是能够实现中小学教育资源的有效组织。目前,实现对海量数字内容组织的方法主要有分类法、主题法、分类主题一体化等,这些信息组织方法虽能够较好地从文献层面组织数字内容,但这种以知识载体——文献为单位的知识管理也存在很大的局限,无法实现对知识内容本身的有效管理。例如,中国知网综合运用了以上几种方法来对其数据库文献进行组织,虽起到了不错的效果,但仍然存在信息格式的异构、各种内容的交叉重复、知识关联度低等问题。在当前"信息过载"的环境下,人们获取自己想要的知识时,大量的时间和精力都浪费在了信息的查找和筛选上。本体的提出、构建本体的原理及技术方法正是为了解决知识单元间语义关联问题,能够为数字内容的有效组织提供思路。这主要体现在以下两个方面:一方面,可以自先通过领域专家构建领域本体,并构建本体与从领域文献中抽取出来的领域特征词集的向量空间模型,从而能够实现本体与领域文献的概念映射和语义标注,显现地表达和揭示领域文献的语义信息;然后,借助信息抽取技术从文献中抽取由特定语义和语用约束的知识片——知识元,并在此基础上构建基于知识元的数字内容本体知识库,由此就可以实现由文献单元向知识单元的语义拆分;最后,根据用户需求,实现知识单元级别的数字内容动态重组,以满足用户个性化的知识需求。另一方面,本体以一种机器可识别和理解的语言和逻辑关系建立对信息资源的结构化描述规范,由此为不同的系统建立了能够共同理解并使用的术语。基于一个共同的本体进行语义标注可以提供一个共同的框架来集成异构数据源中的信息,可以满足智能主体(Agent)对使用不同操作系统、应用语言和网络协议的文献资源进行有效的检索和访问,实现信息资源在语义层次上的全方位互联,并在此基础上,实现更高层次的、基于知识的智能应用。由此可见,本体能够通过对数字内容之间的语义拆分和动态重组、通过对异构信息的结构化描述,为中小学教育资源在语义层面的重组奠定了基础。

二是能够实现数字内容的语义检索。传统的检索系统工作原理为:对采集来的信息资源内容进行分析,得到信息资源所对应的关键词集合,然后将这些信息资源和关键词集合存储在数据库中,当用户进行检索时,系统就会将用户的查询词与数据库中存储的关键词进行字符串匹配,只要查询词与关键词相同,就可将数据库的信息中包含此关键词的资源检索出来。显然,这种基于字符串的机械匹配模式,存在着较为明显的缺陷:一是当检索词与关键词之间不匹配时,会导致检索结果无效或效率很低;二是无法将语义相同而查询词不同的信息检索出来,比如在中国知网用关键词查询法分别输入"番茄"和"西红柿"时检索结果就相差很大,这就会导致检索结果不全;三是无法将字符串相同而语义不同或者相关度很低的信息排除在外,导致检索结果中混杂着很多无效的信息。

基于本体的语义检索模式与上述传统检索模式相比,其根本的区别就在于本体从语义理解的角度分析信息对象与检索请求,从而能够实现语义层面的检索匹配,是一种基于概念及其关系的检索匹配机制。它通过理解和分析用户用自然语言表述的检索需求,构造更为科学的查询表达式,并将查询表达式与基于本体构建的知识库中的数字内容索引库进行语义推理和语义匹配,由此而得到的检索结果在准确率和周全度上相较于传统检索模式都会有很大的提高,

2.3 基于本体的出版知识库构建

也就更能按照用户的需求组织、呈现内容。

三是实现个性化服务和语义导航。信息爆炸给用户带来了"信息迷航"的困扰,并促使用户个人信息需求越来越个性化和碎片化。此外,用户由于自身知识结构的缺陷、语义理解的主观性等原因并不是总能清楚地意识到自己所需要的信息到底是什么。个性化服务和信息导航都是在应对这些问题中产生的对策。数字出版业已经在信息导航和个性化服务方面做了一定的工作:在信息导航方面,大多数在线数据库在检索界面中提供简单的分类或者主题层次结构,以方便用户的分类检索;在个性化服务方面,个性化订阅和个性化推荐已成为重要的研究课题。但总体而言,这两个方面的研究都还存在较大的缺陷。目前的信息导航服务所提供的分类或者主题结构过于简单,用户并不能从中获取粒度较小的语义理解支持;而采用关键词法、向量空间法和分类法构建的用户兴趣模型(个性化推荐服务的核心技术)则存在维度过粗、语义缺失、语义关联能力不足等问题。本体技术能够为这些问题的解决提供很好的支持。

本体是由领域概念及其关系构成的复杂的网状结构,它不仅能够实现基于语义的分类、主题概念的无缝组合,还能支持概念属性、概念实例层级的知识表示,因此领域知识之间的丰富语义关联通过本体能够以网状结构图形式详细地可视化表现出来,为用户提供上下文相关的知识,方便用户根据浏览的意图的不同,自主选择不同粒度检索需求。

在用户兴趣模型的构建过程中,可以将用户的特征词集合与领域本体进行语义映射,建立用户的语义空间,进而借助领域本体这一中介建立信息源和用户之间的统一语义模型。由于本体自身突出的知识表示能力,基于本体的用户语义模型能够根据用户的背景提供远比目前方法更为精准的主动信息服务,甚至激发用户潜在的兴趣点。

2.3.1.2 利用本体处理中小学教育资源的思路

利用本体处理中小学教育资源的思路如图2-1所示。

2 知识库构建

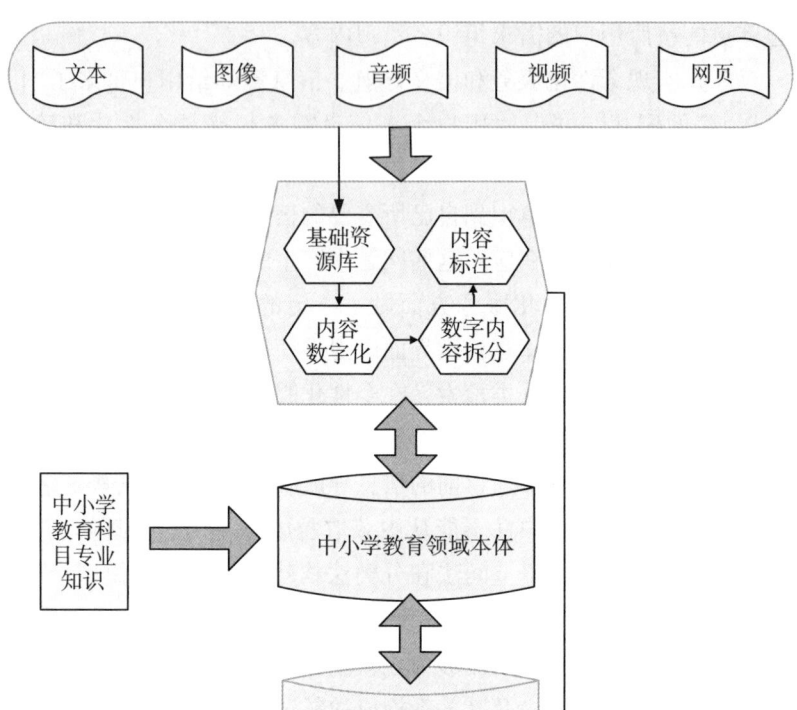

图 2-1 利用本体处理中小学教育资源的思路

(1)基于中小学不同科目专业知识,构建中小学教育不同学科领域的本体,并基于所构建的领域本体,对中小学教育资源进行数字化语义加工。然而,本体的构建不是无的放矢,只有明确了构建目的和领域范围,我们才知道本体中大概需要哪些概念、哪些属性,以及本体的粒度大小,即本体将在哪一层级终止。

(2)构建中小学教育基础资源库。基础资源库主要是企业所拥有的各种多教育资源,包括教材、教辅等资源。由于这些资源在媒介形式上、内容上等存在很大的差异,需要对不同的文本、图像、音频、视频、网页等教育资源进行归类整理,并按照学生学习的特点,对这些资源进行有效的知识抽取。例如,对于初中历史课程,收集相关的历史课件、电子书、历史典故、视频图片、试题练习题

2.3 基于本体的出版知识库构建

等,对这些资源进行整理。

(3)利用数字化技术对各种需要数字化的文本、图像、音视频等进行数字化加工,使之在内容格式等方面统一、规范,并利于后期的重组使用。

(4)运用自然语言处理技术、信息抽取技术等,结合构建的中小学教育领域本体,对数字化的内容进行拆分和标注,抽取其中的实体词汇、关键词以及实体之间的关系,对资源内容按照知识点、知识主题进行划分、抽取。对资源抽取的粒度越精细,表示对资源的知识挖掘越深,后续呈现给学生、教师的知识将越丰富,知识的融合重组能力将越强,有利于提供个性化的知识搜索与推荐功能,从而克服传统教育资源粗粒度组织带来的弊端。

(5)构建中小学教育知识库。知识库的构建旨在把我国不同类型中小学知识的概念体系本体化地表示出来,为我国中小学教育系统提供共享的知识基础,以方便了解各种中小学知识之间的关系,以及各类中小学知识自身的内容、性质、应用等属性。

由此可见,利用本体处理中小学教育资源的关键是构建中小学教育领域本体和知识库。其中,中小学教育资源知识库的最终实现需要从两个方面来综合考虑:一是数字内容本身;二是用户。在数字内容方面,必须解决的问题是实现数字内容的有效组织,解决方案是构建数字出版内容知识库——将各种加工好的数字内容系统地组织并存储起来,实现对数字出版资源的初次优化。这也是实现数字内容语义分析和动态重组的基础。在用户方面,必须解决的问题是方便快捷地提供用户所需的数字内容,这可以通过两种途径来实现:一是在用户检索时,系统需要根据用户需求高效、快捷地从知识库中获取所需资源,并重新组织成满足用户需要的数字内容;二是系统根据用户的浏览习惯、个人背景信息等主动向用户提供个性化服务和信息导航。本体技术为这两个方面问题的解决提供了很好的基础,可以说,中小学教育知识库的构建离不开本体,而领域本体的建立则是为了知识库的构建,从而实现内容的语义重组与用户的定制化需求。

2.3.2 中小学教育知识库构建

中小学教育知识本体是一种面向中小学教育领域的领域本体，它是中小学教育知识的概念化表示，即对中小学教育领域的概念术语进行规范化表示，以及对其层次关系的明确描述，表达共同认可且能共享的教育知识，是语义层次上实现我国中小学教育信息共享与交换的基础。中小学教育知识本体在 Web 教学资源自动采集系统中可作为中小学教育知识库而出现。知识库(KnowledgeBase)是知识工程中结构化、易操作、易利用、全面有组织的知识集群，是针对某一(或某些)领域问题求解的需要，采用某种(或若干种)知识表示方式，在计算机中存储、组织、管理和使用的互相联系的知识片集合。出于不同的目的和应用需求，人们提出各种各样的知识表示和推理方法，开发出了各种各样的知识系统，但由于采用不同的表示和推理机制，这些系统相互之间很难形成知识共享，特别是不同领域异构系统之间的知识互操作更是难以想象；即使同一领域的知识，没有统一的组织方式也很难实现共享。本体所表示的知识独立于具体的应用系统，通过确立概念之间的本质联系和隶属关系，建立领域概念的完整体系，澄清了领域知识的结构，从而能为各种系统的知识共享、互操作和重用提供手段。

中小学教育本体知识库是基于本体技术的中小学教育领域知识的系统化、规范化的表示、组织和存储，它提供了机器可阅读可理解的形式化表示方法，因而可以通过共建共享，在各种教育信息系统中发挥作用。中小学教育本体知识库包括中小学教育领域的重要概念术语(以下统称为"概念")，这些概念需要涵盖教育领域的方方面面，同时，还要定义它们的层次结构，描述它们的属性，确定它们之间的关系，对教育领域的公理还要进行声明。这样，通过中小学教育领域知识的形式化语义表示，就可以让计算机在一定程度理解中小学教育知识，通过中小学教育本体知识库就可以对中小学教育领域的相关信息资源进行推理判断。构建完整的中小学教育本体知识库是一项系统化的艰巨任务，但由于本体知识库是基于统一

2.3 基于本体的出版知识库构建

的规则而建设的，因而，可以在本体构建的基本原则指导下，就中小学教育领域的局部领域开始建设，以满足系统的特殊需要为前提，然后通过本体映射技术，逐步整合多方的中小学教育本体知识库，实现中小学教育本体的整合并逐步完善。另外，教学是一种显式的教育活动，教学领域的知识既是一种教育领域的知识，同时又具有教学领域的具体特征，因此，对中小学教学知识的推理与判断不能脱离中小学教育知识的支撑。对此，可以将中小学教学领域的知识作为中小学教育本体知识库的一部分，也可以独立为单独的中小学教学本体知识库，但中小学教学本体知识库可以通过 URI 引用教学本体知识中的概念。就不同的信息系统需求而言，既要有高层次的教育本体知识库作支撑，还需要针对具体的问题求解构建多方面的中小学教育教学本体知识库，这样才能更好地满足中小学教育信息化建设的需要。

2.3.2.1 基于本体的中小学知识库的基本构建流程

知识库建立在本体的基础之上，本体是知识库建立的基础。因此在构建知识库的过程中，可根据创建本体的方法创建知识库。目前构建本体的方法有很多，例如，IDEF5 方法、骨架法、TOVE 法、Methontology 方法、KACTUS 工程法、循环获取法、SENSUS 法、七步法等，其中经常使用的两种方法是骨架法和七步法，但是骨架法是在开发企业本体的过程中总结出来的，是建立在企业本体的基础上的一种方法。而七步法是由斯坦福大学结合他们开发和使用 Protégé、Ontolingua 和 Chimaera 等本体编辑环境的经验，创建的一种建构本体方法。因此本次借鉴七步法作为构建本体的基础方法。

七步法的第一步是明确本体的领域和范畴；第二步是考查重复利用现有本体的可能性；第三步，如果没有可重复利用的本体就要在该领域中获取本体；第四步，定义类(Class)和类的等级体系(Hierarchy)；第五步，定义类的属性，包括内在属性、外在属性以及与其他类的关系；第六步，定义属性的分面，一个属性的分面就是它取值的类型、容许的取值、值的个数以及有关取值的其他特征；第七步，创建实例，即对于给出的一个类，创建该类的实例，并添加该类的属性值。上面所述的是构建本体的七步法和流程,但要创建中小学知识库不能完全按照构建本体的这七步,还要结合中小学知识库的构建方法、原则以及中小学知识及知识关系的特点。所以在此基础上提出了一种如图2-2的新方法和流程。

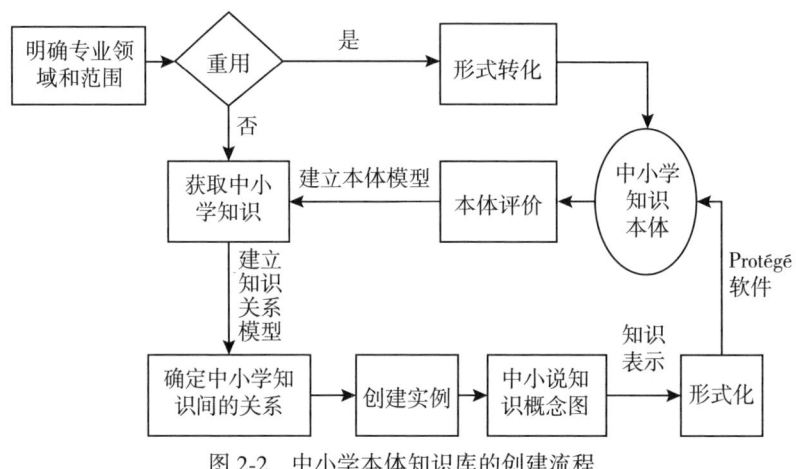

图 2-2 中小学本体知识库的创建流程

依据图2-2的流程图,本研究的第一步是明确领域和范畴,选择中小学教学知识作为研究领域。第二步是考查重复利用现有本体的可能性。根据相关研究,发现没有可以重复利用的中小学知识本体,只能构建新的中小学知识本体。因此接下来的主要建构过程是知识的获取、知识关系的建立以及利用Protégé本体软件将知识及知识关系形式化即知识表示。第三步是获取中小学知识(相当于本体中的类)。本研究主要依据中、小学课程标准以及相关教材和教辅资料从中抽取出相关概念和术语,并将知识进行重构,这样可以保证所获取知识以及划分的知识点的完整性和科学性。第四步是建立知识关系。在建立知识关系时,主要使用概念构图软件(Inspiration)来建立知识关系。第五步是根据所获取的知识以及知识间的关系(类之间的关系)创建各知识点和知识关系的属性和实例。第六步是用Protégé本体构建软件将知识点、知识的关系以及知识点的属性和实例用本体的表示方法予以形式化,即转化为计算机能识别的语言。这样一个本体——中小学知识本体就形成了。构建中小学知识知识库的最后一步就是对所创建的本体进行评价，通过评价可以检测所构建的本体知识库的完整性和科学性。本研究主要采用解答题目归纳知识点的方法对所构建的中小学知识本体进行评价。总体看来，其中第三、四、五、六步是知识库建立的关键环节，它在领域知识库中起到将知识连接成一个有机而复杂的整体的作用。

2.3.2.2 中小学知识术语的获取与划分

本研究构建的是中小学知识库，对于中小学知识，可以分为不同学科来研究。这些学科知识的获取首先根据中小学新课程标准中的内容标准来确定中小学知识的领域和范围；其次，结合不同版本的教材，将涉及中小学知识的课本找出；再次，参考各种资料以及近几年试题并融合课程标准和不同版本的教材逐层细化出中小学各学科知识，并且依据学科知识点属性、规律以及学生学习特点，对学科知识进行分解和分类，将知识分解为一系列的知识单元，然后细分为各知识点。最后，根据前面知识的类型将获取的知识以及划分的知识点分为陈述性的知识和规则性知识。表 2-3 是中小学课本中有关中国近代史的内容。

表 2-3　　　　　　中国近代史相关内容

公元前 11 世纪	周文王在沣河西岸建立丰京，武王继位后伐纣灭商建立西周王朝，并在沣河东岸建都镐京，开创了西安长期作为中国古代政治、经济、文化中心的历史地位
公元前 841 年	镐京"国人暴动"是中国历史是最早的大规模群众暴动驱逐国王事件
公元前 128 年	汉武帝派遣张骞出使西域正式开辟了以长安为起点，连接欧亚大陆的通道"丝绸之路"
582 年	隋文帝颁令在汉长安城东南的今西安城址营建新都大兴城。唐王朝建立后更名长安
1911 年	辛亥革命在武昌爆发后，西安是最早起而响应革命的省会城市之一
1919 年	1919 年，"五四"运动揭开新民主主义革命的序幕

2 知识库构建

续表

1924—1927 年	新民主主义革命第一次高潮中,拥护孙中山革命政权的国民军于1925年把军阀刘镇华逐出陕西,控制西安
1936 年 12 月 12 日	爱国将领张学良、杨虎城以民族大义为重,毅然发动震惊中外的"西安事变",向蒋介石实行兵谏,要求"停止内战,一致对外"
1949 年 5 月 20 日	中国人民解放军解放西安

根据表 2-3 中关于西安的部分历史内容,我们可以看出与西安有关的知识点是比较分散和杂乱的,但是按照时间轴则构成了中小学知识库中关于西安的历史内容知识理论体系。因此,在用户需要搜索与西安相关的历史事件和内容时,可以形成对应的中小学历史本体可视化图,如图 2-3 所示。

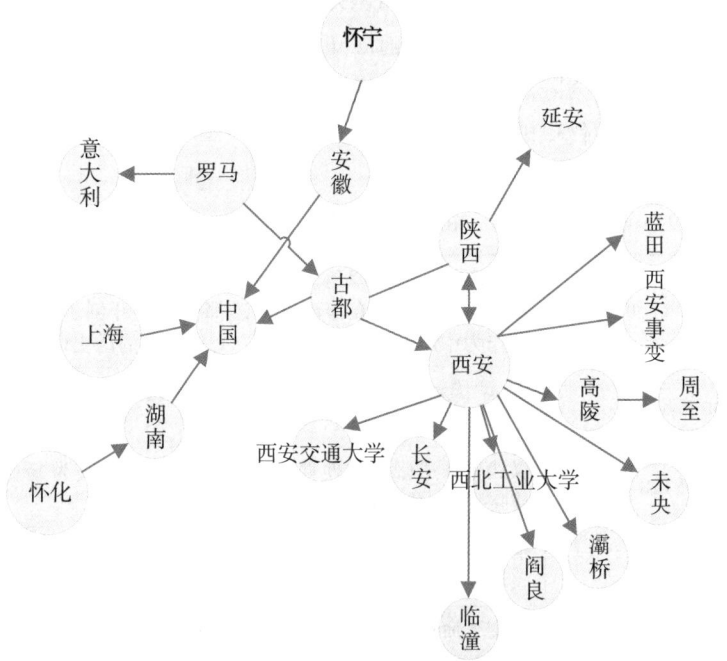

图 2-3 中小学历史本体可视化示例图

依据上述对课程(内容)标准、教材的分析以及相关资料获取相关知识后,继之将知识划分为知识点。正确、有效地划分知识点是保证所构建的知识库正确、高效的前提。而知识术语的划分并不是随意的,它必须按照一定的标准和相关教材中的知识体系进行划分,在此过程中一般采用细化的思想对该领域的知识进行划分,划分的方式对该领域知识体系中知识点的应用起着决定性的作用。

2.3.2.3 知识关系类型的构建

在收集处理教育资源的基础上,构建一个适用于中小学教育的知识库系统,其核心是确定一个资源组织的体系结构,即中小学教育本体知识库。以学生学习与教师传授知识为中心,确定中小学教育领域的核心概念及关系,在该概念体系下来组织各种教育资源。

将获取的中小学知识进行表示,是中小学知识库构建的最重要的环节。本研究根据知识表示方法,选用了本体的知识表示方法,在利用本体对知识进行表示时由于本体的表示工具 Protégé 软件和 OWL 表示语言的要求,我们必须构建知识间的关系,在建立知识间关系的同时不能完全根据本体以及 Protégé 软件中存在的基于计算机语言的知识关系,还要结合中小学知识中存在的知识关系。只有将两者结合起来才能对学科性的知识进行良好的知识表示,从而为构建学科性的知识库奠定基础。因此,知识表示的最重要的部分就是知识关系的建立。

在知识关系建立的过程中,首先要弄清楚的是术语的上下位关系。上下位关系也称为等级关系,一般是用来描述领域的概念层次体系。针对领域术语的上下位关系识别的任务,采用融合文本语法提取方法。并采用基于离散式使用条件随机场机器学习算法的分类器,进行上下位关系和同位关系的识别。通过对上下位关系识别任务的分析,如相关术语的上下位关系(见表 2-4)、相关属性(见表 2-5)、术语之间的关系(见表 2-6),提出了上下位关系提取方法,设计了上下位关系识别系统,总体结构见图 2-4。

表 2-4　　　　　　　　　相关术语及上下位关系

术语	下位术语	说明
综合性教育资源	教材、教辅、试题	这种类型的教育资源是一种混合型的资源，其内部包含了其他更细粒度的资源
知识点	大纲知识点（历史教育大纲知识点、数学教育大纲知识点）、其他知识点	知识点是对内容主题高度相关的一系列相关知识总称
目录	目录项	
数字资源	图像、文本、网页、视频、音频	资源的格式类型
教育对象	学生（小学生、初中生、高中生）	
教育主体	教师、编著者	
教育	历史教育、数学教育、英语教育	按领域划分
教学大纲	历史教学大纲、数学教学大纲、英语教学大纲等	按领域划分
教学内容	历史教学内容、数学教学内容、英语教学内容等	按领域划分
领域本体	此处是具体教学领域的本体概念体系及相关本体库，如历史、数学等教学领域中的概念体系	
主题类型	此处是具体教学领域中资源内容设计的主题，如历史教学中的"战争"，数学中的"定理"，主要用于资源标注。	

表 2-5　　　　　　　　　　相 关 属 性

术语名称	属性名	属性中文名	取值	解释说明
目录项	catalogitem_index	目录项索引	String	目录项的编码

2.3 基于本体的出版知识库构建

续表

术语名称	属性名	属性中文名	取值	解释说明
目录项	catalogitem_name	目录项名称	String	
目录项	catalogitem_pageno	目录项页码	Int	
教学资源	creator	创建者	String	
资源	instruction	说明	String	资源的说明、描述性文字
教学内容	overview	概述	String	教学内容概述
教材	dateofpublished	出版日期	Date	
资源	title	标题	String	
资源	description	描述	String	
资源	name	名称	String	资源对应的名称
资源	source	来源	String	
数字资源	format	格式	String	txt、png、avi等
资源	url	访问地址	String	
教学大纲	dateofdagang	发布时间	Date	大纲发布时间
教学大纲	purposes	教学目的	String	
知识点	importance	重要程度	Double	知识点的重要性计量指标
知识点	index	索引	Int	知识点的索引编码
知识点	keywords	关键词	String	知识点对应的关键词
知识点	scope	范畴	String	知识点的范畴，如历史学科的中国古代史、中国近现代史、世界历史

续表

术语名称	属性名	属性中文名	取值	解释说明
知识点	alias	别称	String	知识点的不同叫法
文本	ismaintext	是否正文	Boolean	文本文字是否是教材正文
文本	footnode	脚注	String	文本对应的脚注、解释说明文字
文本	text_content	内容	String	文本对应的内容
文本	text_keywords	关键词	String	文本对应的关键词

表 2-6　　　　　　　　　　　　术语之间的关系

关系	中文名称	Domain	Range	解释说明
author	作者	资源	代理	
catalog	目录	资源	目录	
catalog_subject	目录知识点	目录	知识点	每一个教材目录项所对应的知识点
dg_content	教学内容	教学大纲	教学内容	教学大纲中的教学内容
content_subject	内容主题	教学内容	知识点	教学内容和知识点关联
subject	知识点	资源	知识点	资源对应的知识点
educational_obj	教育对象	教育	教育对象	教育活动的教育对象
entry_source	相关资源	领域本体	资源	本体实例相关的资源，如某作者的图片、文字等
fatheritem	上级	目录项	目录项	目录项之间的层级关系

2.3 基于本体的出版知识库构建

续表

关系	中文名称	Domain	Range	解释说明
prior	上级	知识点	知识点	知识点之间的主次关系
publisher	出版社	资源	出版社	
related_points	相关知识点	知识点	知识点	知识点之间的关系
related_resource	相关资源	目录	资源	目录对应的参考资源，书籍、试卷等
related_entities	相关实体	领域本体 知识点	领域本体	领域本体、知识点中涉及的领域本体实例
related_resource	相关资源	资源	资源	资源之间的相互关系
test_subject	对应知识点	试题	知识点	
topic	主题类型	知识点	主题类型	知识点对应的主题类型

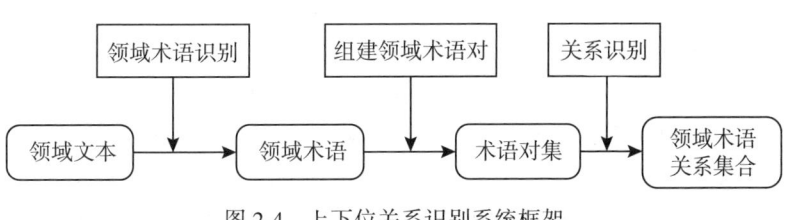

图 2-4 上下位关系识别系统框架

系统主要包括领域术语识别、领域术语对组建、关系识别三个部分。首先对领域文本进行领域术语识别，这样就得到领域术语集。然后对领域术语进行术语对的组建，在得到术语集之后，利用所构建的关系识别分类模型，进行识别，最后输出领域术语的上下位关系的集合。

2.3.2.4 本体的维护和进化

本体构建后，需要对构建的本体进行维护和改进，以保证已构建本体的可用性。从功能角度来看，这一过程包括逻辑检测、本体评价和本体进化等阶段。由于本体构建的复杂性以及过程的烦琐性，很难保证所构建的本体没有逻辑错误，因此在本体形式化编辑完成之后对本体进行逻辑检测是十分必要的。事实上，除逻辑检测外，进行本体推理还能够将本体中隐含的语义关系显现地表示出来，如在书店本体中，由于"曹操"的国家属性是"魏国"，符合"魏国"类的定义，尽管我们在编辑过程中没有指定"曹操"为"魏国"类的实例，但当推理机进行推理后，"曹操"将会自动归类到"魏国"类的实例中。

本体评价是对所构建本体的正确性和有效性做出合理评估，主要看能否达成预期目标，评价标准是看所构建的本体在具体应用中所达到的效果。本体进化是根据本体评价结果、具体应用目的以及领域知识的变化更新而进行有目的的、长期的改进工作，它是保证本体能够适用于具体需要而采取的必要措施。

2.4　本章小结

由传统出版到数字出版的转型表面上表现为出版表现方式和载体的改变，但实质上却是知识组织方式、呈现方式、获取方式的转变。随着出版知识服务的出现，出版机构已经由传统的内容提供商向知识服务商转变，数字内容组织由传统静态的文献单元向动态的"流内容"转变，数字技术和思想为这些转变提供了有力支持。其中，知识库的构建实现了各类数字出版资源的有效组织和存储，有助于提高国内数字出版服务提供商的出版资源内容利用率，是出版知识服务的基础和起点。这一过程需要决定数字出版内容的拆分粒度大小，并解决如何将这些拆分的资源进行有效组织的问题。

鉴于此，本章首先引入博弈理论，在分析出版知识服务过程中不同主体利益诉求及相互关系的基础上，构建相应的博弈模型，并以此归纳出版资源碎片化过程中出版主体拟采取的策略。在此基础上，利用领域本体的知识来构建出版本体知识库，提高数字出版内容利用效率和存储效率。但因为本体技术的复杂性，目前底层的技术还不成熟，比如基于本体的语义标注技术、知识元抽取技术以及本体自身的自动构建、映射、匹配、集成等众多技术的研究还是难点，目前还处于不断探索和完善的阶段。因此，本章主要分析了本体在数字内容按需获取方面的作用，结合目前广泛应用的本体构建方法和流程构建了一个中小学教育知识库案例，以供后续研究者参考，其可行性和有效性还必须经过实践的检验，这也是后续研究必须逐步解决的问题。

本章参考文献

[1] 戎军涛. 学术文献内容知识元语义描述模型研究[J]. 情报科学，2019，37(7)：30-35.

[2] Bishop A P. Digital Libraries and Knowledge Disaggregation：The Use of Journal Article Components［C］//ACM International Conference on Digital Libraries，Pittsburgh：DBLP，2010：29-39.

[3] 戎军涛，李兰. 知识元的本质、结构与运动机制研究[J]. 情报理论与实践，2020，43(1)：42-46+41.

[4] Seyed Eafahani M M，Biazaran M，Gharakhani M A. Game Theoretic Approach to Coordinate Pricing in Manufacturer-retailer Supply Chains［J］. European Journal of Operational Research，2017，211(2)：263-273.

[5] Yunyan Peng. Research on Applying Approach in Game Theory and Information EconomicsCourse［A］. Institute of Management Science and Industrial Engineering. Proceedings of 2019 3rd International Conference on Economics，Management Engineering and Education Technology（ICEMEET 2019）［C］//Institute of Management Science and Industrial Engineering（Computer Science and Electronic Technology International Society），2019：804-808.

[6] 袁满，仇婷婷，胡超. 细粒度课程知识元组织模型及知识图谱

实现[J]. 吉林大学学报(信息科学版), 2019, 37(5): 526-532.

[7] 徐绪堪, 房道伟, 蒋亚东. 基于知识单元的知识组织过程研究[J]. 情报理论与实践, 2014, 37(10): 50-53.

[8] Gruber, T. R. A Translation Approach to Portable Ontology Specification[J]. Knowledge Acquisition, 1993(5): 199-220.

[9] 徐丽芳, 丛挺. 数据密集、语义、可视化与互动出版: 全球科技出版发展趋势研究[J]. 出版科学, 2012(4): 73-80.

[10] 王洪俊, 黄犟. "人民金典"语义检索系统实现方法和技术[J]. 中国传媒科技, 2011(4): 74-77.

[11] 马捷, 刘小乐, 郑若星. 中国知网知识组织模式研究[J]. 情报科学, 2011(6): 843-846.

[12] 文庭孝, 罗贤春, 刘晓英, 张蕊. 知识单元研究述评[J]. 中国图书馆学报, 2011(5): 75-86.

[13] 王亚斌. 基于本体的语义标注研究[D]. 兰州: 兰州理工大学, 2010: 1.

[14] 刘金桂. 基于本体的信息资源组织[D]. 南京: 南京航空航天大学, 2006: 1.

[15] 焦玉英, 张璐. 基于ontology的语义检索模型架构[J]. 山东图书馆季刊, 2006(3): 10-14.

3 基于用户偏好的出版知识服务内容生产

出版知识服务旨在根据用户阅读需求为读者定制其阅读内容，实现内容消费的个性化定制。这一过程不仅需要推断出读者的阅读主题，还需要推断出其知识获取的粒度和层次，以及内容消费过程中的呈现形态。显然，上述目的的实现必须基于对读者有全面完整的分析，清晰了解读者在出版知识服务不同环节的偏好所在，以此做出相应的订制化措施，最终提供满足读者需求的个性化知识服务。本章从出版知识服务的数字内容生产入手，详细分析不同阶段的用户偏好及模型构建过程，促进出版知识服务的个性化内容生成，也帮助提供不同形态出版服务的出版企业加深对用户的理解。

3.1 数字内容生产的概述

数字出版产业的加速发展，突显出平台化竞争的激烈趋势，从一般的数据库营销走向知识服务是每一个出版平台都面临的问题。内容生产是多层次立体化开发数字出版资源的过程，它借助信息技术，精心打造数字化出版产品，以适应此消彼长的数字出版终端设备，这一过程既是人机交互的过程，也揭示了数字出版资源流动和传播的方向，为大规模订制背景下的个性化服务创造了可能。数字内容生产是数字出版平台的主要功能之一，它的生产模式是基于用户利用信息的过程，动态适应性地聚合数字出版信息资源，以提供个性化的服务。在知识库已经构建完好的条件下，这种服务模式在尊重数字出版知识资源组织原有体系结构的基础上，以动态组合变化的形式来适应和支持用户的信息利用。它是跨终端自适应发布的前一环节，影响着数字产品的质量和出版平台的高效率运作。

3.1.1 数字内容生产的介绍

数字内容生产的过程是指用户在输入检索请求后，平台检索功能模块根据用户的信息和知识需求，提取用户偏好构建模型，进行个性化语义搜索，并对搜索出的零散的知识片段进行动态聚合的过程。用户内容请求是检索的指示信号，是检索的开始环节。而内容展示是根据聚合标准规范化之后，选择知识产品与服务的呈现方式和包装形式的模块，它与自适应发布的区别在于，它仅仅提供检索出的完整内容及相对合理和清晰的逻辑框架，而内容在不同终端上的呈现，则需要多终端发布来实现。完整的数字出版流程内容生产，主要包括四个步骤、两大部分，如图3-1所示。

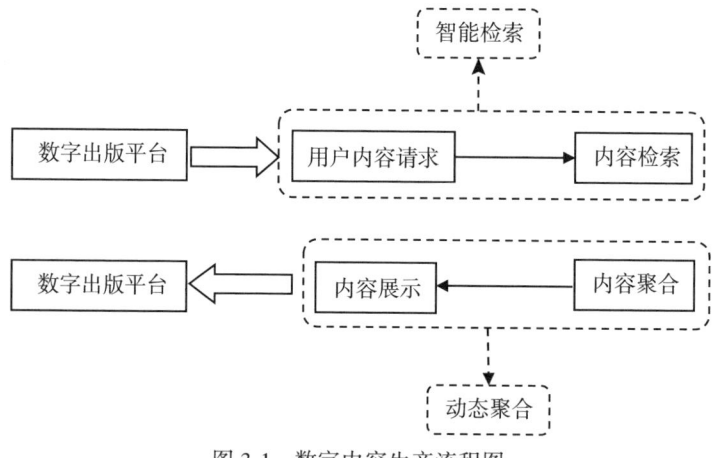

图3-1 数字内容生产流程图

首先用户访问数字出版平台，输入检索内容请求，这种请求可

3.1 数字内容生产的概述

能是代表用户信息需求的词、词组、简单句子等，检索结束后重新按主题聚合碎片化的知识内容，最终确定定价方式和呈现方式。上面一部分用户内容请求和内容检索可以概括为智能检索的过程，下面一部分内容聚合和内容展示可以概括为动态聚合的一部分。

智能检索是连接文献和检索词的一种智能工具，它在为检索词找到一系列匹配的文献后，还会综合考察文献的相关性、重要性、时间顺序等指标，对检索结果进行排序，以实现高效率和高质量的检索。相关性是采用各字段加权混合索引得到的，重要性主要通过对文献来源权威性分析和引用关系分析等实现对文献质量的评价，两者相比较，相关性更加重要一些，但用户同样可以根据实际情况选择排序方式，以得到最理想的知识内容。智能检索的两个环节——内容请求和内容检索，之所以把两者分开，是因为前者是需要用户主动参与实现的，而后者侧重于计算机的内部处理系统。需要注意的是，我们不仅要对用户内容请求进行细化、分解，为区别于传统的搜索引擎，我们加入了用户偏好模型构建这一特性，综合分析用户的历史行为信息、注册信息、搜索信息等，形成能够代表一次搜索要求的语义向量，同时系统在检索时，基于领域本体和各种规则，通过描述等手段构建知识语义向量集，寻找分析用户偏好得出的最相近的向量，同时返回知识库中抽取出相应的内容。

动态聚合(Aggregation)，指将搜索到的杂乱无章的信息进行挑选、分析、归类，最后有针对性地提供给个性化的用户。它的流程是从内容聚合到内容展示的顺序。动态聚合的过程中，聚合的程度、聚合的标准，需要以用户选择的内容显示模式和定价模式为依据。定价模式可能依据整本书、篇章、段落等标准来完成。需要注意的是，如果一本书的价格是 20 元，共有 200 页，如果我们以每页内容的价格为 0.2 元的标准来定价，对于该书核心内容的价值判断是完全不合理的，核心内容所具有的知识价值和产值理应要比前言、目录等要高很多。另外，如果任何一页的价格都相等，那更多用户会选择直接下载核心内容，也即意味着，我们在构建知识库做知识拆分的时候做了很多无用功，拆分了很多没人需要的知识。因而，在对知识进行定价时不仅要考虑到用户的实际付费能力和付费意愿，还要综合衡量知识的质量和数量，以及它所具有的价值。为避免定价时的矛盾和诸多问题，在内容聚合时我们就应通过调查和分析确定聚合的标准，以提供适当、适量的知识内容为前提，帮助用户解决付费和购买的困扰，这实质上也是在做知识推荐和推送的工作。

3.1.2 数字内容生产的意义

全媒体出版作为数字出版发展的时代背景，是一种整合多种媒体形式对统一内容进行多媒介发布的全新出版理念，它一方面支持传统出版，另一方面以数字出版物的形式通过网络、阅读器、平板电脑、手机等终端设备进行同步出版。数字出版是其在出版领域的具体应用，数字内容生产就是知识传播和流动的过程，它为知识的增值创造了可能，有利于平台获取忠实的用户群。它的意义有以下几个方面：

第一，解决半结构化用户需求的问题。这里的用户需求主要指用户的知识需求，它可以通过人机交互和系统自动引导用户表达需求两种途径来获取。当用户以自然文本形式的模糊语言描述需求的时候，即为半结构化的客户需求。也可以理解为用户对搜索内容的不准确、不完整表述。此时，需要计算机主动理解用户的请求，运用模糊推理规则，将模糊需求映射到知识库中，以求得到与用户意愿较为符合的知识内容。数字内容生产这一环节的语义检索可以解决这一类的问题，语义推理更加贴近用户的语言习惯，即使用户输入的关键词不多或不准确，也会尽可能地完成检索过程，这是对非专业类平台的综合性功能考察的指标之一。

第二，增加知识的附加值。从这一过程本身来说，它是将内容完整呈现给用户的前一环节，对碎片化的内容进行了整理，逻辑清晰，较易呈现，形成的知识包呈现给用户的时候可以提高出售价格，增加了知识的附加值。此外，知识的附加值不仅体现在二次包装上，还体现在知识复用的效率上。因为搜索的过程并不是一次而止的，不同用户可能搜索相同的内容，相近或相似的搜索可能包含

3.1 数字内容生产的概述

相同的知识内容,因而知识的重复利用率得到了提升,这对出版资源的深度开发和循环利用是大有裨益的。

第三,提高平台用户的满意度。不同类型的平台用户希望得到的知识范围是不同的。大众出版平台的用户希望得到的内容范围广、领域多,聚合的过程中应该以关键知识的段落为中心点,发散并提取更多的知识反馈给用户,即对聚合的广度要求高。教育出版要求聚合的内容要可靠、权威、规范,即对聚合的标准要求高。专业出版要求聚合的内容要有深度、要精细化,且要新,即对聚合的深度要求高。我们搭建的数字出版平台需要兼顾内容深度和精度,以精度为前提,进行深度抽取,以形成较为稳定的用户群和大用户群规模。

第四,向知识(信息)可视化的实现迈近了一步。信息资源可视化是指在计算机、网络通信技术的支持下,将信息及信息之间的关系抽象地用图形表示出来,更加鲜明地揭示出其中的规律和模式,使得用户更加直观地与信息系统进行交互。人机交互界面也是它的重要组成部分。数字内容生产中的内容聚合恰好可以解决信息结构化的问题,为形成一个知识结构模型(表、树、网络等)奠定了基础。

第五,为实现大规模定制背景下满足个性化需求创造了可能。大规模定制的概念起源于1970年,美国学者阿文·托夫勒在其《未来的冲击》一书中,提出了一种以列私语标准化和大规模生产的成本和时间,提供满足用户特定需求产品和服务的生产方式设想。这是有关大规模定制的最早的学术文章。1987年Stan Davis在《未来的理想生产方式》一书中将这种生产方式称为"Mass Customization",即大规模定制,简称MC。从概念层面来看,它本身就蕴含了个性化定制的含义。之所以要进行大规模生产,是由于其具有低成本、标准化等优势,而数字出版平台作为资源的集成平台,它的大规模定制对于出版企业、产业链的供应商来说都便于管理和节约成本,但其中忽略了用户的感受。因而,我们所设计的出版平台,是要为用户提供更符合其偏好的出版产品,通过产品重组和流程重组来实现个性化服务。尽管消费者的偏好多样、出版知识资源多样,我们试图利用智能系统来抓取和分析较贴近其需求的内容,此外,数字内容生产过程中选择的呈现方式,影响着用户的决策感知难度以及他们的信息处理和评价,这也是我们需要权衡利弊之后应该解决的问题。综上,数字出版平台不仅仅是大交易平台,更是大交互平台。

3.2 语义检索(智能检索)系统

3.2.1 语义的基本概念

Tim Berners-Lee 创建的 Web 最初是用来发布内容和资源索引的,但随着 Web 规模的不断扩大,信息量之大已经超出人能处理的范围,人们开始用机器来处理 Web 上发布的各种内容,搜索引擎就诞生了。进而发展到,各种智能程序对检索好的内容进行挖掘和处理,由此可见,让机器更好地读懂 Web 上发布的各种内容变得越来越重要了。我们所赋值的 HTML 语言本身就带有一定的语义,例如表格、图片等,但它只是方便浏览器做处理。当它们无法读懂更多的自然语言时,就出现了两种解决思路:一是让机器的理解能力越来越接近人类,二是我们开发人和机器都能够认可的语义信息来描述。HTML 规范在第二种途径的实现上已经迈出了一小步,使得语义网变得越来越真实。包括 HTML5、W3C、WHATWG(网页超文本技术工作小组)在内的各种规范,得到了浏览器和搜索引擎厂商的广泛支持,完成了不同程度的语义扩展。

语义表达的是数据的含义,数据本身是没有任何意义的,信息是数据的高一层级,是具有含义的数据。现实生活中的事物或现象都代表着一定的含义,而这些含义之间也可能存在合乎逻辑的关系,即为语义。语义本身具有领域性特征,即将概念置于不同领域背景中分析其关系才是合理的,同一概念在不同领域的语义理解存在着差异,这是语义异构的现象。我们在构建语义检索系统时,需要判断概念的含义以及含义之间的关系是否准确,这在很大程度上决定了检索的精准度。

语义与本体的区别在于：一是它的逻辑性更强，能更好地组织知识库中的内容；二是它能够将半结构化的客户需求处理成结构化的客户需求，便于检索。在知识库(数据库)构建的过程中，我们可以用本体来构建知识库(数据库)，这对于处理大量的原始数据信息有着明显的优势，而在检索系统中，用语义对知识库(数据库)中的内容(数据)进行处理，使其符合智能检索的各种要求，以检索出用户满意度较高的内容。之所以在此部分加入语义技术，是因为数字内容生产过程是一个人机交互的过程，更需要语义来搭建人与机器沟通的桥梁。

3.2.2 语义检索系统的概念及结构

语义检索系统的主体是语义搜索引擎，它是语义技术最直接的应用，从词语表达的语义层面上来认知用户请求，并对网络资源对象进行语义上的标注，实现网络环境下自然语言的语义推理。它分为五个大的功能模块——语义信息检索模块(SemModule)、知识库设计模块(OntModule)、文档预处理模块(DocModule)、查询语义扩展模块(QueModule)、检索结果优化模块(OptModule)。传统的关键词搜索引擎的弊端在于需要用户手动筛选内容，得到的内容并不一定是用户真正需要的，而语义搜索恰好可以解决这一问题。根据其产生的过程将其分为两种类型，一是激进型，如维基百科，它抛弃了传统搜索引擎底层的关键词，利用结构化的数据或自行建立底层知识库。它能够将知识库中的知识重组以后进行结构化信息返回，但是数据覆盖率严重不足，不能作为普适性的工具。二是渐进型，在关键词的基础上加入自然语言处理部分的语义信息，它可以理解一种表述的多种表达方式，典型代表是Google，它在2010年收购了一家公司的知识结构数据库，数据条目飞速增长。它一方面可以简单地回答用户提问，另一方面可以回答用户搜索这个关键词的原因，削弱了其他资源链接网站的优势。

3.2.3　语义检索系统的实现要求

高效率的检索模式必须建立在信息源有效组织的基础之上,那么语义检索系统的实现要求有以下几点:

第一,大规模且完整的知识库。传统检索对知识库的要求并不高,甚至没有知识库也可以检索到各种相关链接,但语义检索不同,不形成一个完备的知识库就无法清楚认识知识内容的关系,同时要求知识库的知识容量要大,因为在小规模的知识库中进行语义分析的意义并不大。

第二,知识结构应清晰、逻辑性强。可以在知识库中使用语义网络、框架等知识表示方法来充分体现知识的层级关系、隶属关系、交叉关系等,有利于主题搜索。

第三,知识拆分处理。这里所指的知识拆分是摆脱知识原有的形式,将其以知识形态存放于目标知识库中,深度剖析知识内容。在此基础上检索出的内容是用户可以直接加以利用的,它可以解决语义搜索时知识复用的问题,提高检索的效率,增加知识的附加值和价值密度。

第四,引导式的提问模型。这个常应用在对产品的搜索上,比如用户并不清楚应该如何准确描述理想中的某一产品,系统可以自动引导其回答,如颜色、质地、长短等一些基本属性特征,从而进一步锁定用户的真实目的。

从以上几点可以看出,语义检索系统的首要要求就是知识库的规范化构建。因此,在我们生产数字内容的时候,知识库构建是基础,是检索必备的条件。检索系统虽是人机交互的模式,但用户的可变动性较大,不适宜将其都固定为某一种行为或要求其做出比较专业的检索,只能在系统设计时尽可能多地考虑到用户的感受,试图改变计算机的运作模式。

3.2.4　语义检索系统的功能

语义检索系统和一般检索系统一样,都可以对检索结果按照相

3.2 语义检索(智能检索)系统

关性、重要性、时间等进行排序,搜索过程并不复杂,对用户的输入要求也不高,具有人性化设计且操作简单易用的界面。区别于传统搜索引擎,它也具有以下显著的功能优势:

(1)语义处理用户的检索提问。当机器所理解的检索意图与用户实际检索意图不一致的时候,检索的质量就会受到严重的影响。语义检索可以更好地理解半结构化客户需求和描述型需求表述,相对准确和完整地向机器传达用户的指令,成功完成检索。

(2)查询扩展功能。它在抽取检索关键词后,能自动增加关键词的同义词、近义词、上下位词,以进行扩展查询。

(3)具备语义推理能力。这种推理主要是针对模糊型用户需求而言的,由于用户自身的语言习惯和专业知识水平,检索请求的输入信息比较零散,通常情况下不能完整表达意思,语义可以通过一定的推理规则找出隐藏在其中的重要信息。

此外,用户在检索之前,可以手动设置检索的领域或检索的类型,如文献检索、书籍检索、报纸检索、期刊检索等,系统便可提供特定领域的信息资源。目前网络上的信息资源呈指数增长,已经达到了好几个数量级,很多无价值或已经过时的信息就需要被淘汰,以减轻系统负担,语义检索系统可以更好更快地使用快速更新的信息。

3.2.5 语义检索系统的流程

完整的检索流程分为五个步骤:首先,用户检索的输入词或词组已经是关键词,进而对这些关键词的集合进行逻辑重组,可以按照相关性、重要性等,即查询句语义的表达,传递到概念映射模块,寻找匹配的向量或向量集。由于向量仅是一个代表方向的箭头,因此要逆向查找其起点、终点和各个节点的概念,返回知识库中确定内容,这一步是匹配概念的查询转换,即使概念具有相应的语义信息。最后一个步骤是显示提交查询结果,对不能确定语义信息的查询按关键词匹配技术进行查询,如图 3-2 所示。

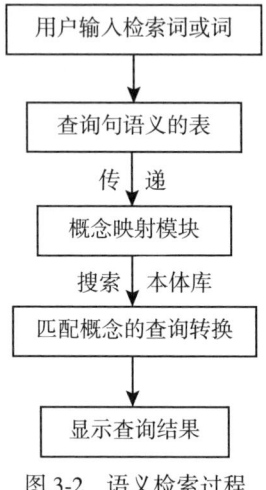

图 3-2　语义检索过程

关于查询句语义的表达方法，这里做一个详细的阐释：首先要将初步处理后的概念词转化成特征词(项)，它包括字、词、短语等，项可以是相应词或短语的语义概念类，要求特征词对文本的表示能力较强，而且容易呈现。下一步分词是一个处理的动作，文本必须经过切分才能显示字与字、字与词、词与词之间的关系，此处的处理方法有最大匹配法(按顺序截取一定长短的字符 6~8 个字)、逆向最大匹配法、双向扫描法、最佳匹配法。最佳匹配法以词出现的频率最高为依据进行选择，这是相对准确性较高的一种处理方法。最后一个步骤就是表达查询句的语义。实际上，这是一个比较细致的拆分过程，且都在系统内部快速完成，如图 3-3 所示。

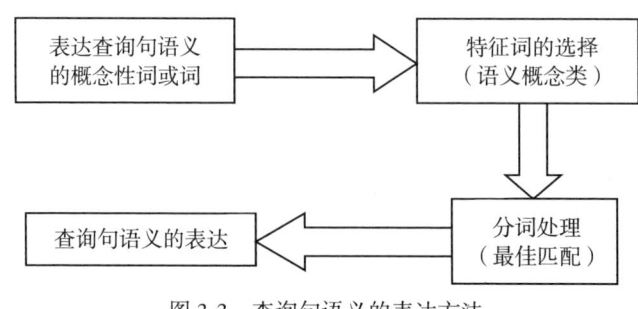

图 3-3　查询句语义的表达方法

3.2.6 语义检索系统的技术

Lucene 是一个高性能、纯 Java 的全文检索引擎工具包,是能够为应用程序提供索引和检索功能的一个插件。它几乎适合于任何需要全文检索的应用,尤其是跨平台的应用。Lucene 目前是 Apache Jakata 家族中的一个开源项目,也是目前最为流行的基于 Java 开源全文检索工具包。它的优点在于索引文件格式独立于应用平台、方便扩充新功能、设计独立于语言和文件格式的文本分析接口、默认一套强大的查询引擎等。使用 Lucene 实现全文检索,主要有以下三个步骤:(1)建立索引库:把要索引的数据转化为文本格式的文件,然后就可以建立 Lucene 索引文件。(2)通过索引库检索:有了索引文件以后,就可以进行全文检索。(3)维护索引库:由于要检索的信息库中的信息经常会发生变动,包括新增、修改及删除等,这些信息的变动都需要进一步反映至 Lucene 索引文件中。

Jena 工具是一个 Java 开发工具包,由 tip 公司的 Brian Me Bride 开发。由于 Jena 在数据库支持方面的可靠性和持续稳定性,它一直是各类应用系统在开发过程中的首选。Jena 是来自惠普实验室语义 Web 研究项目的开放资源,是用于创建语义应用系统的 Java 框架结构,它为 RDF、OWL 提供了一个程序开发环境。利用 RDF 应用程序接口可以创建和读写 RDF 模型,操纵和检索 RDF 模型,也提供了对 RDF 的推理功能。语义 Web 应用程序可以通过 Jena 提供的 RDF API 在 RDF 文件和 RDF 模型之间实现转换,并且让用户可以对 RDF 模型实施检索。Jena 主要包括用于对 RDF 文件和模型进行处理的 RDF API,用于 RDF 等文件进行解析的解析器,用于检索过程推理的基于规则的推理机子系统以及对本体进行处理和操作的本体子系统等。Jena 可以有效地避免 RDF 检索的局限性(比如推理扩展查询),可以大幅度提高检索的查全率和查准率,较好地满足客户需求。

关于语义检索系统的应用实例,具有代表性的有以下两个:
(1)Ontoseek——由 Guarino 等开发的基于协作智能 Agent 的检索系

统，它能够精确地描述黄页中的产品或服务，将一个本体驱动的内容匹配机制与一个具有中等表达能力的形式化表示系统相结合，尝试与本体和大辞典数据库相集成，为用户提供可使用领域内任何词汇进行交互式语义查询的系统。Ontoseek 较好实现了语义化功能，但更多还是基于内容，运用本体的程度还不是很高。(2) Swoogle——语义网中基于蜘蛛网理念的检索系统。系统从每个搜索到的文本中抽取本体，根据本体之间的相关度来比较文本之间的关系。Swoogle 能够像 Google 一样在互联网上爬行，搜集各类 meta 表示的信息，虽然 Swoogle 目前的技术还较简单，但将来可以基于类或属性槽搜索，不仅是一个本体搜索引擎，更重要的是一个本体词典。汇总各种本体后，进行本体的匹配和融合，生成一个更完备和更公认的本体口。Ontoseek 和 Swoogle 都历经实践检验，实际操作的可实现性强。目前，它们仍在完善之中，重点在于改进实现它们的本体结构。

3.3　数字出版平台用户偏好模型的构建

在语义检索系统中，尤其要提及用户偏好模型构建的问题，因为随着数字出版产业的发展，其用户需求的个性化趋势日益明显，主要表现为用户需求偏好的多样化和差异化、内容需求的集成化和定制化。而数字出版平台信息的海量性、知识的集成性等特征能够较好地满足用户的个性化需求，因而，数字出版产品及服务的生产、提供、消费也趋向于直接通过数字出版平台来开展，平台化也是数字出版发展的另一个重要趋势。与此同时，随着智能搜索、个性化信息服务等技术的进步和在数字出版平台的普及应用，数字出版平台已经能够实现通过分析用户的基本信息和行为特点，计算各特征项的权重值，挖掘用户的兴趣偏好，从而构建用户偏好模型，并以此从急剧增长和无序分布的庞杂信息中筛选并聚合用户感兴趣的关键信息，最大限度地为用户提供符合其需求偏好的检索结果，满足其个性化需求。由此可见，数字出版平台用户偏好模型的构

3.3 数字出版平台用户偏好模型的构建

建,是满足用户个性化需求的重要实现方式。而目前,对于数字出版用户偏好及用户偏好模型的关注较少,我们认为,有必要研究数字出版用户偏好模型的构建问题。针对此,我们通过分析用户偏好的获取方法、偏好模型的构建方法和技术思路,探讨数字出版平台用户偏好模型的构建问题,以期为数字出版平台适应用户个性化需求的发展趋势提供思路。

3.3.1 用户偏好的获取

用户偏好可以理解为关键词的集合,而这些关键词是能够表示用户偏好的特征词,它们的权重比例依据用户的兴趣偏好而定,具有发散性、多变性、波动性等特点。用户偏好的获取是构建用户偏好模型的基础,通过分析用户的知识背景、基本信息、访问方式、思维方式等多方面内容,以便在每次平台搜索请求发生时挖掘用户偏好的核心信息,从而为用户偏好模型的构建创造条件。

早期,计算机对偏好信息的获取主要是通过系统默认和系统自动更正的方式,目前较常用的获取方法主要有用户主动参与和系统自动挖掘两种。

一是用户主动参与,即主要通过网络与用户直接对话,借助交互式和数据库技术,快速有效地聚合用户反馈信息的一种直接的信息收集方式。这种方法可以获得较为准确的用户信息,然而,过多的选择和回答计算机问题,也必然会使检索过程更加复杂,降低用户的参与度,并可能因此造成平台用户的流失,而难以达到低成本、高效率地服务于众多用户的目标。

用户主动参与普遍采用的信息收集方式是注册信息的登记,系统通过引导式的提问模型,记录用户的年龄、性别、学历、职业等基本信息,用以分析、获取用户的偏好信息。这种方式能够较准确地获取稳定的偏好因素,但仅依靠用户的注册信息获取用户偏好,不能全面地反映每一次不同检索请求下的用户偏好,可能会造成偏好信息准确度的降低。同时,采用这一方式要注意对用户信息进行保密,在搜集的过程中应采用技术措施避免用户信息的泄露。此外，网络调查问卷、互动式提问回答也属于用户主动参与。

二是系统自动挖掘。这是根据用户的浏览内容、页面的点击情况等多方面抓取用户的兴趣偏好的方法，是一种间接的用户信息收集方式。基于 Web 日志的挖掘技术是这种方法的典型应用。利用 Web 日志可以获得页面的点击次数、页面停留时间和页面访问顺序等信息，其中最常使用的是根据网页的点击次数来评价用户对该网页的兴趣度。但是，基于 Web 日志的挖掘技术可能会致使系统运行难以负担对每个用户的每种行为的统计分析，从而造成获取的用户偏好信息不全，且分析的信息越多，越可能偏离用户的核心偏好。这就不利于满足用户的个性化需求偏好。

当前的用户偏好更具多变性和复杂性，而以上两种方法各有利弊，均不能较好地、全面地获取并分析用户的偏好信息，因此，我们认为，在构建用户偏好模型的过程中应将这两种方法结合使用。其中，用户主动参与的过程即获取注册信息的过程，注册信息是获取其基本偏好的主要途径，该方法有利于获取用户基本的、较为稳定的偏好信息，如用户的风俗习惯、知识文化需求偏好、消费水平等。系统自动挖掘适合应用在每一次搜索时对具体行为信息的获取，如搜索偏好、浏览偏好等，通过其每次具体的搜索行为的分析不断修正基本偏好以提高偏好的准确度，同时也是研究、分析用户偏好变化的主要途径。

3.3.2 用户偏好模型构建的方法

数字出版平台的用户偏好模型主要指在内容生产过程中通过分析用户的知识兴趣偏好而形成的能够表示用户搜索内容偏好的语义空间向量模型，主要由用户基本信息、用户搜索请求、用户浏览行为三部分组成。通过用户偏好模型分析得出的用户偏好是实现个性化检索和优化查询结果的主要途径。一方面，由于在数字出版平台内容检索过程中用户参与度较高，用户偏好模型通过计算机多层次、多方面地挖掘用户的搜索请求、基本信息甚至包括浏览行为信息，获取用户兴趣偏好，由此对用户的检索内容进行处理，形成检

3.3 数字出版平台用户偏好模型的构建

索向量,并与构建好的知识语义向量集进行匹配度计算,从而提供计算机认为适合用户的个性化检索结果。另一方面,用户偏好模型借助智能搜索技术,能够突破传统搜索难以满足个性化搜索的局限,不仅有利于实现更高水平的人机交互式检索,也有利于提高计算机的响应速度和检索效率,从而实现查询的优化。用户偏好模型是数字出版平台实现内容聚合和多终端发布的基础,但是出版学界和业界对此缺乏必要的关注和研究,虽然如此,其他学科领域的研究者从不同的视角提出的不同的构建方法对我们大有裨益,包括基于概念语义的用户兴趣模型、基于情境兴趣和个人兴趣的用户偏好模型、基于软约束满足理论的用户偏好建模方法、基于领域本体的用户模型等。其中,较常见的构建方法有以下三种。

(1)向量空间模型构建法。向量空间模型(Vector Space Model)是 Salton G 等人于 1975 年首先提出的,早期应用于信息检索领域。它使用概念和非词汇组成特征项,利用规则、函数和映射定义概念之间的逻辑关系,创建概念空间,进而将概念空间中的向量提取出来,形成一个用向量来表示用户偏好关键词之间关系的偏好模型。该模型及其相关技术包括特征项的选择、分词策略、加权比重、索引技术等,其优点在于能够较为准确地分析用户多个偏好之间的关系,易于构建比较复杂的偏好模型,且向量集在建模的过程中作用突出,但只有在用户偏好信息掌握得较为丰富的情况下,才适宜采用这种方法。

(2)关键词构建法。这是用若干个关键词表示用户偏好模型的方法。该方法构建起了作者、检索者和标引者之间的语言交流基础,是一种应用广泛的检索语言。关键词的获取有两种途径:一是每次用户输入检索请求后,提取能够表达请求意图的特征词,用最佳匹配法拆分特征词得到关键词;二是开发计算机软件系统,训练机器从相似用户请求中自动分解出关键词,而这些关键词都是已经存储在计算机系统中的。每一个关键词的权重值随着用户兴趣偏好的改变而发生变化。使用关键词构建法的难点在于如何筛选关键词和如何进行有效匹配。如今发展迅速的数字图书馆,就是利用关键词法记录每一次的用户偏好,用于构建检索偏好模型。

（3）分类构建法。这是一种通过将用户感兴趣的信息归类而构建用户偏好模型的方法。它通常与定制联系在一起，即用户在操作界面上手动选择感兴趣的内容，系统将这一定制历史记录下来，下一次登录时会自动为用户提供相关内容，同时，也允许用户随时添加、修改自己定制的内容。近几年兴起的微博，以分类的形式提供可关注的对象，用户加关注后还可手动选择归类，是分类建模的一种典型应用。

以上三种方法中，分类构建法普遍应用于门户网站，设计者只需设计一个分类目录就可以将庞杂的信息变得有序化，但对于数字出版平台来说，这种分类只适合在知识库构建中采用，检索中用知识分类构建偏好模型的意义并不大。使用关键词构建法的自由度较大，但若关键词不规范或缺少语义关联性则会严重影响查全率和查准率。而向量空间模型构建法可以在关键词法的基础上，利用语义分析词与词、概念与概念之间的逻辑关系，形成向量集进行匹配度计算，这就保护了知识偏好的完整性和知识本身存在的层次性、结构性，与数字出版平台检索的功能要求较为契合。

综合以上三种方法各自的功能特点，结合数字出版平台用户偏好模型构建的功能需求，我们主要采用向量空间模型构建法和关键词构建法这两种方法所分析获取的用户偏好以构建用户偏好模型。具体来说，对于已经注册的用户，主要采用向量空间模型构建法，结合其基本信息和搜索请求信息建模，生成语义检索向量。而对于未注册用户，由于其信息量有限，适合采用关键词构建法构建偏好模型，以尽可能降低系统的差错率。

3.3.3　用户偏好模型构建的实现思路

3.3.3.1　偏好模型构建框架

在明确用户偏好模型构建方法的基础上，即可设计偏好模型构建的技术思路，这是用户偏好模型构建的技术流程和实现思路。数字出版平台用户偏好模型的构建，首先需要在用户输入检索内容请求后，对其内容请求的自然语言进行分析以得到关键词；然后对得到的关键词进行可计算描述，使其成为计算机可识别的语言；进而将用户分为注册用户和未注册用户两类，分别用不同的方法分析其偏好，最后以此形成用户偏好的语义表达，其具体构建思路如图3-4所示。

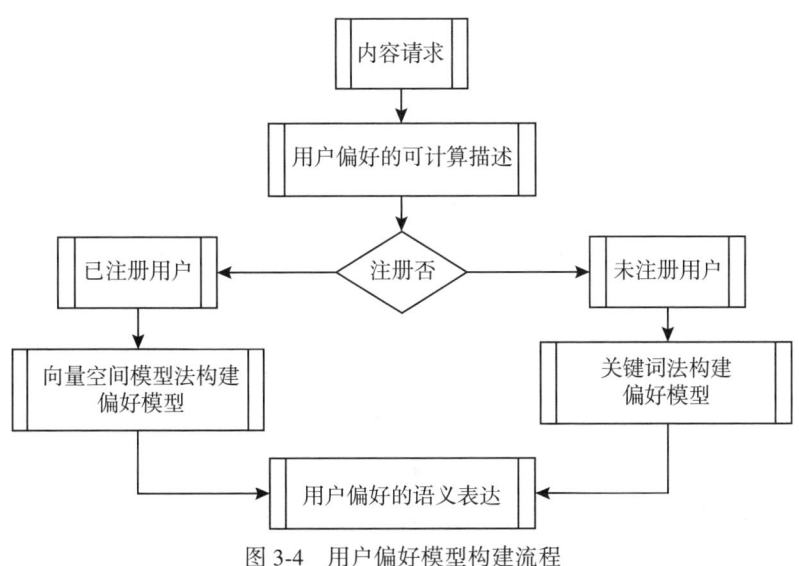

图 3-4　用户偏好模型构建流程

（1）用户的内容请求。由于不同用户在语言习惯和表达习惯上具有差异性，在可计算描述之前，必须分析其自然语言得到关键词。可以使用最佳匹配法双向扫描用户请求，并根据系统原有的关键词，确定最终要进行搜索的关键词。这一步仅能对自然语言进行简单的处理，要得到最准确、最专业的关键词必须进行可计算描述。

（2）用户偏好的可计算描述。可计算描述是将人的自然语言转换成可识别的计算机语言，使用户的检索意图与计算机所理解的用户的检索意图尽可能达成一致的过程。数字出版平台的服务质量不仅仅取决于检索技术，更重要的是如何对用户特点进行可计算描述，这也是用户偏好模型构建的基本要求。RDF（Resource Description Framework）、WSDL（Web Services Description Language）

等方法可以支持资源描述，能够对知识资源进行逻辑组合，扩展性也较好，技术的发展也较为成熟，在可计算描述中应用具有一定的可靠性。

（3）判断用户注册与否。在平台资源不断膨胀的背景下构建用户偏好模型，针对不同用户选用不同的建模方法，能够在保证系统正常运行和节约成本的前提条件下，构建起一个描述用户偏好的框架，确保输出资源的可靠性，提高平台资源利用率，最终实现高质量、高效率的人机交互式检索。因而，有必要分已注册用户和未注册用户，分别采用不同的技术方法构建偏好模型。需要注意的是，平台系统要求注册用户在检索前登录，以方便建模，但若已注册用户检索前不主动登录，即可将其视为未注册用户，建模方法与未注册用户相同。

（4）用户偏好的获取、分析。一方面，对于已注册用户来说，可以通过其注册信息登记、Web 日志挖掘等方式获得相对丰富的偏好信息，因而适宜采用向量空间模型法进行偏好分析和模型构建。首先，从用户基本信息中摘取可用于构建基本偏好模型的信息，根据各信息的权重值和比例，例如专业、职业等权重值可能较大，初步构建偏好模型。其次，根据其历史检索记录、前次使用模型和本次检索请求，利用 Web 日志挖掘偏好信息，对构建好的模型进行修正。最终，根据搜集到的偏好信息建立向量集，用以表示偏好信息的逻辑关系，形成偏好模型。

另一方面，对于未注册用户来说，由于其系统内部存储的信息不多，甚至是基本没有，所以采用关键词法会相对简单一些，即选择特征项，拆分处理成规定字数内的单个字段，以形成检索关键词，再对检索关键词进行分析，构建偏好模型。

（5）用户偏好的语义表达。语义是一个较为抽象的概念，既可以表示数据的含义，使得数据具有意义，又能够反映含义之间的关系。进行语义表达的原因是它不仅能析出用户偏好的关键词，还能通过概念之间的逻辑关系，找出其上位词、下位词和同义词，帮助概念的扩展查询，还可利用知识库的有关知识进行语法、语义分析，真正理解并准确描述内容方面的检索主题。语义表达的过程可以理解为偏好模型构建的过程，对经过语义表达后的检索结果进行简单的聚合就可以呈现给用户。因此，无论是针对已注册用户还是针对未注册用户构建起的偏好模型，都要进行语义表达，其最终的目的是方便检索，提高检索质量。

3.3.3.2 不同场景下用户偏好模型构建

前面我们主要依据用户的平台使用状况，概括性地将用户分为未注册和已注册两类，分别采用关键词法和向量空间模型法来构建，但这种分类并没有参考用来确定用户偏好的用户相关信息。因而，我们将这些信息分为注册信息、历史（行为）信息、请求信息三类重新设计构建的流程，在图 3-5、图 3-6 和图 3-7 所示的三个流程图中，注册信息、历史信息、在线用户偏好模型库是三个固定的模块，需注意实时更新。

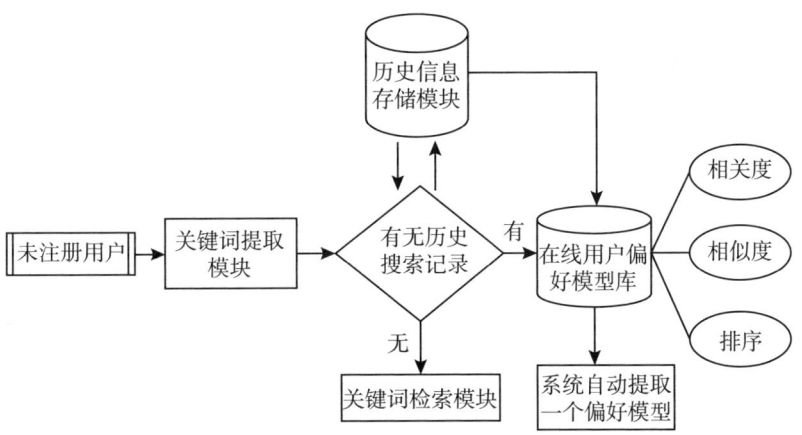

图 3-5　未注册用户偏好模型的构建流程图

对于未注册用户来说，系统没有其信息记录，为了在他们第一次使用时，系统就能提供他们较为满意的搜索结果，设定系统自动分配偏好模型给他们使用。首先根据他们的搜索请求，提取关键词，在历史信息存储模块查找这些关键词是否有其他人进行过搜索。如果存在相同或相似搜索，可以从在线用户偏好模型库中，根据该搜索请求的相关度、相似度对模型进行排序，最终系统自动提取一个偏好模型(也是搜索内容最相似的其他人使用的模型),形成偏好向量进行检索。如果这些关键词尚不存在搜索记录,则直接用关键词检索,具体操作例如先对一次搜索的关键词集合排序,假设搜索第一个关键词得到 100 条相关内容,在此范围内搜索第二个关键词,假设得到 50 条,以此类推,逐渐缩小搜索范围、缩减查询结果,当查询结果已经达到相对小的数量时,可以停止继续查询,以避免因过分追求结果的准确度而导致无搜索结果的情况发生。

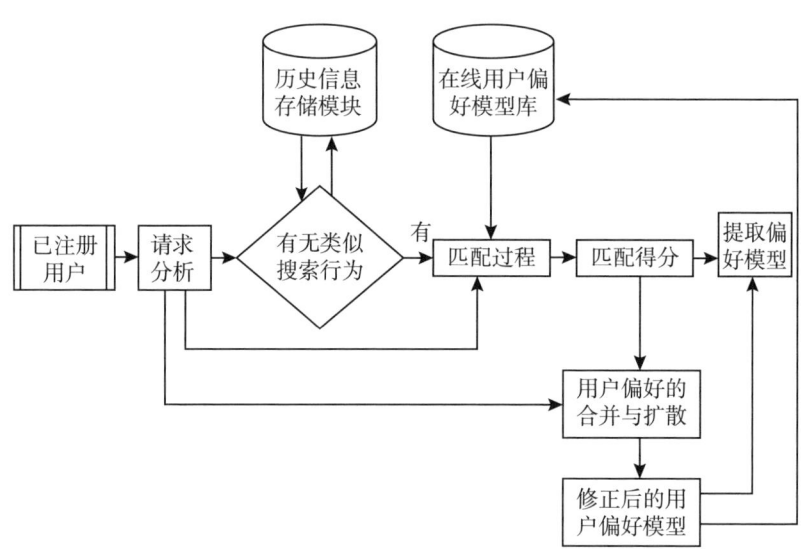

图 3-6 已注册用户有过类似搜索行为时的偏好模型构建流程

对于已注册用户来说,系统存储的关于他们的信息实质上是两种,一种是注册信息,一种是历史信息。当系统在分析请求时发现在历史信息存储模块中有过与该次搜索相类似的搜索行为时,即可从用户的历史偏好模型库中提取出类似行为发生时使用过的偏好模型,同时,还应结合本次搜索请求计算得出一个匹配得分,规定一个得分最低限,大于或等于这个限度,即可提取用户偏好模型,小于这个限度时,说明历史模型已经不能很好地表达和阐述本次的用户偏好,但它可以作为一个最基础的模型模板,进而再合并或扩散用户偏好，对其进行修正即可得到较为合适的本次检索偏好模型。修正后的用户偏好模型要同步更新到用户偏好模型库中，借鉴 LRU 算法，替换掉最早的使用率最低的模型，以减轻模型库的运行负担。

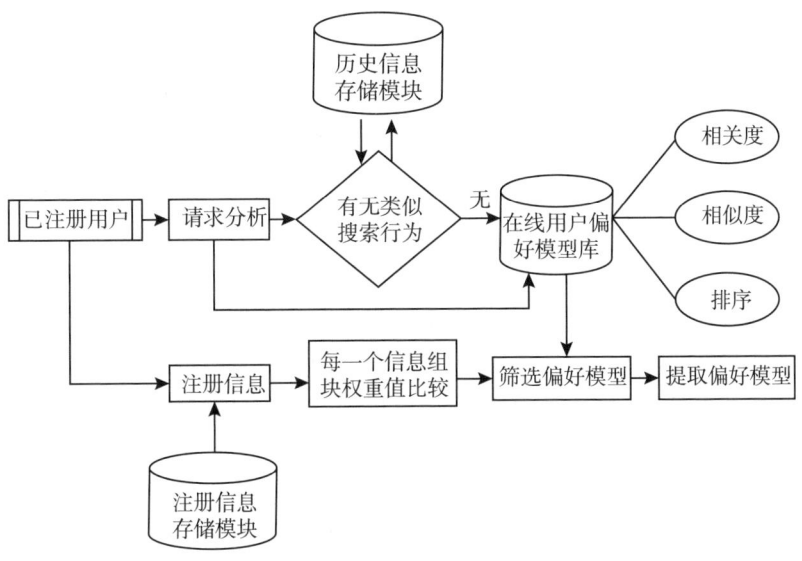

图 3-7 已注册用户无类似搜索行为时的偏好模型构建流程

对于已注册用户来说，他们可能进行一次全新的搜索，与以往的知识领域差距较大，此时历史搜索信息存储模块并没有他们的行为记录，系统所掌握的只有他们的注册信息，对他们的偏好处理分为两个步骤同时进行。一方面对他们的注册信息的每一个信息组块进行一个权重值的排名，比如对某类用户来说，他们的专业权重值可能最高，其次是学历、性别、年龄等，对于其他用户来说，性别、年龄的权重值可能更高，其他信息的重要性相对不那么明显。另一方面，可将他们视为未注册用户，查询本次请求是否有其他用户搜索过，其他用户使用的偏好模型是否可以移植过来复用。这两个方面完成之后，根据稳定度和准确度都较高的注册信息筛选模型，排序比较，最终确定一个。

在这三个分类流程中,用户与模型的关系应该明确。在系统内部,一个用户可能被存储多个相关模型,即一对多的关系。模型修正的对象仅是对唯一模型。智能匹配的模型是针对唯一用户的,即一对一的关系。实际上,模型构建的过程用户是无法参与选择的,仅在系统内部环境中操作,它是语义检索过程中必不可少的环节,也是遵循精度和准确度适当兼顾原则的要求。

在数字内容生产环节构建用户偏好模型有其必要性,它不仅对多终端发布具有借鉴意义,而且对目标请求的把握更加准确,更是信息增量快速更新时代解决难以把握用户知识兴趣偏好难题的重要思路。用户偏好模型的构建,首先,需要获取用户偏好信息,这是用户偏好模型构建的基础,获取的方法主要有用户主动参与和系统自动挖掘两种,在实践中需要将这两种方法结合。其次,应明确用户偏好模型构建的方法,作为个性化服务的基础和核心,偏好模型的质量在某种程度上决定着个性化服务的质量,而偏好模型的构建方法或称技术则是保证偏好模型质量的关键。只有建模技术能够较好地"理解"用户偏好,才能构建出高质量的偏好模型,也才可能在大规模定制背景下达到理想的个性化服务目标。最后,应明确用户偏好模型构建的技术思路,这是保证模型构建的科学性、合理性和可实现性的重要环节。

3.4 基于用户偏好的检索内容推荐

个性化信息检索是传统检索模式与用户偏好模型的结合,它是基于用户个性化需求的检索方式。在获取出版用户偏好信息并建立相关模型后,通过推荐算法对给定的查询需求进行匹配处理,进一步则可获取符合用户查询倾向和符合客观规律的内容信息。

3.4.1 知识服务内容检索推荐流程

基于用户偏好的检索系统是一种交互式的信息检索平台,可以

3.4 基于用户偏好的检索内容推荐

快速、准确地定位用户需求信息,辅助用户学习相关知识、认知未知概念或解决相应问题。其获取信息的一般过程是:用户主动向系统发起查询信息请求,当系统接收到用户提交的查询后,对查询进行分析、理解,匹配或抽取相关信息反馈给用户;若返回的信息无法满足用户的需求,用户则进一步修正查询,构造更加精准的查询描述再次提交给系统,系统自主从交互过程中学习用户的潜在目标,自适应地优化学习算法,调整相应的信息检索策略,反馈高质量的信息,直到用户获得符合其需求的信息,交互过程终止,如图3-8 所示。

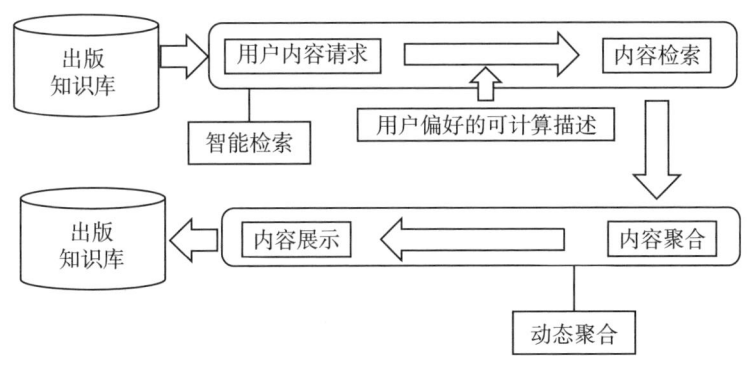

图 3-8　出版内容检索流程

匹配推荐算法是检索系统构建的关键,常用的推荐方法包括基于内容的推荐和协同推荐两类。基于内容的推荐是一种传统的推荐技术,它主要根据检索内容和用户偏好模型之间的符合程度来过滤检索内容并进行推荐。协同推荐也称为协同过滤,可通过参考与目标用户具有相似兴趣的其他用户的检索内容选择情况,预测目标用户可能的选择,并据此进行检索内容推荐;也可通过计算备选检索内容资源与用户感兴趣内容资源之间的相似度,预测备选内容是否满足以及多大程度上满足用户的需求。基于用户偏好的内容检索系统采用协同过滤算法进行内容推荐,并根据偏好值对推荐内容进行排序。

从系统流程的角度来看,检索内容推荐系统共包括输入、计算、输出三个功能模块，基本架构如图3-9所示。

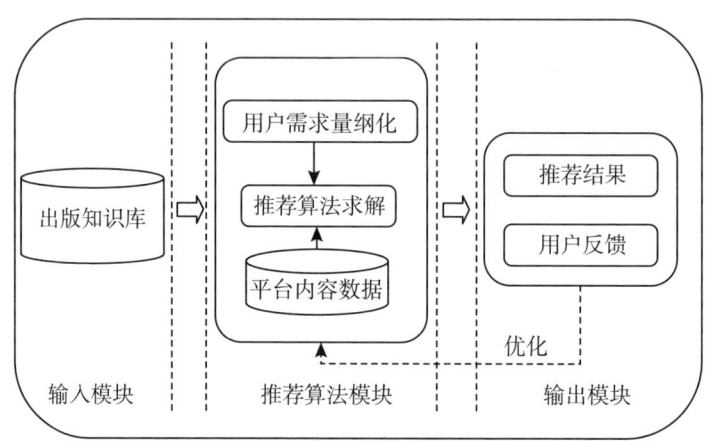

图3-9 检索内容推荐系统整体结构

（1）输入模块：主要是对用户基本属性信息（性别、年龄、地区、民族等）和偏好信息（浏览、点击、评价等行为数据）的收集与更新。获取信息的来源包括用户注册信息、隐式浏览输入、显式浏览输入、关键词输入和属性评分等，在此基础上形成动态更新的出版用户信息大数据库，也即上文中所介绍的偏好信息获取和处理过程。

（2）推荐算法模块：以个性化推荐技术和算法为技术支撑，通过对用户大数据库和内容大数据库进行一系列匹配推算，针对个体用户（用户属性集合体）提出最优化的推荐方案（内容属性集合体）。本节采用基于用户的协同过滤推荐模型进行计算，并通过用户反馈数据和数据规模扩建不断优化推荐算法。

（3）输出模块：主要由最终的推荐结果和用户对结果的反馈信息两部分构成。主要形式包括：①推荐方案列表：以Top-N的形式向用户推荐最适合或最具吸引性的前N种内容；②反馈：用户对推荐方案的认可度，可采取评分的方式获取相应数据；③评价：展示其他用户对推荐内容的评分和文本评价；④相关浏览信息（如用户对推荐内容的浏览时长）。

3.4 基于用户偏好的检索内容推荐

多维度大数据库的构建是推荐算法构建和优化的关键。对于出版检索系统而言,主要需构建用户基本属性、内容基本属性和用行为三大数据库(属性值应相互交叉覆盖),在此基础上进行细粒度标注和量纲化处理,进一步通过推荐算法得出检索内容的最优组合方案。

在建立了出版用户大数据库和进行了细粒度标注之后,便可通过推荐模型进行偏好值计算和排列组合。本节系统设计采用的是基于用户的协同过滤算法。

3.4.2 用户邻居集确定

一般而言,协同过滤算法是采用用户对产品属性的偏好值建立评分矩阵,利用评分矩阵进行聚类从而得到用户邻居集。本系统基于用户的基本属性和行为偏好数据来确定邻居集,由于用户属性多为文本值,需对之进行标准化化处理,将这些不同形式的属性内容转化为可用于大规模分析的数据。系统采用的数据预处理方式及邻居集确定方式如下:

设两个出版平台的用户分别为 u 和 v,用户属性总相似度为 $sim(u, v)$,两者在特征向量空间性别维度的相似性为 $S(u, v)$,年龄维度的相似性为 $A(u, v)$,身份维度的相似性为 $O(u, v)$,学历维度的相似性为 $G(u, v)$,地区维度的相似性为 $D(u, v)$。

$$S(u, v) = \begin{cases} 1, & S_u = S_v \\ 0, & S_u \neq S_v \end{cases} \quad O(u, v) = \begin{cases} 1, & O_u = O_v \\ 0, & O_u \neq O_v \end{cases}$$

$$G(u, v) = \begin{cases} 1, & G_u = G_v \\ 0, & G_u \neq G_v \end{cases} \quad D(u, v) = \begin{cases} 1, & D_u = D_v \\ 0, & D_u \neq D_v \end{cases}$$

$$A(u, v) = \begin{cases} 1, & A_u - A_v \leq 5 \\ \dfrac{5}{|A_u - A_v|}, & A_u - A_v > 5 \end{cases}$$

将用户的各种基本属性综合起来,得到用户基本属性的总相似度为 $sim(u, v)$,根据专家打分确定各属性维度的权重,总相似度的计算公式为：

$$sim(u, v) = \alpha S(u, v) + \beta A(u, v) + \gamma O(u, v) + \lambda C(u, v) + (1 - \alpha - \beta - \gamma - \lambda)\alpha D(u, v)$$

结合后期测试与实验分析，可动态调整修正参数 α 和 β。此外，在增加用户偏好属性的基础上，可采用传统协同过滤算法中衡量用户相似性的皮尔森公式，计算用户评分矩阵上的相似度 $sim'(u, v)$，综合考虑用户基本属性相似度与用户评分矩阵相似度，得到用户的最终相似度并以此为依据产生最近邻居集。

根据类似算法得出用户 u 与其他用户的相似度，从而得到 u 的最近邻用户集合。可采用相似度阈值(即对 sim 值范围进行规定)或最近邻居数(即采用最邻近的 K 个用户数)确定用户邻居集。笔者采用最近邻居数确定用户集合，K 值的确定需根据数据库大小和专家评分综合确定。

3.4.3　推荐内容集确定

在得出最近邻居用户集之后，将邻近用户集的属性偏好矩阵与教育出版内容的属性值向量进行匹配，得出检索内容中各个属性值的最优组合集，并按匹配值大小将组合集进行排序，得到针对个体用户的 Top-N 推荐内容集。

对于用户 u 而言，其邻近用户集为 $U = \{u_1, u_2, u_3, \cdots, u_k\}$，对用户集 U 的整体偏好进行分类频度统计，确定其对出版内容各项属性偏好的最高频度。例如用户集 U 对学科 i 的偏好程度最大，频度为 a_i，即可认为对于用户 u 而言学科 i 为其最优选择。依次可得到用户集 U 对检索内容属性的偏好集 $C = \{a_i, b_j, c_m, \cdots, h_k\}$，其中 a、b、c 代表检索内容的各种属性(如学科、媒体类型等)，i、j、m 等代表各种属性的具体类型，a_i、b_j、c_m 等为出现频度最高的各种属性类型。对于用户 u 来说，$C = \{a_i, b_j, c_m, \cdots, h_k\}$ 即为其内容需求的最优组合方案。

得到用户 u 的最优组合方案之后，并不一定能提供完全符合条件的出版资源，需进一步对最优属性集 $C = \{a_i, b_j, c_m, \cdots, h_k\}$

3.4 基于用户偏好的检索内容推荐

和平台所拥有的出版资源进行匹配，根据匹配程度得出用户 u 的现实选择方案 Top-N，为用户提供多元化的检索结果。在实际操作中，首先按匹配属性个数进行排序，即与最优集 C 相符的属性项目越多，该内容资料的排序越靠前。在最优匹配个数相同的情况下，若匹配属性在用户集 U 中的偏好频度越高，则该内容资料排位越靠前(即按属性在 U 偏好集中的出现频度进行推荐内容排序)。当若干产品与最优属性的匹配程度一致时，则考虑次优(即用户集 U 偏好频度次之的属性构成的集合 C')匹配个数，以此类推得出最优推荐方案。

此外，还可根据市场调查和专家意见确定不同用户集对内容资源不同属性的偏好程度，从而对不同用户群体的属性偏好进行加权，在推荐排序时优先考虑权重高的属性，对其与最优集合的匹配程度进行加权评分，进一步提高推荐结果的准确性。

3.4.4 基于用户评分矩阵的推荐系统

上述推荐过程着重考虑了用户的基本属性和浏览行为数据，在系统运行中还可引入用户对内容资源各项属性的评分数据，进一步提高检索内容推荐的准确度。该数据也可通过第三方平台(如电商网站等)或其他出版商获得。基于用户评分矩阵的协同过滤推荐模型整体上与上文所述相似，主要是邻居用户集的确定维度增加了，具体如图 3-10 所示。

首先需根据相关数据库建立用户—项目的评分矩阵。出版资源 n 表示为其相关属性值的向量 A_N。在此基础上考虑 m 个用户对 n 个资料内容的评分表(以五级评分 1~5 分为例)，如表 3-1 所示。

每种内容资源所获得的评分可看作是对资料各项属性的评分，由于各属性的具体值相对于不同内容资源可能各不相同，因此需对各个属性值进行统计以得到对应的评分集合。设 $C(j(k))$ 表示内容属性 j 的第 k 种取值，则用户 u 对属性 $C(j(k))$ 的偏好度 $P(u, j(k))$ 可表示为用户 u 对 $C(j(k))$ 不同评分的平均值：

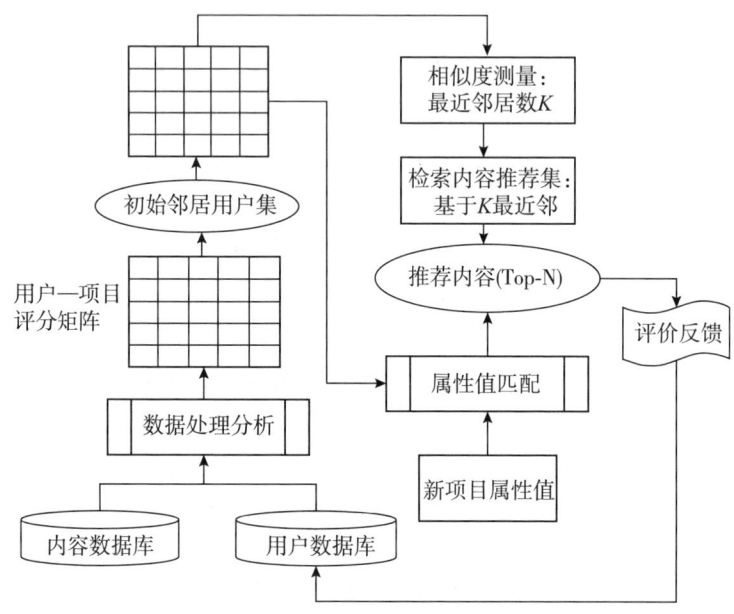

图 3-10 基于用户评分矩阵的协同过滤推荐流程

$$P(u, j(k)) = \frac{\sum_{n=1}^{n} R_k(u, C(j(k)))}{n}$$

表 3-1　　　　　　　　用户—项目评分表

	资料 1	资料 2	…	资料 n
用户 1	2	3	…	4
用户 2	5	1	…	2
…	…	…	…	…
用户 m	3	4	3	2

根据偏好得分求得用户 u 的属性偏好矩阵 M，M 为搜寻最近邻用户的基础：

3.4 基于用户偏好的检索内容推荐

$$M = \begin{bmatrix} P(u,1(1)) & P(u,2(1)) & \cdots & P(u,j(1)) \\ P(u,1(2)) & P(u,2(2)) & \cdots & P(u,j(2)) \\ P(u,1(3)) & P(u,2(3)) & \cdots & P(u,j(3)) \\ \cdots \end{bmatrix}$$

对于目标用户 u 和 v，首先算得各自的属性偏好矩阵 M_u 和 M_v，然后找出 M_u 和 M_v 中评分相同的属性值交集及其评分，生成用户—项目属性值评分矩阵 $R(u,v)$：

$$R(u,v) = \begin{bmatrix} AC(1) & \cdots & AC(i) & \cdots & AC(g) \\ P(u,AC(1)) & \cdots & P(u,AC(i)) & \cdots & P(u,AC(g)) \\ P(v,AC(1)) & \cdots & P(v,AC(i)) & \cdots & P(v,AC(g)) \end{bmatrix}$$

其中，$AC(i)$ 表示用户 u 和 v 做出过共同评分的属性值，$P(u,AC(i))$ 和 $P(v,AC(i))$ 表示用户 u 和 v 对 $AC(i)$ 的偏好程度。根据 $R(u,v)$ 得出用户 u 和 v 之间的相似度 $sim(u,v)$，同理可得用户 u 与其他用户之间的相似度，进一步得出用户 u 的最近邻用户集，最后根据最近邻用户集的偏好属性得出对用户 u 的推荐结果。

限于用户规模和知识库规模，在检索系统实际构建的过程中存在冷启动问题，用户属性和资料内容属性在推荐过程中并未被完全利用。用户通过分类选择和关键词检索来提交内容请求，系统对请求内容进行语义识别，并与之前建立的用户偏好模型进行匹配，通过协同推荐算法求得其对相关属性的偏好值，进一步通过属性偏好值的排列组合确定最后的反馈内容，提供基于用户偏好的检索内容 Top-N，用户对反馈内容的点击、浏览行为则可进一步检验推荐模型的准确性，有利于用户数据库的扩充和模型的优化。

通过限定检索关键词的公共属性，对用户需求做初步框定，在此基础上挖掘用户偏好，发掘其潜在需求，通过偏好模型的构建和协同过滤算法为用户推荐最优检索内容。公共属性的设置和拓展一方面可细化用户需求，提高检索内容的精准性和针对性，有利于为用户提供更符合其需求偏好的检索结果；另一方面也方便了用户偏好行为的记录和细化分析，如该用户对哪类主题的信息更感兴趣、更倾向于获取的内容信息等，在对用户需求做细粒度分析的同时可进一步优化偏好模型和推荐引擎，在后期检索过程中为用户提供更符合其偏好的内容信息。

除了针对公共属性进行分类检索，用户还可通过平台直接对出版内容进行检索。在限定检索范围后，用户可直接输入关键词查询结果，内容层面检索条件的细化进一步提升了检索结果的全面性，通过关键词聚合分散的内容有利于用户归纳整理相关出版内容资源，实现内容资源的关联管理和逻辑脉络描绘。此外，通过记录该用户邻近用户集的点击行为，推测该用户的潜在偏好，进而提供按其潜在偏好内容优先排序的检索结果。

系统提供基于用户偏好的检索结果，根据用户属性的不同亦可进行差异化推荐排序（多用于用户量较少、存在冷启动问题时）。在累积了一定的用户量后，系统通过建立用户偏好关联，挖掘邻近用户集在查询相关主题时的点击结果，根据邻近用户集的偏好行为对指定用户进行个性化推荐，从而优化查询结果的排序。分项资源查询结果亦融合了个体用户偏好，例如用户进行影音资源查询时，系统会根据用户历史行为记录和基本属性分析挖掘其对媒体形式的偏好和内容属性的偏好，并依次对检索结果进行排序。总之，系统通过对用户的基本属性、历史行为、关联群体行为进行综合性建模分析，可确定其潜在偏好属性（包括内容属性、媒体属性）和潜在点击行为，进而优化查询结果排序，实现出版内容的精准检索和个性化推荐。

3.5　本章小结

出版知识服务为用户提供个性化定制的出版内容，首先需要推断出用户的真正阅读意图。本体知识库虽然能够提供简单的语义推断，但这种推断是建立在阅读主题间固有关系基础上，需要结合用户阅读偏好，才有可能获得用户的阅读意图。鉴于此，本章从数字内容生产入手，根据知识服务过程中数字内容生产的特点，结合语义检索的特性和功能，构建数字出版平台的用户偏好模型。在此基础上，应用改偏好模型，构建基于语义检索的内容推荐系统，实现根据用户检索输入和用户信息赖推断出用户阅读意图的目的。

本章参考文献

[1] 胡昌平, 邵其赶, 孙高岭. 个性化信息服务中的用户偏好与行为分析[J]. 情报理论与实践, 2008, 31(1): 4-6.

[2] 王玉君. 网络信息用户偏好分析[J]. 科技情报开发与经济, 2013, 24(23): 123-125.

[3] 闫健. 网络信息使用中的用户偏好分析[J]. 农业图书情报学刊, 2012, 24(1): 122-125.

[4] 白晨, 甘利人. 数据库使用中的用户偏好分析[J]. 图书情报工作, 2009, 53(16): 13-17.

[5] 何洋. 基于 Web 的用户偏好挖掘与系统实现[D]. 武汉: 华中科技大学, 2012: 6-22.

[6] 郭少聃. 数据稀疏和隐性反馈条件下用户偏好挖掘方法[D]. 武汉: 华中科技大学, 2012: 6-26.

[7] 王洪明. 基于本体和标签的用户偏好提取系统的设计与实现[D]. 北京: 北京邮电大学, 2011: 8-20.

[8] 陆剑江, 杨季文, 钱培德. 基于用户兴趣的数字资源的集成化研究[J]. 计算机应用与软件, 2008, 25(8): 97-99.

[9] 梅翔, 孟祥武, 陈俊亮, 徐萌. 一种基于用户偏好分析的查询优化方法[J]. 电子与信息学报, 2008, 30(1): 33-36.

[10] 周向军. 基于用户偏好的个性化 Web 服务优化策略[J]. 微电子学与计算机, 2009, 26(8): 52-54.

[11] Holland S, Kießling W. User Preference Mining Techniques for Personalized Applications [J]. Wirtschaftsinformatik, 2004, 46(6): 439-445.

[12] Peska L. User Feedback and Preferencesmining [M]//User Modeling, Adaptation, and Personalization. Springer Berlin Heidelberg, 2012: 382-386.

[13] Mianowska B, Nguyen N T. Tuning User Profiles Based on Analyzing Dynamic Preference in Document Retrieval Systems[J]. Multimedia Tools and Applications, 2013, 65(1): 93-118.

[14] Tsinaraki C, Christodoulakis S. An MPEG-7 Query Language and a User Preference Model That Allow Semantic Retrieval and Filtering of Multimedia Content[J]. Multimedia Systems, 2007, 13(2): 131-153.

[15] Shu Z, Yu L, Yang X. Personalized Tag Recommendation Based on User Preference and Content[M]//Advanced Data Mining and Applications. Springer Berlin Heidelberg, 2010: 348-355.

[16] Park J H, Kang J H. Resource Collaboration System Based on Dynamic User Preference and Context[J]. Artificial Intelligence Review, 2010, 34(3): 271-287.

[17] 康杨杨. 个性化信息检索中用户偏好分析技术研究[D]. 苏州: 苏州大学, 2014.

[18] 周云霞, 栗磊. 基于数据库用户行为分析的改进FP—Growth算法[J]. 科学技术与工程, 2011, 18(18).

[19] 李丹丹, 甘利人, 白晨. 数据库用户检索决策的观察学习行为实验研究[J]. 现代情报, 2010, 30(9).

[20] 宗胜. 基于情境兴趣和个人兴趣的用户偏好模型研究与设计[D]. 上海: 上海交通大学, 2012: 8.

[21] 刘启华. 泛在商务环境下基于用户情境和主题模型的信息聚合与推荐研究[D]. 武汉: 武汉大学, 2011: 53.

[22] 徐斌. 基于语义的电子商务智能推荐模型与框架研究[D]. 武汉: 武汉大学, 2012: 119-125.

4　出版知识服务与内容聚合

出版知识服务是数字出版的一种新兴形态，是新兴技术发展到一定阶段，个性化服务成为网络应用诉求环境下的必然趋势，旨在解决数字出版满足个性化阅读需求的难题。不同于当前数字出版仅实现内容与载体分离，但仍以整体出版内容服务读者的出版服务方式，出版知识服务在利用网络信息技术组织和呈现出版内容的基础上，充分利用语义技术在自然语言处理和语义推断方面的固有优势，在获取读者阅读需求之后，以此为根据抽取合适的出版内容并组织起来，形成满足读者阅读需求的出版内容，并以合适的载体呈现给读者，以满足读者的个性化阅读需求。显然，出版知识服务从用户需求推断到内容呈现的各个环节都应围绕读者的阅读需求进行，满足读者个性化出版服务需求，充分体现当前网络信息环境下以用户为中心的应用服务需求。其中，通过内容聚合理解读者阅读请求，并以此为根据组织出版内容，是出版知识服务的核心环节，直接影响出版知识服务的服务品质和服务效率，决定出版内容能否满足读者的个性化阅读需求。

出版知识服务内容聚合是内容聚合在出版行业的应用，虽然早在 2010 年 D. Houlihan 和 J. Jordan 就开始关注出版知识服务内容重组，并提出以用户为中心的出版知识服务策略，但目前关于出版知识服务内容聚合的研究成果并不多。L. Heller 等人讨论了出版知识服务的格式以及作者合作的问题；IBM 在其数字时代调查报告的白皮书中分析了出版知识服务，指出其能有效克服传统出版的弊端，

4 出版知识服务与内容聚合

是今后出版形态的必然趋势；黄奇奇等人提出了内容聚合是个性化出版服务的特征，并分析了网络环境下影响内容聚合的各种主客观因素，设计出内容聚合的准则；徐丽芳等人认为通过出版内容碎片化并重组，能提取出版资源中重点内容，有利于快速有效的阅读。随着对出版知识服务的研究深入以及出版知识服务在发展过程中弊端的显露，内容聚合逐渐引起了业界和学术界的关注。出版知识服务内容聚合并不仅仅是将出版内容简单堆放在一起，而需要在短时间内根据读者有限的阅读描述来推断出读者阅读的真正意图，选择相应主题，并围绕该主题组织相关内容，以符合自然语言习惯规则的方式呈现给读者。

从本质上讲，出版知识服务内容聚合属于自然语言生成的一种形式。自然语言生成是使计算机具有像人一样进行表达和写作的功能的研究，即计算机能够根据一些关键信息及其在机器内部的表达形式，经过一个规划过程，自动生成一段高质量的自然语言文本，包括自动摘要生成和自动文本生成等。其中，文档摘要从文档中抽取主题脉络或读者需要的重要信息并生成指定长度的文档，分为单文档摘要和多文档摘要两大类。2007 年前的研究热点是单文档摘要，随后更多研究者研究多文档摘要。近年来，关于文档摘要的研究主要集中在情感分析、主题获取、信息优化和语篇连贯性等方面。与单文档自动摘要相比，多文档自动摘要除了抽取文档脉络并生成新的文档外，还需要处理多个主题间的排序和冗余消除等问题，与出版知识服务内容聚合较为接近。但无论是单文档摘要还是多文档摘要，都是从已有文档中提取出核心脉络，以便于阅读。而出版知识服务内容聚合则需要根据阅读主题获取聚合内容，并将其组织成符合读者阅读习惯的内容。

另外，文本内容自动生成与出版知识服务内容聚合较为接近，旨在自动获取文本资源，然后依照阅读习惯组织起来，包括文本文档生成和在线学习资源生成两类。其中文本文档生成最初关注简单文本的自动生成，近年来开始研究基于规则和语义推理的文本文档生成。在线学习资源自动生成目前研究成果不多。X. Huang 提出一种基于知识结构图的个性化在线教育资源定制系统；F. Wang 则提出一种基于蚁群克隆算法的个性化在线教育资源生成方法。显然，自动文本文档生成所生成的文档相对比较简单，结构单一，无法解决具有丰富篇章结构和语义关系的出版知识服务内容聚合问题。在线个性化教育资源生成则只需为学生提供其欠缺的知识点，这些知识点是可以通过学生学习过程和学习测验获得的。而出版知识服务内容聚合的内容主题则需要根据有限的读者阅读需求描述文本来自动推断，需要考虑更多因素，因此更为复杂。

4.1 出版知识服务与内容聚合

4.1.1 出版知识服务是数字出版发展必然趋势

数字出版运用电子信息等相关技术，实现内容与载体的分离，在以多种方式灵活地向读者提供出版服务的同时，还具有存储空间少、节约环保和全球同步出版等优势，是推进国家文化大繁荣战略的重要动力，是国家大力发展的重点方向。自2009年国务院审议通过的《文化产业振兴规划》中明确提出大力发展数字出版以来，党和国家分别在2011年的《十七届六中全会决定》和2013年《关于促进信息消费，扩大内需的若干意见》都明确提出要大力发展数字出版，推动文化产业发展。在国家大力支持下，数字出版得到长足的发展，近几年均以超过30%的速度增长，其中数字期刊收入从2006年到2014年的8年中增加近2倍，数字图书收入在这8年间增加了29倍，基本实现传统出版企业的数字化转型，进入升级与融合发展的新阶段。这便要求数字出版由内容生产向实时生产、用户参与生产转变，以生产满足用户多样化和个性化需求的内容。但当前数字出版多采用一次制作多元发布的出版模式，并不能适应当前信息环境下读者的动态需求，无法满足上述意见要求。首先，一次制作多元发布将内容与载体相分离，能给读者提供多种阅读方式，但并没有改变整体出版的方式，无法提高内容利用率。其次，数字内容的易复制性导致数字出版物盗版严重，这意味着数字出版物的推出虽然增加了销售渠道，但同时也带来出版数量和销售额下降的风险，限制了数字出版物的发展。最后，在当前网络信息环境下，个性化服务已成为一种普遍诉求，客观上要求数字出版能根据读者需求，从不同出版资源中抽取内容并组织起来，为读者提供个性化的出版服务，这显然不是当前数字出版方式能胜任的。

应对数字出版上述挑战的一种有效方式是根据读者阅读需求，对出版内容进行重新组织，以满足读者个性化阅读需求，即出版知识服务。出版知识服务提供商在获取读者的阅读请求及描述后，临时抽调相关内容并重新组织成新的出版物，为读者符合其需求的定制出版物。由于这种出版物的内容来源于不同出版物中的不同部分，内容提供商可以重复使用自己的内容资源，提高内容资源的利用率。而且，在这种出版模式下，每个出版物在产生之前都是不存在的，加之每次出版都是为特定读者的需求定制的，不具备普适性，从而减少了内容复制的几率与盗版的可能，一定意义上遏制了数字出版带来的盗版风险。此外，这种定制还意味着出版内容与读者阅读需求高度吻合，能提高读者阅读体验，激发读者阅读消费的热情，不仅有利于加快我国出版产业的发展步伐，还有利于构建网络信息环境下"全民阅读""社会阅读"的和谐学习型社会。最后，内容聚合能根据读者需求来定制内容，满足出版产业信息时代用户的个性化定制服务诉求。除了上述优势外，利用内容聚合，还能实现不同内容类型如音视频与图文、传统媒体与网络信息媒体之间的融合，在提高出版物生成灵活性的同时，还改变了出版商的角色，使之由以前单纯内容提供商转变成内容服务方案解决商，在提供内容的同时增加了解决方案提供这一增值服务，开辟了一条新的价值获取途径，增强了自身的盈利能力和产业竞争力。

由此可见，出版知识服务充分利用互联网思维，在为读者提供个性化出版服务的同时，还能提高出版内容利用率，探索新的出版内容增值服务，使出版内容提供商转变成内容服务方案解决商，与国家提出的加强互联网思维、实现媒体融合的战略高度吻合，满足了信息时代对出版业态和出版模式提出的新要求。

4.1 出版知识服务与内容聚合

4.1.2 语义技术使得出版知识服务成可能

出版知识服务根据用户需求动态地从知识库中抽取内容并组织成出版内容,为读者提供个性化定制出版服务,具有个性化推荐的特性。事实上,个性化服务与个性化推荐是信息社会的普遍诉求,在当前网络服务尤其社交网络服务中普遍存在,如阅读内容推荐和网络个性化服务。其中,阅读内容推荐是计算机网络的一个重要应用,广泛应用于各类以内容为主的网络应用服务,如头条网和电商网站,通常通过订阅和推荐两种方式实现,但研究表明这些内容的定制或推荐服务通常通过将内容进行收集分类,然后依据推荐算法(如组合过滤或混合推荐)进行实现。显然,它仅仅实现的是内容推荐,并没有对内容进行聚合加工,不是真正意义上的内容个性化定制服务。网络个性化服务则广泛应用于以社会网络为基础的各类应用中,通过对用户网络行为数据的分析和挖掘,获得用户这些网络活动背后的真正动因,以此做相应的服务推荐。它根据特定应用服务,通过数据挖掘的方式来捕获的用户需求,能准确获取读者阅读知识点,虽然能很好满足读者点阅读和碎片化阅读的需求,但容易造成浅阅读,不利于读者系统获取知识。

显然,网络个性化服务关注如何从知识点角度来为读者提供内容定制服务,内容推荐则关注如何从整体角度为读者提供内容推荐服务,二者结合能在一定程度上提供个性化阅读,但并不能从根本上解决出版知识服务的内容个性化定制问题。出版知识服务需围绕读者阅读知识点为中心,并从中抽取出读者阅读内容,聚合成满足其阅读需求的系统知识内容,并生成相应的出版物,在满足读者个性化阅读需求基础上,避免读者阅读碎片化和浅阅读带来的弊端。这一过程需要强大的逻辑推理能力、文字处理和自然语言生成能力,无法利用传统电子信息技术加以处理,需要引入语义技术,将其在语义逻辑推理、文字处理和自然语言处理方面的天然优势,与当前电子信息的其他技术结合,才能使出版知识服务成为可能。

4.1.3　内容聚合是出版知识服务的核心环节

以往各种出版形态都是先确定出版主题,再根据出版主题形成出版内容与服务。在这种出版模式下,可以利用数据挖掘技术来获取读者的阅读需求,并根据需求从已生成好的出版物中选择合适的出版物推荐给读者,完成出版个性化服务。显然,由于出版物内容的生成先于读者阅读需求,因此即使系统能准确推断出读者真正阅读需求,选出的出版物内容,也难以真正反映读者的阅读需求。因此,这种出版内容预先生成的出版形态并不能提供真正的读者个性化定制服务。出版知识服务则不同,与数字出版相比,其最显著的优势在于具有动态性,即出版内容是根据读者阅读请求而动态生成的。换言之,在用户请求阅读之前,出版物并不存在。只有读者发送阅读请求后,系统才能根据读者阅读需求选择相应的出版资源并组成读者所需的出版物。

显然,这种内容动态生成的出版模式客观上以读者为中心,以满足读者需求为核心目标,即出版各环节均需围绕读者阅读需求展开:首先,需要对读者阅读需求进行深层次的挖掘,以发现读者的真实阅读需求;在此基础上,再结合读者知识层次和知识结构,形成符合读者阅读需求的出版物知识系统,并抽取出版内容,组成符合读者阅读需求的出版物;最后,通过各种载体将出版物推送给读者,并以合适的方式呈现出版,实现出版服务的个性化定制。上述各环节中,出版知识服务根据读者阅读需求生成对应的数字出版物内容的逻辑结构,然后逻辑结构以出版内容的需要为根据将相应的出版内容组织起来,形成符合人们阅读习惯的数字出版物,以便于读者快速有效地获取所需知识,即内容聚合。显然,内容聚合的篇章逻辑结构好坏,直接影响到内容的组织方式,进而影响到读者对所需知识的获取效率和获取能力以及对出版物的阅读兴趣和阅读激情,是出版知识服务能否满足读者个性化阅读需求的关键环节。

4.2 内容聚合研究内容、优势及面临的挑战

4.2.1 内容聚合研究内容

语义技术能够根据读者需求描述推断出其真实的阅读需求,并从出版知识库中选择合适内容进行聚合,最终形成满足读者个性化阅读需求的出版物。显然这一过程能有效满足读者个性化阅读需求,实现出版由内容服务向知识服务的转变,但这也是一个复杂的科学技术问题,需要解决众多问题,包括读者阅读意图推断、读者阅读内容获取和阅读内容聚合等三个方面内容:

第一,用户阅读意图推断,根据读者阅读需求描述提取并确定读者阅读主题,是实现出版内容动态聚合的起点和基础。阅读主题的确定从宏观上决定出版内容所处的领域,直接影响到出版内容是否与读者需求一致。在现实中,读者通常使用简短的自然语言或者少数词语来描述其阅读需求,隐藏的主题词较少或者没有,导致主题提取时缺少必要的语义信息,无法直接推断出读者阅读的主题需求。从有限的阅读需求描述推断出读者真正的阅读主题意味着不仅需要对有限阅读需求描述进行充分处理,还要借助其他领域研究方法,从读者网络行为和网络属性中挖掘其阅读需求背后的动因,进而推断出匹配读者阅读需求的出版主题。因此,这一部分研究具有重要的基础作用,具体包括:①如何从读者社会网络行为和网络属性中挖掘其阅读需求背后的动因;②如何对阅读描述的短文本进行扩展,获得充足的主题信息;③如何根据阅读动因和阅读描述信息获得读者阅读主题。

第二,读者阅读知识系统获取,聚合内容主题出版物写作逻辑则指讲参与聚合的各部分内容所对应的主题依照人们阅读逻辑组成关联关系,反映出通过内容聚合生成的出版物中各章节内容间的阅读逻辑关系。显然,聚合内容主题出版物写作逻辑生成直接决定出

版知识服务内容及其组织方式，是内容聚合的核心环节。由于当前出版知识库通常采用学科知识逻辑来组织出版主题，这种组织方式不能反映主题间的出版物写作逻辑关系。因此，在研究聚合内容主题出版物写作逻辑生成之前，需要研究如何获得不同主题间的出版物写作逻辑关系，以及如何利用获取的写作逻辑关系来组织这些主题。在此基础上，还需要解决聚合内容选择的问题，该问题可通过选择聚合内容对应的主题来解决，即聚合内容主题生成。与传统出版相类似，内容聚合需要在选定阅读主题基础上，以读者阅读偏好为根据，围绕选定主题进行主题推断和扩展，形成一个关系明确、逻辑清晰的主题图（聚合内容主题）。同时，聚合内容不能无限扩张，需要适应读者的知识接受能力，有一定边界，表现为主题图的边界。这种聚合主题以出版物写作逻辑图的方式组织，虽然反映不同主题间的写作逻辑关系，但不符合读者阅读习惯，需要转换成树形逻辑结构。而这种转换还受多种因素的影响，如读者的阅读深度、对不同主题间跨度的接受程度和转换过程中主题间描述关系信息的完整性等，需要对其中各种影响进行研究。由此可见，聚合内容主题出版物写作逻辑生成是出版知识服务内容聚合的核心研究内容，包括聚合内容主题生成、聚合内容主题出版物写作逻辑生成以及内容主题出版物写作逻辑推理等三个子模块。

第三，阅读内容聚合。聚合内容主题出版物写作逻辑生成在获得的出版主题基础上，从写作逻辑上解决了聚合内容的组织问题，保证聚合内容的完整性和逻辑性。但这只是一种逻辑上和聚合内容主题上的保证，而实际上聚合内容的不同主题来自不同出版物，在语法习惯和内容编排上存在差异性，需要有相应的内容融合算法实现内容从逻辑结构上到实际内容的映射，并完成来自不同出版物内容间的融合，最终生成数字出版物。这一过程主要涉及结构实现和语言实现两部分，需要研究：①如何将聚合内容写作逻辑关系映射至由文字、标点符号和结构注解信息组成的出版内容；②如何解决不同图书中出现的文章共指、不同位置内容重叠等问题，形成令读者满意的出版物。

4.2 内容聚合研究内容、优势及面临的挑战

4.2.2 语义内容聚合是实现出版知识服务的重要途径

出版知识服务内容重组能有效解决当前数字出版过程中数字内容个性化服务所面临的现实问题，对满足读者个性化阅读需求、提高出版内容资源利用效率，推动我国出版企业转型升级，实现数字出版可持续发展有重要的意义，具体包含以下几个方面：

第一，通过对出版知识服务内容聚合问题的研究，根据读者阅读需求组织出版内容，为读者提供个性化数字内容服务，有利于提高读者阅读积极性。聚合内容是根据读者阅读描述推断出其阅读主题，然后围绕该主题选择相应出版内容，形成符合人们阅读习惯的出版物。所有参与聚合的内容都需围绕出版主题进行有针对性的选择，提高精确性，使其符合读者的阅读需求。显然，这种内容聚合能为读者准确提供其所需阅读内容，满足其个性化需求，必将提高读者的阅读兴趣，激发其求知欲望，有利于提高读者主动学习能力和知识吸收能力。

第二，通过对内容聚合问题的研究，根据用户需求动态生成内容，实现实时精准定制出版，一定程度上避免盗版的发生。动态聚合意味着出版内容是在读者发出阅读请求之后，根据读者需要，临时从所有出版内容中选择出来并聚合生成的，这一过程具有实时性。同时，聚合内容需要围绕读者阅读需求来选择，仅适合该读者，具有唯一性，不具备大量盗版的实施环境，从一定程度上减少了盗版的发生。

第三，通过出版内容的聚合，能实现出版内容的多次重复利用，有利于提高数字出版资源利用率。内容聚合中的出版内容从所有出版内容中选择，意味着内容提供商可以多次重复使用已有的出版内容资源，提高了数字出版资源利用率，解决了因出版物整体消费导致大量数字化出版资源无法再利用的难题。

第四，通过出版内容聚合，客观上打通了数字出版和定制出版间存在的壁垒，有助于实现数字出版与定制出版的融合，推动出版企业转型升级与可持续发展。本章利用内容聚合技术，为读者实时

提供其所需的出版内容，不仅解决了当前数字出版无法为用户提供个性化出版服务的难题，还解决了定制出版所面临内容生产周期过长的问题，打通了数字出版和定制出版这两种新旧出版业态之间的联结，有助于实现不同出版类型间的融合，提高出版物生成的灵活性，势必将激发这两种出版业态新的潜能。

此外，内容聚合还改变了出版商的角色，使之由内容提供商转变成内容服务方案解决商，在提供内容的同时增加了提供解决方案这一项增值服务，开辟了新的价值获取途径，增强了自身盈利能力和产业竞争力。显然，这一方案不仅有助于不同出版类型的融合，还有助于开辟新的价值获取途径，推动出版企业转型升级，实现出版企业的可持续发展。

4.3 出版知识服务内容聚合实现

4.3.1 内容聚合的影响因素分析

内容聚合是利用网络技术环境对数字出版资源类集和序化的过程，它尊重内容资源的深层语法结构，经过浓缩和提炼以形成内容的表层形式，在这一重新包装知识服务的流程中，内容聚合的程度、速度和方式都是核心的衡量指标。从被影响的方面考虑，反推主观和客观的影响因素，具有一定的合理性，如表4-1所示。

表4-1　　　　内容聚合的主要影响因素

项目	影响内容聚合的程度（深度、广度）	影响内容聚合的速度	影响内容聚合的方式
影响因素	知识库大小及规范性		用户个性化需求
	用户请求处理程度		用户使用设备
	搜索引擎性能		运营商的利润空间

4.3 出版知识服务内容聚合实现

客观因素：网络数字出版资源库的各模块功能主要影响内容聚合的程度和速度。第一，知识库中的知识内容是否进行了数据化处理、知识标注的规范化程度、异构信息资源是否可以共享等因素决定知识库的规范化程度。在使用相同搜索引擎的前提下，知识库规范化程度越高，内容聚合的速度和质量越高。第二，用户请求处理程度取决于用户自身的专业化搜索水平和计算机系统对其请求进行关键词拆分处理的程度。关键词准确度和相关性越高，计算机就能越快地理解用户的检索意图，内容聚合的速度越快。同时，计算机对关键词拆分精细度也会影响聚合的程度。第三，搜索引擎性能越好，在内容聚合的程度上越具有优越性，且内容聚合的速度较快。

可以说，客观方面的影响因素也是完成内容聚合的条件要素。首先，在异构知识元丰富的条件下研究内容聚合才具有意义。知识元代表不能再细分的知识单元，包括已发表碎片化的知识内容，以及从自媒体发布和传播的知识数据。CNKI 在知识元的实践上一直走在前列，具有完备知识体系和规范知识管理的功能。其目标之一是将我国 80% 的知识资源、国内馆藏的 60% 国外知识资源建成数据库，并抽取、提炼其中 80% 的知识元建成知识元数据库。它的知识网络由知识元库、基本信息库和知识仓库组成，能够实现对数字、图形、表格、学术定义、新概念等知识元的搜索功能。这为深度聚合创造了条件。其次，搜索引擎语义化、智能化是实现聚合的核心要素。搜索是根据关键词自上而下找到各个节点的过程，而聚合是自下而上选择向量集对应知识库内容的逆向搜索的过程，聚合的深度和广度依赖于网络环境下有效的语义推理能力。

主观因素：聚合的出发点和落脚点在于用户，他们的偏好和行为影响着网络环境下数字出版的发展态势，同样他们也是内容聚合中最难以把控的因素，因而内容聚合的模式在一定程度上取决于用户的利益基点。首先，不同用户对内容聚合的方式要求不同，即对内容和形式的要求和偏好都不相同。其次，即使要求相同，用户使用设备能够流畅、完整呈现的文档大小和格式也会有所差异。最后，数字出版运营商或服务提供商希望在控制聚合方式的前提下，尽可能高效地聚合信息资源令用户满意，节约成本以提高利润空间。

人们的利益基点存在着冲突和偏差，内容聚合在平衡各方利益的前提下，必须具有一定的标准。针对专业领域的数字出版，按照传统的论文、报告、期刊等分类标准已经不能满足知识多元化的需要，因而应该按照知识本身具有的层次性、结构性、逻辑性来分类。这种标准既可以由系统开发者制定，又可以通过训练机器得到，甚至可以在提取出内容后，由用户自己手动添加标签分类，进而逐渐形成一个广泛的较为普遍的分类标准。按照一定标准甄别、筛选和归纳内容，才能使内容聚合得到多方人员的支持和配合。

4.3.2 数字出版内容聚合设计

4.3.2.1 内容聚合实现目标

无论是影响内容聚合的客观技术条件，还是主观用户偏好，其最终要实现的是个性化定制服务。它不是简单的从知识库中提取内容的过程，而是要综合考虑提取的标准和程度，以及提取之后的简单组织方式。数字出版的用户对出版资源的筛选和要求更为严格和苛刻，而搜索出来的内容可能与用户实际需求存在偏差，此时需要用户手动选择实际需求内容，以及根据其他因素选择实际需要打包的内容，即个性化定制的过程。内容聚合是个性化定制的核心。聚合的质量高低不仅体现在知识的数量上，还体现在呈现的逻辑上，可以说聚合的质量影响着个性化定制的质量，聚合的最终目标就是实现出版的个性化。

4.3.2.2 内容聚合实现要求

为了实现上述目标，应尽可能多地掌控主观因素需要的客观条件，主要是丰富的知识元、智能的搜索，这也是内容聚合的实现要求。知识元代表着知识的数量和质量，知识元的多元化包括来源渠道的多元化和知识类型的多元化，但是知识来源渠道的广泛并不应该降低知识的表观质量。这里所说的知识元并不是混乱的知识堆积，而是以某一点或某一主题为中心吸引来的碎片化知识或信息，只有在多元化的条件下研究内容聚合才有意义。同时，内容聚合的

4.3 出版知识服务内容聚合实现

实现对搜索引擎也有一定的要求。在每次检索的过程中，搜索引擎根据关键词找到最基层的节点，不同情况下采用不同的聚合方式，继而将搜索得到的向量集对应到知识库中查找内容。这一过程要求语义搜索的概念与概念之间的逻辑关系是清晰的，且搜索引擎不再局限于字面上的匹配，能够在网络环境下进行广泛有效的语义推理，将信息结构化重组后返回。

4.3.2.3 内容聚合设计准则

内容聚合由两个关键步骤构成：内容提取和内容呈现。知识元多样化的前提下可以实现内容的差异化提取，而搜索引擎的智能化、语义化也成为内容呈现的先决条件。从这两个步骤研究内容聚合设计准则具有一定的合理性。

(1) 提取标准：对信息规模化加工和个性化加工的数字出版而言，内容的层次结构从低级到高级可分为句、段、小节、节、章、篇，而设定提取深度为节能够满足规模化和个性化的双重要求。从文章层次结构的角度考虑，只提取包含关键词的句、段落，信息量少且完整度不高。小节是节的下一级单位，小节的内容属于节的内容。小节之间可能是并列、递进等关系，小节与节可能是因果、总分等关系，包含关键词的小节与其他小节的联系较为紧密，因而提取出完整的一节内容，使得内容聚合的准确度较高。假若提取到章或篇，内容量较大，且在空间上距离关键词所在处位置较远，相关性较低，容易降低内容聚合的准确度。以节为聚合标准在数量和准确度方面都有所保证。从内容聚合的功能要求角度考虑，提取到节对搜索引擎的性能要求适度，引擎优化比较简便，不会造成系统负担过重。由于节的内容适量，在用户的各种终端设备上显示时性价比高，不致造成阅读疲劳、阅读浏览不顺畅等问题。同时，提取到节，是一个较为恰当的聚合方式和程度的控制，在不是特别精细化聚合的情况下能够得到较为准确和完整的聚合内容，这既使知识资源得到了利用，也赢得了较高的用户满意度。

(2) 呈现标准：目前，图书馆知识重组的方法可以作为数字出版内容呈现的借鉴标准。其中的主题分类标准将分散在不同类型文献中的关于某一主题的知识内容集合在一起，重现包装形成一个新的知识产品。对于数字出版资源而言,以主题为标准呈现内容,是较为恰当的知识呈现方式。例如输入搜索关键词"电子书",知识呈现的标准可能是电子书的发展历史、特征、类型、制作过程等。主题标准不同于传统的按文献类型分类,它以一个主题词为核心,围绕主题整理编排内容,使得内容单元的体系和知识框架相对完整,这是深度开发知识资源、增加知识附加值的过程,更是将知识数据化的过程。

4.3.2.4 内容聚合框架

由前文可知,内容聚合首先需要根据用户阅读请求,结合其阅读偏好,利用各类数据以及出版知识库,确定阅读主题。然后根据阅读主题,利用语义检索技术和自然语言处理技术,生成聚合内容,实现出版内容的个性化生成,如图4-1所示。从本质上讲,内容聚合旨在为用户推荐个性化的阅读内容,属广义的内容推荐范畴,包括主题推荐和内容推荐两部分。其中,后者不仅需要从知识库中过滤出用户阅读内容,还需要按照用户阅读习惯将出版内容按

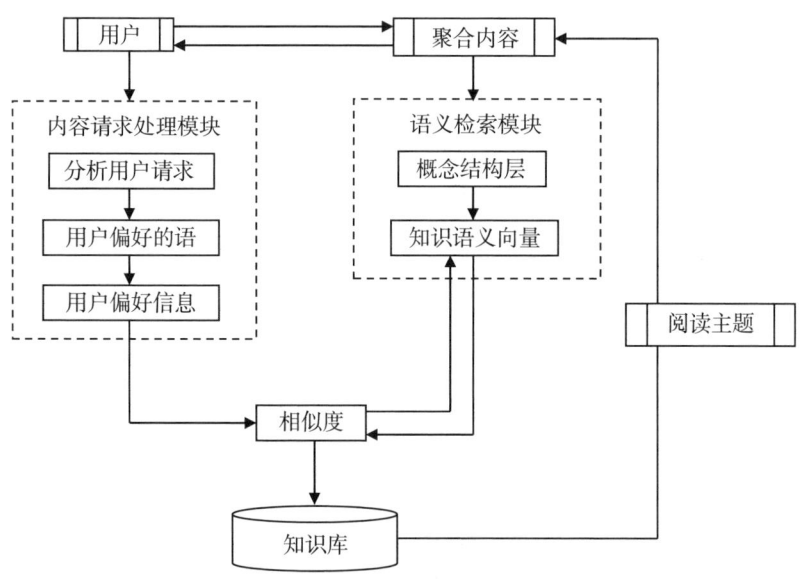

图4-1 出版知识服务内容聚合框架

照阅读逻辑组织起来，形成知识服务内容，需要语义技术和自然语言生成技术，将会在本书下一章详细介绍。而前者仅仅需要从出版知识库中根据用户偏好以及其他数据过滤去用户阅读主题，属典型内容推荐，可利用推荐技术完成，将在下节介绍。

4.4 基于混合模型的出版主题推荐

出版知识服务利用推荐系统、数据科学和信息技术，为用户的信息查询和知识获取提供全方位的解决方案。通过高效率集成内容资源、个性化定制专属内容服务、出版商逐渐从内容提供商向知识服务商转型。可以说，高效化和定制化成为出版发展的总体趋势。个性化推荐系统能有效节约用户的信息搜寻成本，为高效检索服务和定制服务提供了技术支撑，个性化推荐模型的构建也成为出版创新发展的理论基础。

推荐模型构建是一种信息过滤（Information Filtering）机制，模型依据用户偏好行为、基本属性等为用户推荐其可能需要的产品，广泛应用于电子商务、电影、音乐、旅游等多个领域。推荐算法包括协同过滤、基于人口统计学特征、基于内容、基于知识、基于效用和混合推荐等。在图书推荐的相关研究中多采用基于内容推荐和混和推荐算法，通过文本内容挖掘和用户偏好建模为用户推荐其阅读主题。鉴于此，本节从出版用户偏好和内容特征出发，结合协同过滤、基于用户特征、基于场景三种推荐算法，对用户阅读意图进行推断并推荐其阅读主题。

4.4.1 模型构建

出版推荐系统是一种交互式、动态化、可拓展的信息服务系统，它针对用户个性化需求为之提供最优内容推荐，如图4-2所示：用户向系统发起信息请求，系统对该用户的注册信息、请求信息、历史偏好信息及使用场景信息进行感知定位和分析理解，在此基础上对各类数据进行结构化处理和建模,进一步利用推荐算法确定用户邻居集(与指定用户的兴趣偏好最为接近的人群)和关联信息内容(邻居集所购买/下载而指定用户并未购买/下载的内容),在对匹配内容进行优化筛选和排序后即可得到符合用户查询倾向的推荐结果。用户操作的全流程将被系统记录,根据用户反馈可对推荐模型进行修正和完善,从而形成一种自适应的信息闭环和模型优化机制。

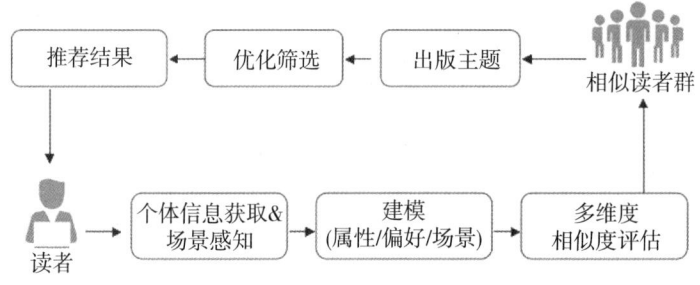

图 4-2　出版主题确定流程

推荐模型和匹配算法是整个推荐系统的核心,要实现个性化推荐首先需获取读者群体的信息并进行结构化处理,在此基础上利用混合推荐模型进行相似度计算和最优结果排序。本书在基于用户的协同过滤推荐模型基础上,结合了用户基本属性和查询场景属性,构建了一种混合推荐模型,主要的推荐流程如下。

4.4.2　用户信息建模

用户信息是个性化推荐的基础,对于出版平台而言,用户信息是背景属性、偏好行为和场景要素的集合,是对指定用户在一定场景下内容需求特征的个性化描述。考虑到数据信息的可识别性和代表性,构建了基于人口统计学特征、专业背景特征、访问行为特征和使用场景特征的用户信息模型,如图 4-3 所示。

4.4 基于混合模型的出版主题推荐

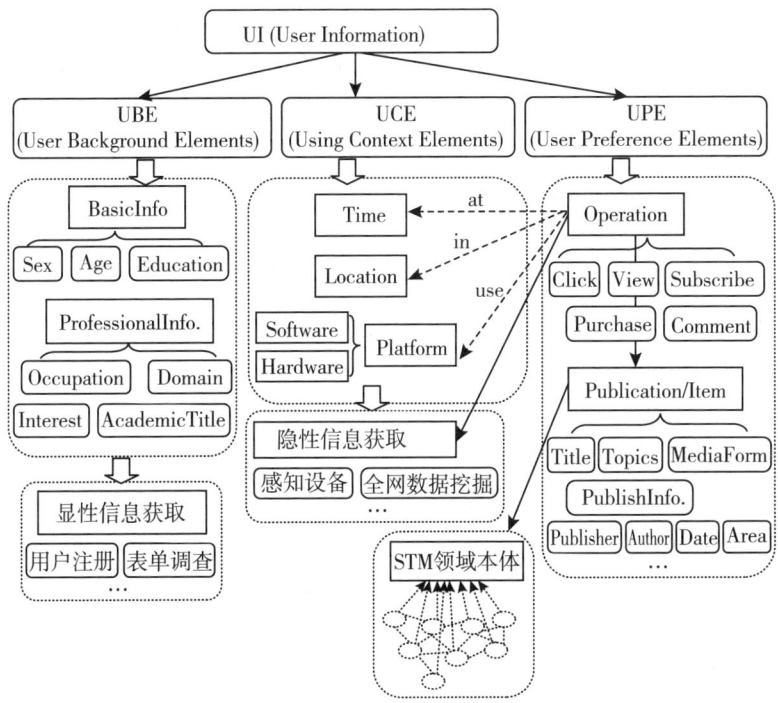

图 4-3　基于本体与大数据挖掘的用户信息模型

抽象来看，用户信息是可反映 STM 出版平台用户内容需求倾向的要素集合，本书从用户背景信息、使用场景信息和偏好行为信息三方面提取特征要素，建模如下：

$$UI = (UBE, 是 UPE, 是 UCE)$$

其中，*UI* 代表用户信息模型，*UBE* 代表用户背景属性的要素集合，*UPE* 代表用户偏好行为的要素集合，*UCE* 代表用户使用场景的要素集合。对这三大类要素集合做细粒度处理，分别包含以下要素：

$$UBE = (Sex, Age, Education, Occupation, Domain)$$
$$UPE = (Publication, <Operation, Context>)$$
$$UCE = (Time, Location, Platform)$$

用户背景要素（*UBE*）既包括性别（*Sex*）、年龄（*Age*）、教育程度（*Education*）等基本特征，也包括职业（*Occupation*）、研究领域

(Domain)、兴趣(Interest)等专业背景特征。背景要素通常通过注册信息、表单填取等显性方式获取,可对用户需求做基本定位。

用户偏好要素(UPE)是用户对科技出版物的操作行为集合,通过对不同场景下用户对不同内容的操作行为做结构化处理,可量化用户对制定内容的偏好程度。用户的操作行为可分为点击、浏览、收藏、订阅、下载、购买、评论等,不同行为所反映的偏好程度也有所差异,可对操作行为进行权重赋值以计算用户对不同内容的偏好度。此外,对偏好内容可依据 STM 出版领域本体做结构化处理,从更细化的层面去了解用户需求。

$Operation = (Click, View, Subscribe, Download, Purchase, Comment)$

使用场景要素(UCE)是用户在获取科技出版物时的环境要素集合,包含访问获取时间(Time)、地点(Location),以及操作平台(Platform)要素。其中平台要素包括软件(Software)和硬件(Hardware),例如用户在 PC 端和移动端、网页和 APP 应用获取内容时往往呈现出不同特征。

将上述用户信息模型的各概念、属性转化为语义本体中的类和关系,使各要素集成到语义本体的统一描述模型中,从而形成了基于大数据挖掘和语义本体的用户信息模型,实现模型的实时拓展和动态更新。

4.4.3 邻近用户集确定

在获取用户信息的基础上,本书采用基于用户背景属性和用户偏好相似度的混合推荐模型进行匹配计算,也即在基于用户的协同过滤(User-based CF)方法上增加用户基本信息维度,从而在一定程度上减少因偏好数据缺乏、失真所导致的冷启动问题。混合推荐的计算流程如图 4-4 所示:首先根据用户数据矩阵获得指定用户 u_x 与其他用户 u_y 间的基本属性相似度 $sim_{UBE}(u_x, u_y)$、偏好行为相似度 $sim_{UPE}(u_x, u_y)$,对两个相似度进行加权计算得到 u_x 和 u_y 总相似度 $sim(u_x, u_y)$,根据最近邻居数 K(K 取值根据用户规模确定)获得与用户 u_x 最为相似的邻近用户集合 $\{u_1, \cdots, u_k\}$,对邻

4.4 基于混合模型的出版主题推荐

居集 $\{u_1, \cdots, u_k\}$ 的内容偏好属性做结构化处理获得偏好值最高的 Top-N 主题,在此基础上利用场景匹配去优化推荐内容的排序,获得最终的推荐结果。

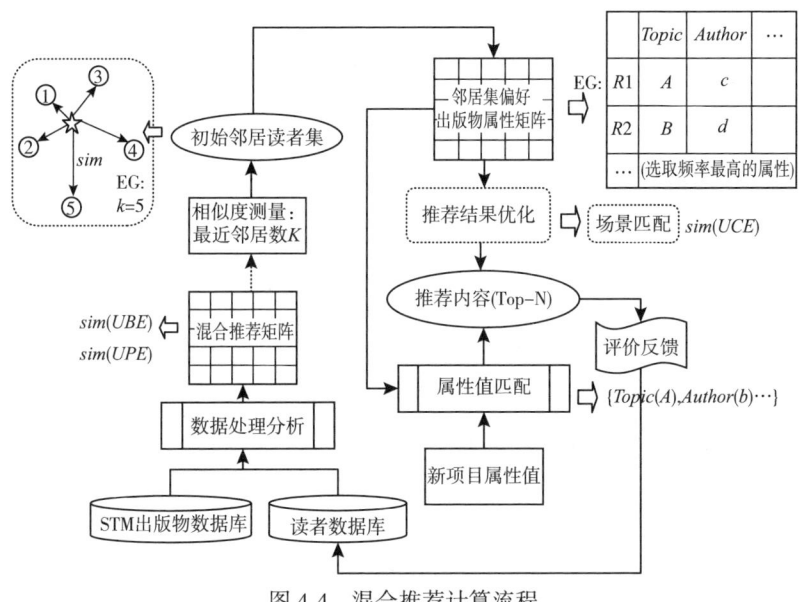

图 4-4 混合推荐计算流程

首先对用户的基本属性信息做粗粒度的个性化,计算用户 u_x 与用户 u_y 的基本属性相似度 $sim_{UBE}(u_x, u_y)$。如果 UBE_i 是二元属性或类别属性(如性别、教育程度、职业、研究领域),当 $UBE_{ix} = UBE_{iy}$ 时,我们认为 $sim(UBE_{ix}, UBE_{iy}) = 1$,否则 $sim(UBE_{ix}, UBE_{iy}) = -1$。如果 UBE_i 是数值型属性(如年龄),则 UBE_{ix} 和 UBE_{iy} 相似度的计算公式为:

$$sim(UBE_{ix}, UBE_{iy}) = 1 - \frac{2|UBE_{ix} - UBE_{iy}|}{\max(UBE_i) - \min(UBE_i)} \quad (4.1)$$

对用户背景信息属性的相似度加和平均,得到总相似度为:

$$sim_{UBE}(u_x, u_y) = \frac{1}{n}\sum_{i}^{n} sim(UBE_{ix}, UBE_{iy}) \quad (4.2)$$

进一步采用协同过滤算法计算用户 u_x 与用户 u_y 的偏好行为相

似度 $sim_{UPE}(u_x, u_y)$。对于一般 STM 出版平台而言,海量的内容数据和用户行为数据处理压力大,偏好值的具体量化存在一定难度,故认为凡用户进行了点击、浏览、下载、购买等操作行为的内容资源均属于其偏好集合。设 $N(u_x)$ 为用户 u_x 的偏好内容集合,$N(u_y)$ 为用户 u_y 的偏好内容集合,通过余弦相似度计算得用户间的偏好相似度 $sim_{UPE}(u_x, u_y)$ 为:

$$sim_{UPE}(u_x, u_y) = \frac{|N(u_x) \cap N(u_y)|}{\sqrt{|N(u_x)| \times |N(u_y)|}} \quad (4.3)$$

例如 u_x 偏好内容集合为 {a, b, c},u_y 偏好内容集合为 {a, d, e},两者偏好项目的交集为 a,则两者间的相似度为 $\frac{1}{\sqrt{6}}$。依此算得用户 u_x 与其他用户间的偏好相似度,在此基础上对基本属性相似度 $sim_{UBE}(u_x, u_y)$ 和偏好相似度 $sim_{UPE}(u_x, u_y)$ 进行加权平均,求得用户 u_x 与用户 u_y 的总体相似度:

$$sim(u_x, u_y) = w_1 \times sim_{UBE}(u_x, u_y) + w_2 \times sim_{UPE}(u_x, u_y)$$
$$(4.4)$$

其中权重 w_1 和 w_2 可根据出版商数据资源状况确定,也可根据专家打分确定。

此外,在能获取细化数据的情况下,根据不同操作行为的权重和偏好出版物的属性获取具体的偏好值,可获得更精准的偏好相似度 $sim_{UPE}(u_x, u_y)$。如将用户对出版内容的偏好行为划分为点击、浏览、收藏、订阅、下载、购买、评论七项,认为每项操作行为所代表的偏好程度分别为 $W(i)$。将内容属性划分为主题、研究领域、作者、出版时间、地区、媒体形式等项目,认为用户对某一出版内容的偏好实际上是对该内容各项属性的偏好。故可得到用户 u 对某一内容的偏好值 $P(u)$ 为 $\sum_{i}^{7} W(i)$,进一步得到用户 u 对内容某一属性值 $C(j(k))$ 的偏好值 $P(u, j(k))$ 为:

$$P(u, j(k)) = \frac{\sum_{n=1}^{n} R_k(u, C(j(k)))}{n} \quad (4.5)$$

其中，$C(j(k))$表示内容属性j的第k种取值(例如内容属性j为研究领域，取值k为医疗)，用户u对属性$C(j(k))$的偏好度$P(u,j(k))$表示为用户u对$C(j(k))$不同评分的平均值。依次求得用户u对其他内容属性的偏好值，得到用户内容属性偏好矩阵M：

$$M = \begin{bmatrix} P(u,1(1)) & P(u,2(1)) & \cdots & P(u,j(1)) \\ P(u,1(2)) & P(u,2(2)) & \cdots & P(u,j(2)) \\ P(u,1(3)) & P(u,2(3)) & \cdots & P(u,j(3)) \\ \cdots \end{bmatrix}$$

属性偏好矩阵M为搜寻最近邻用户的基础。对于目标用户u_x与u_y，首先算得各自的属性偏好矩阵M_x和M_y，然后找出M_x和M_y中共同偏好的属性值交集，生成用户-内容属性值评分矩阵$R(u_x,u_y)$：

$$R(u_x,u_y) = \begin{bmatrix} AC(1) & \cdots & AC(i) & \cdots & AC(g) \\ P(u_x,AC(1)) & \cdots & P(u_x,AC(i)) & \cdots & P(u_x,AC(g)) \\ P(u_y,AC(1)) & \cdots & P(u_y,AC(i)) & \cdots & P(u_y,AC(g)) \end{bmatrix}$$

其中，$AC(i)$表示用户u_x与u_y共同偏好的属性值(如某一研究领域、某一作者)，$P(u_x,AC(i))$和$P(u_y,AC(i))$表示用户u_x与u_y对$AC(i)$的偏好程度。根据$R(u_x,u_y)$利用余弦相似度算法得出用户u_x与u_y之间的偏好相似度$sim_{UPE}(u_x,u_y)$，进一步则可根据公式(4.4)求得用户u_x与u_y间的总相似度。

在求得用户u_x与其他用户的相似度后，根据相似度大小进行排序，则可选取与其最为相似的K个用户作为用户u_x的最近邻居集。

4.4.4 关联出版主题确定

在确定最近邻居集后，将邻近用户集的属性偏好矩阵与出版主题的属性值向量进行匹配，得出各个内容属性值的最优组合集，并按匹配值大小将组合集进行排序，得到针对个体用户的推荐出版主题。

对于用户 u 而言,其邻近用户集为 $U = \{u_1, u_2, u_3, \cdots, u_k\}$,对用户集 U 的整体偏好进行分类频度统计,确定其对 STM 出版内容各项属性(见表 4-2)偏好的最高频度。例如用户集 U 对研究领域 i(如医疗)的偏好程度最大,频度为 a_i(用户集 U 中有 a_i 个用户偏好于该研究领域),那么我们认为对于用户 u 而言研究领域 i 的出版内容最有可能符合其需求。依次可得到用户集 U 对内容属性的偏好集 $C = \{a_i, b_j, c_m, \cdots, h_k\}$,其中 a、b、c 代表检索内容的各种属性(如主题、作者、媒体类型),i、j、m 等代表各种属性的具体类型(如移动医疗、多媒体出版物等),a_i、b_j、c_m 等为出现频度最高的各种属性类型。对于用户 u 来说,$C = \{a_i, b_j, c_m, \cdots, h_k\}$ 也即其内容需求的最优组合方案。

表 4-2　　邻近用户集 U 属性偏好汇总(示例)

项目	研究领域 Domain	主题 Topic	作者 Author	地区 Area	媒体形式 Media	…
属性 1	频度 a_1	频度 b_1	频度 c_1	频度 d_1	频度 e_1	
属性 2	频度 a_2	…	…	…	…	
属性 n	…					

得到用户 u 的最优组合方案之后,并不一定能得出完全符合条件的出版主题,需进一步对最优属性集 $C = \{a_i, b_j, c_m, \cdots, h_k\}$ 和平台所拥有的内容资源进行匹配,根据匹配程度得出用户 u 的现实选择方案 Top-N,为用户提供多元化的推荐结果。在实际操作中,首先按匹配属性个数进行排序,即与最优集 C 相符的属性项目越多,该内容资料的排序越靠前。在最优匹配个数相同的情况下,若匹配属性在用户集 U 中的偏好频度越高,则该内容资料排位越靠前(即按属性在 U 偏好集中的出现频度进行推荐内容排序)。当若干产品与最优属性的匹配程度一致时,则考虑次优(即用户集 U 偏好频度次之的属性构成的集合 C')匹配个数,以此类推得出关联出版主题。

4.4 基于混合模型的出版主题推荐

4.4.5 推荐结果优化

在实际操作过程中,为保证系统推荐的出版内容能更好地满足用户需求,还可针对计算求得的关联出版物做优化处理,根据内容的关联性、综合评价及用户使用场景对候选出版主题进行筛选和排序,提升推荐结果的针对性。

为了进一步提高推荐内容和用户兴趣的匹配程度,可借鉴基于项目(Item-based)的协同过滤算法,计算候选用户对内容之间的兴趣关联度,内容间的关联度越高,用户对之感兴趣的可能性越大。具体计算方法如图 4-5 所示,若两个出版主题同时被同一用户访问,则两者之间的关联权重为 1,以此类推形成出版主题间的关联网络。由于用户对 STM 出版主题内容的需求指向性强,往往集中于某一个细分主题、或具有某一明显属性特征,故在内容推荐过程中有必要淘汰掉部分关联度低的候选内容。

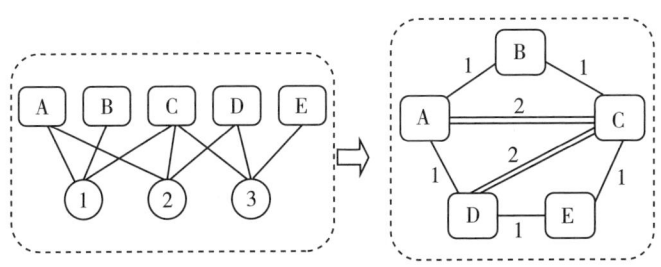

图 4-5 基于用户偏好的出版主题关联构建

此外,随着 STM 平台向移动端拓展,使用场景也成为用户需求构成的重要因素。限于终端设备、系统兼容性、流量等多种原因,用户在 PC 端获取的阅读内容往往更多元化、复杂化、深度化,而移动端的内容则呈现出轻量化、碎片化、易读取等特征。用户发起内容需求的时间、地点、软件平台也会影响到其对内容的偏好度。通过终端设备对用户使用的场景进行识别,根据场景属性的匹配程度对推荐内容进行排序优化,提供更适时适需的用户体验。

本章参考文献

[1] Houlihan D, Jordan J. Dynamic and User-Centric Publishing Strategies [DB/OL]. http://www.ptc.com/File% 20Library/Shared% 20Docs/Aberdeen _ Dynamic _ User-Centric _ Publishing _ Strategies. pdf.

[2] Heller L, Bartling S. Dynamic Publication Formats and Collaborative Authoring[J]. Opening Science. 2014:191-211.

[3] Quark and IBM. Investment Reporting in the Digital Age: The Case for Dynamic Publishing. A Whitepaper from Quark and IBM [DB/OL]. ftp://ftp.software.ibm.com/software/data/sw-library/ecm-partners/Quark_Dyn_Res_Rep_psp_FIN _11. pdf.

[4] 黄奇奇,颜先卓. 数字出版的内容聚合研究[J]. 出版发行研究,2015(12):29-32.

[5] 徐丽芳,骆双丽. 电子书内容的碎片化及重组[J]. 出版参考,2013(10):44.

[6] 李然,张华平,赵燕平,商建云. 基于 LDA 模型以及信息熵的文档自动摘要研究[J]. 计算机科学,2014(s2):298-300.

[7] 李艳翠,林莉媛,周国栋. 基于有监督学习方法的多文档文本情感摘要[J]. 中文信息学报,2014,28(6):143-149.

[8] 胡芳槐. 基于多种数据源的中文知识图谱构建方法研究[D]. 上海:华东理工大学,2014.

[9] Portmann E, Kaltenrieder P, Pedrycz W. Knowledge Representation through Graphs [J]. Procedia Computer Science,2015(62):245-248.

[10] Oufaida H, Nouali O, Blache P. Minimum Redundancy and Maximum Relevance for Single and Multi-document Arabic Text Summarization[J]. Journal of King Saud University-Computer and Information Sciences, 2014, 26(4):450-461.

[11] Li J, Chang Y, Chu C, Tsai C. A Self-adjusting E-course Generation Process for Personalized Learning[J]. Expert Systems with Applications, 2012(39): 3223-3232.

[12] Yang G, Wen D, Kinshuk, Chen N, Sutinen E. A Novel Contextual Topic Model for Multi-document Summarization[J]. Expert Systems with Applications, 2015(42): 1340-1352.

[13] Atkinson J, Munoz R. Rhetorics-based Multi-document Summarization[J]. Expert Systems with Applications, 2013(40): 4346-4352.

[14] Rajbabu K, Sudha S. A Novel Rule-centric Object Oriented Approach for Document Generation[J]. Computers in Industry, 2014, 65(2): 235-246.

[15] Huang X. Study of Personalized E-Learning System Based on Knowledge Structural Graph[J]. Procedia Engineering, 2011(15): 3366-3370.

[16] Wang C, Li H, Gao Z, Yao M, Yang Y. An Automatic Documentation Generator Based on Model-driven Techniques [C]//IEEE International Conference on Computer Engineering and Technology, 2010(4): 175-179.

[17] Wang F. On Extracting Recommendation Knowledge for Personalized Web-based Learning Based on Ant Colony Optimization with Segmented-goal and Meta-control Strategies[J]. Expert Systems with Applications, 2012(39).

[18] Taboada M. Discourse Markers as Signals (or not) of Rhetorical Relations[J]. Journal of Pragmatics, 2006, 38(4): 567-592.

[19] Irmer M. Inferring Implicatures and Discourse Relations from Frame Information[J]. Lingua, 2013(132): 29-50.

5 基于理想认知模型的内容重组框架

  随着出版物数量的剧增，为了应对信息过载问题，作为信息和知识服务方的出版商加快了对数字技术、网络通信协议、语义网等技术的应用，多种新型数字出版模式应运而生，包括以大规模信息集成为主要特征的专业知识数据库出版、以内容资源语义增强和语义关联为主要特征的语义出版等。在这些新兴出版模式的发展过程中，出版商以进一步满足用户细粒度的信息需求为目标，致力于实现海量出版内容的相互关联。学术出版领域逐步将关注点和未来发展方向定位于：将以本、篇、章为组织单元的内容资源向更细粒度的单位进行分解和关联，并在此基础上展开以用户为中心的细粒度单元的重新组织。

  然而，受到传统信息系统研究范式的影响，目前关注于出版内容重组的研究多以系统为中心：信息有其自有的秩序与组织，信息系统可被设计成标准化的格式。一方面，这些面向粗粒度群体用户特征的标准化设计要求不同的用户都必须适应于这一系统；另一方面，以系统为中心的研究范式过于侧重对信息资源与系统内部程序关系的探讨，忽略了用户吸收和利用信息的过程，缺少认知科学等学科的学理支撑，无法充分了解和利用用户的认知机制。因此，以系统为中心的研究范式只能触及信息资源直接呈现出来的浅层结构，无法探析用户认知、难以触及组织知识的深层结构。然而，信息技术革命背景下，数字出版领域的技术、产业越发成熟，用户的角色越发重要，内容生产商已不再是有绝对话语权的内容提供者，

5.1 基于认知的出版内容重组

其需要以用户为中心提供服务,与消费者建立协同合作的良好关系。用户中心的内容生产方式,一方面契合于信息技术的发展趋势,另一方面也顺应于用户消费方式的变革,即用户对信息的接收方式变得更加主动,能够根据自己的喜好对信息和知识服务做出评价,并积极参与内容生产的过程。因此,从用户认知机制出发,深入了解用户吸收、理解和利用信息的过程,了解和结构化用户在获取和组织知识时的深层认知活动,有助于数字出版领域出版商加深对信息本质的理解、研发更符合用户个性化需求的出版内容重组服务、推动数字出版商从内容资源提供商向知识服务提供商的角色转化。

5.1 基于认知的出版内容重组

对于海量信息过载以及内容冗余等问题,一个常见的解决方案是将固定于篇、章、本等传统印刷文本组织单元的内容资源进行分解,根据用户需求区分出相关的知识单元并对其进行重新组织。在这一"分解—重组"的过程中,主要涉及两个研究主题:一是内容资源对象的界定、分类及组织,即"分解"程序中需要关注的内容对象粒度、表征和组织方式;二是对用户需求的关注,即"重组"程序的依据。对应到两个研究问题:一是以什么标准选定内容对象;二是为何以某种特定的组织方式对所选取的内容对象进行重新组织。对于前者,本书聚焦于出版领域对文本表征结构的研究;对于后者,本书遵循认知语言学领域对用户利用和理解知识的机制的解读,并以此为线索展开分解和重组两个程序。由此,本节的文献综述也从这两方面展开:一是关于不同粒度的内容对象及其组织结构的现有研究成果的总结、对比和分析;二是关于用户基于"表相"的文本呈现形态形成"本相"的心理表征这一机制的研究成果的分析。

5.1.1 向量空间模型

计算语言学领域对知识表征模型的一个重要要求是大规模文本数据的处理能力。为了便于计算机处理,将文本数据转化为向量空间模型(Vector Space Model,VSM)的形式,又称词包模型(Bag of Word Model)。其基本思想是将一个文档视为其所含特征项组成的集合,用向量空间中的一个向量表示文档,向量中的每一维表示文档的一个特征项,特征项的权重表示其在文档中的重要程度。该模型将对文本内容的处理简化为向量空间中的向量运算,并以空间上的相似度表达语义的相似度,具有直观易懂的特点。但这种基于向量的表示方法把文档视为独立词的分布模型,缺乏对文本背后意义的关注,容易忽视如概念的语义关系等诸多文本原有的重要信息。尽管也有许多学者借助于其他复杂的模型对该模型的表征效果进行优化,如通过引入隐含狄利克雷分布(Latent Dirichlet Allocation,LDA)模型,增加词向量对文档潜在主题分布的表示能力,但是VSM模型将文档视为无序词包的基本假设,在本质上限制了其表征效果,无法对文本背后的丰富信息,如概念的语义关系、语言的基本组合原则及其隐含的认知、交际或社会功能关系等进行表征。

(1)概念语义网络模型。

自语义结构理论创建以来,人们普遍接受这样一个观点:对语言知识的描述在很大程度上是描写心理表征中表层结构与语词意义之间的映现(Mapping),即语义的表征形式。语义网技术的发展使利用标记语言对语义进行编码成为可能,术语得以通过共享标识符映射到它们所对应的概念上,如链接开放数据(Linked Open Data)已经实现概念层面而非术语层面的网络资源链接。基于此,研究人员进一步展开对概念层面的知识表征和存储机制的研究。根据不同的概念存储方式假设,研究人员提出了"层次网络模型""激活扩散模型""原型模型"等语义记忆模型。

层次网络模型。该模型是由艾伦·M.柯林斯(Allan M. Collins)和M.罗斯·奎利安(M. Ross Quillian)于1969年提出的

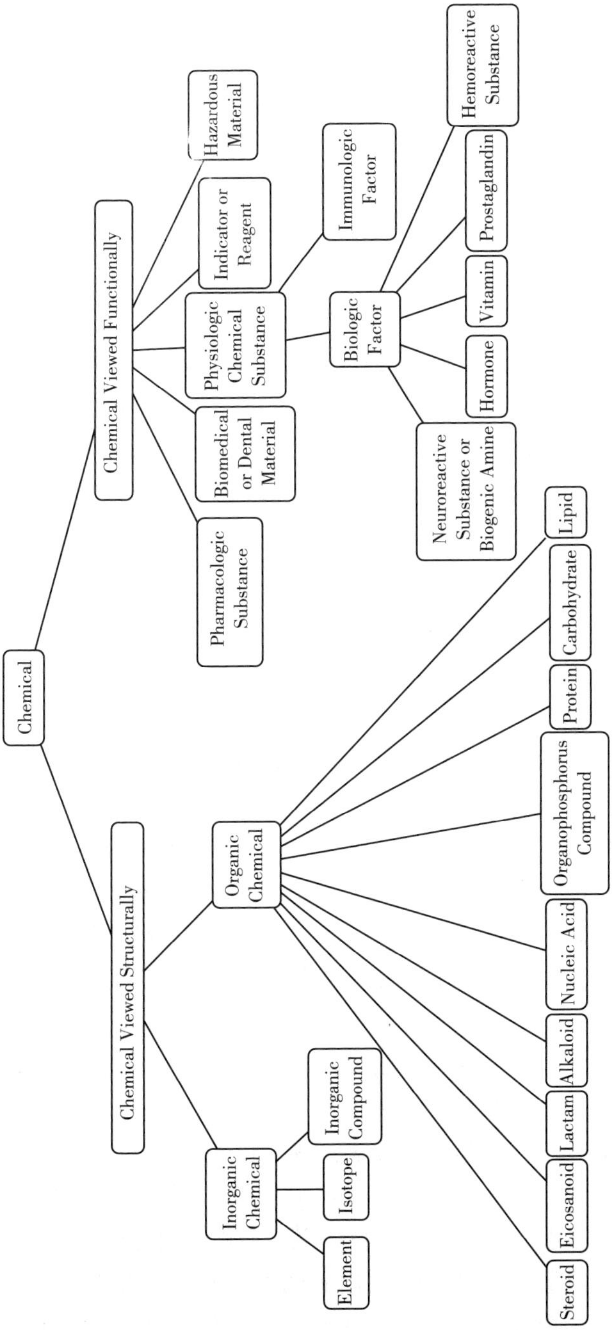

5.1 基于认知的出版内容重组

图5-1 UMLS-SN示例

一种语义记忆模型,他们认为人脑中的知识可以表征为一个按层次组织的概念网络,自上而下为上位概念、中位概念与下位概念。该模型确定了属性或特征在心理词汇中的储存方式,上位概念具有中下位概念所具有的某些共同特征,下一位概念逐一从属于上一位概念。目前已有大量语义网络知识库的构建遵循"层级概念结构"的思路,例如一体化医学语言系统语义网络(Unified Medical Language System Semantic Network,UMLS-SN)就是将每个概念组织在层次树中,并赋予每个概念的根一个顶级语义类型。

激活扩散模型(Spreading Activation Model)。根据激活扩散理论,一个概念的全部意义是以此概念节点为中心而扩散的整个语义网络,即意义不是存在于某个概念节点上,而是存在于语义网络中。与层次网络模型相比,该模型放弃了概念的层次性特征,以网状节点网络模拟语义记忆。模型由节点及节点之间的路径表示,其中节点表示概念,节点之间的路径则是概念之间的关系。节点之间连线的长短表明概念间关系的亲疏,连线越短,两个概念之间的相似性越大。该模型中语义记忆的动态加工过程,就是网络得到的激活量沿连线从一个概念向另一些概念传递扩散的过程。对其他概念而言,与这个概念联系得越紧密,接受到的激活速度就越快,强度也越大。由于激活节点能量有限,且在激活扩散过程中能量不断被消耗,因此当到达某一节点的能量不足以超过阈限,就会停止激活。激活扩散模型从某一节点沿路径激活网络其他区域的处理方式,模拟了人类通过联想关联记忆中相关区域的认知模式,进一步体现出对用户认知机制的模拟。典型的激活扩散模型如图5-2所示。

本体模型。以上模型一般以概念间的相似度来定义语义关系,描述并不全面,由此出现了基于本体技术描述语义关系的原型模型。本体的概念最初起源于哲学领域,后逐渐引入计算机领域,被定义为"共享概念模型的形式化规范说明"。通过定义共享、通用的领域概念模型,本体能够支持语义级而不仅仅是语法级的信息交流。以英国广播公司动态语义出版的相关技术框架和应用系统为例,该系统实现按需重组的方案就是在领域本体模型信息的架构

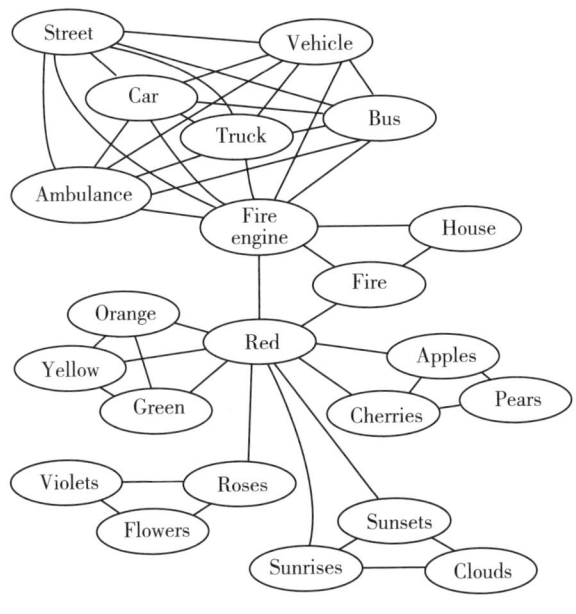

图 5-2 激活扩散模型示例

下,借助关联数据技术自动实现关联内容对象的聚合、发布和复用,生成基于关联数据、本体和相关推理等的资源描述框架(Resource Description Framework,RDF)聚合结果。

以上基于概念语义网络的表征模型也存在缺陷。首先,自然语言的模糊性和多义性导致源语言与形式化语言之间的映射关系往往不是一对一的,如何消除二义性,确定两者间正确的映射关系是一大难题。例如,本体模型之间就存在各种异构问题:两个本体中指称相同"意义"的元素(元素表示本体中的概念、关系、属性以及实例)可能使用不同的名称;相同名称也可能被用来指称不同"意义"的元素;相同领域的本体可能会被定义在不同的分类结构下等。针对这些问题,虽然已有研究关注诸如本体异构,以及"进一步摆脱知识工程师(Knowledge Engineer)主观判断"的本体模型自动生成技术等主题。然而,只要遵循依赖于概念的属性或特征构建表征模型这一思路,上述问题就无法得到有效解决。这一思路起源于经典客观主义的范畴观，即认为"人类用于知识理解和组织的范畴化能力可以由'集合'这一概念来进行解释，而集合则是根据其成员的共同特性来界定的"。

(2)认知语言学模型。

随着知识表征系统的发展，系统所利用的元素逐步由词频等统计信息向概念范畴的语义关系等扩展，模型的表征效果也逐步优化。但需要了解的是，复杂的语言理解活动涉及的不只是概念范畴，还包括其他语言层面的规则，如形态音位结构、篇章结构等语言规则甚至语境、背景等语言系统生态特征。此处"文本表征空间"指称囊括这些知识的文本呈现形式和运作机制的空间，文本表征空间所呈现的是一个由多个功能模块组成的复杂结构，而隐含在这一呈现形态背后的是：文章对语言的具体使用和理解是被文章习得的客观条件所包围和限定的，这些客观条件总体上限定了文章通过语言进行互相理解的范围和方式以及对具体语言意义的理解。因此，出版内容重组不能止步于经典客观主义范畴观指导下由"集合"描述的概念范畴信息的利用，而是需要多视角、深层次地了解文本呈现形态背后的知识组织机制。对此，认知心理学、认知语言学和计算机科学等领域的不同学者提出了诸多理论模型：

图式理论(Schema Theory)。图式理论是认知心理学中用来解释心理过程的一种理论，图式指一种内化的或简化的心理组织或结构。瑞士儿童心理学家让·皮亚杰(Jean Piaget)认为图式是认识结构的单元，最初的图式是先天的、遗传的行为图式，主客体之间的相互作用形成图式的变化过程：当外界的刺激为原来图式所吸收，重复或丰富了原有图式时，为同化(Assimilation)过程；当外界的新刺激不能为原有图式所同化，又不能完全忽略这种外界刺激而导致图式发生变化，形成新图式时，为顺应(Accommodation)过程。同化与顺应都暂时达到平衡状态，形成一个稳定的图式，即人的认识。在图式这一概念被应用于心理学、教育学、人工智能等不同领域的过程中，科研人员对其进行了补充。英国心理学家弗雷德里克·巴特莱特(Frederic Charles Bartlett)认为图式是对先前反应或经验的一种积极组织，是储存在学习者大脑中的一种已有信息对新信息起作用及学习者知识库吸收新信息的过程；盖伊·库克（Guy Cook）把图式定义为典型事件的心理表征；也有学者认为图式是一种包含有关客体和时间等一般信息的知识结构。尽管不同的学者对图式有不同的定义，但究其本义，图式是建立在过去知识或经验基础上的，其可以通过修改以帮助人们获得新知识来提高认知。对新信息的编码、解码都依赖于人脑中已存在的图式，输入信息必须与这些图式相匹配，才能完成信息处理的系列过程，即从信息的接受、解码、重组到储存。

框架理论（Frame Theory）：框架理论由美国人工智能先驱马文·明斯基（Marvin Minsky）于 1975 年提出，他认为本文的知识是以数据结构的形式，即框架（Frame），存储在记忆中的，并将框架定义为"表现一种典型情景的信息结构"。在现象学领域当中，可以把框架视为一种认知的结构，其基础是预知相关典型情景的概念和与之相关的现实，或是假设得出客体特性和关系的预期结果。从语义学角度来说，框架指对不变的事物或环境知识进行编码的结构，用于规定其各个部分或参与部分所发挥的作用。基于框架理论，马文·明斯基提出框架表示法，该方法是一种结构化的多层知识表示方法：顶层是某个固定的概念、对象或事件，其下层由一些槽组成，每个槽按实际情况被一定类型的实例或数据（即槽值）所填充，如图 5-3 所示。框架表示法结构性强、逻辑清晰，能够将事物的全貌层次分明地展现出来，在处理结构化的信息资源这一问题上具有很强的优势。例如，廖振良等使用框架表示法表示突发环境污染事件；孙殿阁等使用框架表示法表示城市典型灾害系统；张佰尚等提出了信息不完备条件下地震应急案例的框架表示法。此外，美国语言学教授查尔斯·菲尔墨（Charles J. Fillmore）将框架概念引入对语义学的研究，提出框架语义学。该理论认为框架可以是任何一个概念体系，体系里的概念相互关联，若要理解这一体系中的任一概念，就必须理解整个概念体系，介绍任何一个概念都会激活其他所有概念。类似的概念还有罗纳德·兰艾克（Ronald W. Langacker）于 1987 年提出的认知域（Domain），指为描写某一语义结构时所涉及的概念域。

5 基于理想认知模型的内容重组框架

框架名：<地震灾民救援安置效果>	
槽1：地震灾民救援安置结果	值：救治伤员795人，转移安置受灾人员22.9万人
槽2：欠缺的资源	
侧面21：应急熟食	值：7单位(吨)
侧面22：应急方便面	值：3单位(万吨)
槽3：地震灾民救援安置评价	值：各个部门相互协作，基本上完成了转移安置受灾群众，保障灾民生活的任务

图5-3　实例化框架结构示例

图式、框架、认知域等理论都是研究人员为人类知识表征提供规范而做出的尝试，试图利用可理解的情况固定一些常规的命题结构。这些结构往往包括默认值和空槽，前者用于体现没有特定语境信息条件下所使用的语值，后者由出现在即将建构的特定语境中的个体加以填补。由于预先定义结构的存在局限，目前这些表示方法多应用于比较单一的场景，例如IBM信息架构平台（IBM Information Architecture Workbench，IAW）系统所定义的任务场景，仍无法根据用户需求变化进行自适应调整。

5.1.2　阅读语境创设和用户认知结构对用户认知行为的影响

文本阅读过程是读者在头脑中建构起关于文本内容、层次及主题的心理表征过程，用户接收信息的效果受到阅读语境和用户原有认知结构两方面的影响。首先，信息表达语境的创设与引导是否符合用户的认知结构，能否有效引导用户学习、理解信息，对于用户信息获取行为影响至深。其次，正如上文图式理论指出的，用户先验知识同样影响到用户吸收新信息的效果。目前国内外学者对阅读语境的定义、特征、创设的工作流程以及用户先验知识的影响等方面开展了系统的研究。

杰奎琳·瓦尼克（Jacqueline Waniek）等研究了超文本阅读中涉

及的文本理解过程,他们的出发点是假设超文本读者为理解而构建文本内容(读者情境模型)以及为导航而构建文本结构的心理表征。如果情境模型和文本结构表示的维度不匹配,则表明二者之间存在干扰,这将对行为数据产生影响。他们根据假设的连贯情境模型的维度来区分文本结构,比较了三种不同导航设备的电子文本版本和文本结构可视化版本在方向、导航、眼动、文本结构和内容的心理表征(情境模型)等方面的差异。结果表明,在文本结构可视化不可用的情况下,读者对文本结构的表征向情境模型重组。闫秀梅等人探讨了文本空间描述的复杂程度对空间情境模型建构的影响,他们的实验表明,简单空间描述条件下,读者对文本所描述的位置信息进行表征,建构以类别距离为基础的空间情境模型;文本空间描述较复杂时,读者没有建构深层次的空间情境模型,只对所描述内容保持最基本的文本表征。帕纳伊奥拉·肯德欧(Panayiora Kendeou)等探讨了在读者理解科技语篇过程中,先验知识和语篇结构对认知过程的影响。他们的研究结果表明,读者的加工过程是先验知识与文本结构相互作用的结果。对于有错误先验知识的读者,只有当他们阅读了一篇结构明确反驳这种先验知识的文本时,错误的先验知识才会调整。

以上研究成果表明,用户理解和吸收知识的过程不仅受到知识表征形式的影响,还受到用户自身认知结构的影响。

5.1.3 认知视角下的用户信息需求挖掘

认知(Cognition)是人脑最高级的信息处理过程,贯穿于问题求解、概念形成和语言理解等复杂的人类行为中。认知视角下的知识服务是从用户已有的认知结构出发,在对相关信息资源进行分解、表征的基础上,使其部分或全部地与用户的认知结构相融合的过程。其中,首先涉及用户认知需求的挖掘问题。

认知视角下用户信息需求的挖掘源于个性化信息服务系统的研究思路,即通过建立用户模型,将用户所需的信息从全局信息空间中分离出来,形成与用户需求匹配的个性化信息集合。根据技术细节的不同，该思路的实现方法可分为以下几种：

（1）"伪预测"机制，包括基于内容的和基于协同的信息过滤。前者旨在发现与用户已有兴趣相似的资源，后者则通过发现与当前用户兴趣相似的其他用户的行为对象进行推荐。

（2）基于数据挖掘的"概率预测"机制，如基于点击流的协同过滤、基于关联规则的个性化服务方法。

（3）基于信息"内容与逻辑关联"的机制，如基于领域本体、语义网、知识关联的需求预测等。前两种方法本质上是对用户的相似性以及用户特异的大概率行为模式的挖掘，其优点是理论成熟，计算方法较简单。但由于此类方法只是单纯基于关键词向量空间建模，并不能十分准确地反映文档的语义信息和用户的个性化信息，因而并不适用于对细粒度用户深层次需求的挖掘。

随着个性化和定制化服务要求的提高，第三种方法，即以知识和理解为基础，从框架结构、激活理论、建构原则等角度研究用户知识的心智表征，从而建立用户认知常规模式的方法，越来越受到重视。认知层面的信息需求研究认为，用户信息需求产生于时空环境下人面临问题时的认知状态与解决问题需要达到的认知状态之间的差距。然而，由于这些认知状态通常没有统一的标准和模式，加之信息需求的多维化和心理认知的模糊性，认知状态难以被全面表述，对用户认知需求的形式化表征造成了一定的障碍。为了解决这一问题，研究人员尝试从用户认知的某一维度进行突破，如基于层次的认知需求分类，谢海涛等基于"马斯洛需求层次理论"设计了分析信息类别与信息行为所对应需求层次的机制，包括信息层次模糊本体和信息行为层次判定模型，在此基础上提出了面向行为动机的个性化信息服务模型。李枫林从认知目标分类的观点出发，探讨了用户信息需求层次与认知目标分类的相似性。在对用户信息需求层次特点进行分析的基础上，提出三个信息需求层次，并对相应层次的信息需求特点进行探讨。另外，部分学者着力于补充认知过程中的缺省信息，谢强等利用本体模型对多异构知识源进行集成，在此基础上将企业的任务进行分类，建立任务类知识需求模型，同时根据用户已有的知识建立用户模型，将两者进行比对得到用户在完成某项任务时的知识需求。

5.1.4　内容重组实现思路

有别于以人为主体的认知语言学研究，基于理想认知模式的出版内容重组研究有其自身的特点，即基于用户认知机制的计算语言研究。换言之，研究起始于以人为中心的问题，但却要以计算机为主体展开实现。因此，研究涉及两个层面的内容，第一个层面是出版文本内容自身所具有的结构和所蕴含知识的分析，包括负载知识的单元、知识的呈现机制等；第二个层面是用户吸收和理解知识的认知过程的分析，包括用户新知识单元的触发机制、用户进行知识拓展的机制等。

本章从用户理解和利用信息的认知机制出发，探索满足用户个性化信息需求的服务机制，构建基于用户认知模式的出版内容重组框架。该框架的构建基于以下出发点：人们理解和组织知识的方式是范畴化，而对于范畴化过程的理解，本章遵循经验实在主义的观点，即认知模式界定的、以原型为基础的范畴观。具体来说，用户理解和利用信息的过程是基于自身已有的认知模式(Cognitive Model)来构建所接收信息指称意义的心理表征(Mental Representation)的过程，而在这一过程中，为了实现对所接收信息指称意义的理解和内化，用户动用了个人范畴化的能力。通过认知模式寻找到表现出原型效应(Prototype Effect)的认知参照点，并以此为基础对新的知识进行内化或顺应。基于以上范畴化观点，满足用户认知需求的出版内容重组服务从已有的成型的内容资源(本章聚焦于文本形式的内容资源)出发，将涉及内容生产者和用户两个主体，内容生产者的心理表征通过多维度(本章定义为"词—句—篇章"的层级结构)的文本表征空间进行呈现，其中不仅包含对应于真实世界和可能世界的概念范畴层面，还涉及对语言各功能模块(从音位、词法、句法到篇章等单位)的范畴化。用户心理空间同样也是一个复杂的多模块结构，意义的实现不仅需要语境、情境等认知框架的投射，还需要新的输入信息与先验知识之间的联想触发、映射或匹配机制。因

5 基于理想认知模型的内容重组框架

此,基于用户认知需求的出版内容重组必须放在一个多维的整体概念框架中进行实现,本章中这一整体概念框架由理想认知模式表现。无论是文本表征空间还是用户心理空间,都是一个复杂的结构体,然而出版内容重组过程是一个从文本表征空间转移到用户心理空间的过程,因此本章在两个空间之间假设一个理论上的信息加工层次——一个纯概念范畴的认知平面,作为两个空间之间的转化接口,并在此平面上讨论出版内容重组的服务机制,即构建出版内容重组框架。从另一个角度理解,该纯概念范畴的认知平面的构建也遵循以下观点:将概念视为思维的细胞形式以及理性认识的基本逻辑要素。最后,在所构建的出版内容重组框架的基础上,根据具体的应用场景提出相应的知识服务方案。

5.2 理论基础和出版内容重组框架设计

出版内容重组需要从内容资源的表象呈现对象出发,结合对用户认知机制之本相的理解和分析,对文本呈现的内容资源中的知识单元进行重新表征,并动态结合于用户已有的认知结构当中。这一过程的形式化过程首先需要在理论探讨的基础上厘清逻辑脉络,因此本节旨在论述本章所涉及的相关理论,并基于对这些理论和上述相关研究成果的分析,设计出版内容重组框架。

5.2.1 理论基础

出版内容重组框架的构建首先涉及经验实在主义的范畴观,即认知模式界定的、以原型为基础的范畴观。在此范畴观的指导下,将基于用户认知需求的出版内容重组置于理想认知模式这一整体概念框架中展开讨论并加以设计,其理论基础部分包括经验实在主义的范畴观和理想认知模式这两个理论。

5.2.1.1 经验实在主义的范畴观

范畴观是指如何看待范畴的界定、范畴的分合、范畴的形成,

5.2 理论基础和出版内容重组框架设计

统称如何看范畴和范畴化（Category and Categorization）。范畴和范畴化是认知科学的中心议题，有了范畴和范畴化，概念才得以形成，经验才变得有意义。范畴化是本章进行知识组织和理解的基本途径，是本章进行思维、感知、行动和言语的基本方式。当本章把某一事物看作某类事物、推断事物的种类、有意识地进行某一类活动时，都在进行范畴化。理解范畴和范畴化才能理解本章的思言知行，探讨人们如何进行范畴化对理解人们是如何理解和进行思维活动的十分重要，对于出版内容重组而言也至关重要。

目前已有的范畴观主要遵循经典客观主义和经验实在主义两种观点，前者认为范畴是离散的，由一些客观的特征或必要充分条件界定，符合这些特征或条件的就属于这个范畴，不符合的就不属于这个范畴。例如，认为名词是名词，动词是动词，都是"为此范畴所有而它范畴所无"的语法特征。该离散的范畴观中，范畴是根据其成员的共同特征划分的，当且仅当这些事物拥有一定的共同特性，它们才会被认为属于同一范畴。同时，这些事物所具有的共同特性，又被用来界定这一范畴。这种以先验的思辨为依据得出的哲学主张符合本章对范畴的直觉性认知，但这仅仅反映了范畴化的一部分内容，实际的范畴化过程远比上述情况复杂得多。例如上文提到的异构问题，各种实体并不具有一个特定的特性，或者该特性是十分模糊的，因此就会出现某些实体或属于或不属于由该特性定义的范畴。然而在客观主义的精神中，能够考虑到该实体某种程度上具有一个特性的可能性，因此可以说该实体也是一个相应范畴的成员。美国控制论学家扎德（Zadeh L A）提出的模糊集合理论就是基于这种离散范畴的划分加以扩展，以符合客观主义模糊化版本。

从维特根斯坦在哲学领域提出家族相似性理论以来，上述经典的范畴观受到了质疑和挑战，这种质疑和挑战立即引起了人类学家、心理学家和语言学家的兴趣和注意，他们分别在各自领域论证范畴是连续而非离散的。该范畴观认为范畴无法用一些客观的特征或条件来界定，一个范畴的内部成员地位不均等，有的是典型成员，有的是非典型成员，无法找出共同特征（只有"家族相似性"），所以连续范畴也叫原型范畴（Prototype Category）。在此范畴观的指导下，通过不同领域学者的共同努力，学界很快提出了原型范畴化。此后，功能主义语言学家又针对原型范畴化存在的问题做出一系列补充。

本章所遵循的就是一种由功能主义语言学家所完善的原型范畴化理论——一种依据原型理论（Prototype Theory）的范畴观，即人类划分范畴时所依据的原则是由认知模式界定、以原型为基础的。该理论指出，范畴结构在理性活动中发挥作用，在许多情况下，原型起着作为各种认知参照点的作用，并建立起推理的基础。

5.2.1.2 理想认知模式

1987年，认知语言学家乔治·莱考夫（George Lakoff）结合了查尔斯·菲尔墨的框架语义学（Frame Semantics）；乔治·莱考夫和马克·约翰逊（Mark Johnson）的隐喻、转喻理论；罗纳德·兰艾克的认知语法（Cognitive Grammar）和吉尔斯·福康涅（Gilles Fauconnier）的心理空间理论，提出理想认知模式（Idealized Cognitive Model, ICM）这一认知理论术语。所谓理想认知模式，是指特定的文化背景中，说话人对某领域中的经验和知识所做出的抽象的、统一的、理想化的理解，这是建立在许多认知模型之上的一种复杂的、整合的完型结构，也是一种具有格式塔性质的复杂认知模型。ICM是最基础的认知单元，每个ICM都是一个复杂的结构整体，即格式塔结构。

关于ICM的组成结构，乔治·莱考夫提出四种结构：(1)查尔斯·菲尔墨框架语义学中的命题结构；(2)罗纳德·兰艾克认知语法中的意象图式结构；(3)乔治·莱考夫和马克·约翰逊所描述的隐喻映射；(4)乔治·莱考夫和马克·约翰逊所描述的转喻映射。其中，命题型ICM中，命题结构是指不使用相似性手段（如隐喻、转喻或心理联想）的结构；意象图式是基于本文的直接经验进行构造的，例如整体—部分图式、中心—边缘图式、源头—路径—目标等。当将某一事物理解为拥有一个抽象结构时，就是根据意象图式型ICM来理解这种结构的；隐喻、转喻型ICM中，隐喻和转喻的映射涉及源头域和目标域。其中，源头域是结构化的命题或意象图式模型，通过映射作用，源头域和目标域的相应结构得以连接，由此实现隐喻和转喻映射。用户理解某一概念的核心环节是语言符号在大脑中激活其理想认知模式(ICM)。例如，乔治·莱考夫认为"母亲"的理想认知模式包括生殖模型、遗传模型、养育模型、婚姻模型、谱系模型。在现实生活当中，"母亲"的用法并不完全与理想认知模式相同，可能会凸显一个或几个认知模型。又如，英语"board"一词的释义包括：(1)名词，木板、甲板、膳食、董事会；(2)及物动词，用板盖上、上(飞机、车、船等)、提供膳宿；(3)不及物动词，寄宿。若board出现在"公司"ICM中，则决定了其含义为"董事会"，如chairman or president of the board(董事会主席或董事长)；若出现在"交通"ICM中，则释义为"船"，如FOB(Free on Board，离岸价，船上交货价)；若出现在"饮食"ICM中，则为"伙食"，如board and lodge(食宿)；出现在"用具"ICM中，则为"木板"，如draw nails from the board(把钉子从木板里拔出来)。

关于基于ICM的认知实现过程，乔治·莱考夫指出，每个适用的ICM都会构造一个吉尔斯·福康涅所描述的心理空间，而基于心理空间的认知过程遵循以下原则：(1)避免在一个心理空间内的相互矛盾；(2)在毗邻心理空间之间将共同的背景假设扩展到最大限度；(3)被引入一个心理空间的前台要素，在未来心理空间中会变成背景。由此，吉尔斯·福康涅提出了概念整合网络以及概念整合过程，如图5-4所示，图中的两个输入空间都有各自的构成元素(圆圈中的点)，其中对应元素之间存在着部分映射关系(用实线表示)，这些元素被投射至类属空间，使下一步整合成为可能，同

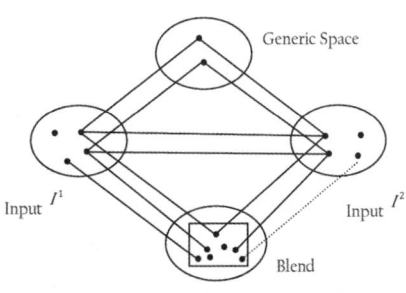

图5-4 概念整合网络以及概念整合过程

时对整合范围作了限定。有些对应元素进入整合空间时融为一体，有些则保留原样直接进入整合空间。有时，输入空间中不具有相互对应关系的元素也会进入整合空间，经过组合、完善、扩展环节，整合空间还可能形成一些各输入空间都不具备的新元素，但更为重要的是，它具备了一个特有的层创结构(用矩形表示)。

5.2.2 出版内容重组框架

本章设计的出版内容重组框架如图 5-5 所示，该框架在认知模式界定的范畴化观点下，描述了用户阅读通过文本表征空间进行呈现的出版内容后，在自身已有的认知空间(用户心理空间)中构建出版内容所指称意义的心理表征的过程。该框架划分出内容资源生产侧的文本表征空间和内容资源消费侧的用户心理空间，而心理表征空间是纯概念范畴的，用于连接两个空间的认知平面。

在文本表征空间中，对比较固定的传统印刷文本结构进行拆解，将其划分为一个多功能模块的层级结构，包括有形态、概念、语义、篇章等语言功能的结构范畴和纯概念范畴。在这一空间中，内容资源分解的输出数据，即出版内容所包含的知识通过纯概念范畴传递，语言功能结构范畴对这一知识的呈现方式予以辅助。心理表征空间是文本表征空间与用户心理空间二者之间的接口，其功能包括接收内容资源分解的输出数据，以及转化用户心理空间的输入数据两个部分。用户心理空间的输入是由理想认知空间转化而来的纯概念范畴结构以及用户原有的认知结构信息，用户理解和利用包含于内容资源的知识的过程就是用户在这一概念范畴层面的概念同化或顺应过程，表现为两个理想认知空间在这一认知平面中概念范畴的激活和合成机制。

本章从认知模式界定的、以原型为基础的范畴化概念出发，挖掘用户在阅读文本出版内容过程中理解和利用信息的机制，探索满足用户个性化信息需求的服务机制。首先探讨科技文献文本表征空间的多模块结构，以此指导科技文献出版内容的分解工作；然后探讨用户理解和利用信息的认知模式，以输出符合用户信息需求的概

5.3 出版内容的文本表征空间

念范畴作为内容重组工作的对象；最后根据具体的应用场景提出相应的知识服务方案。

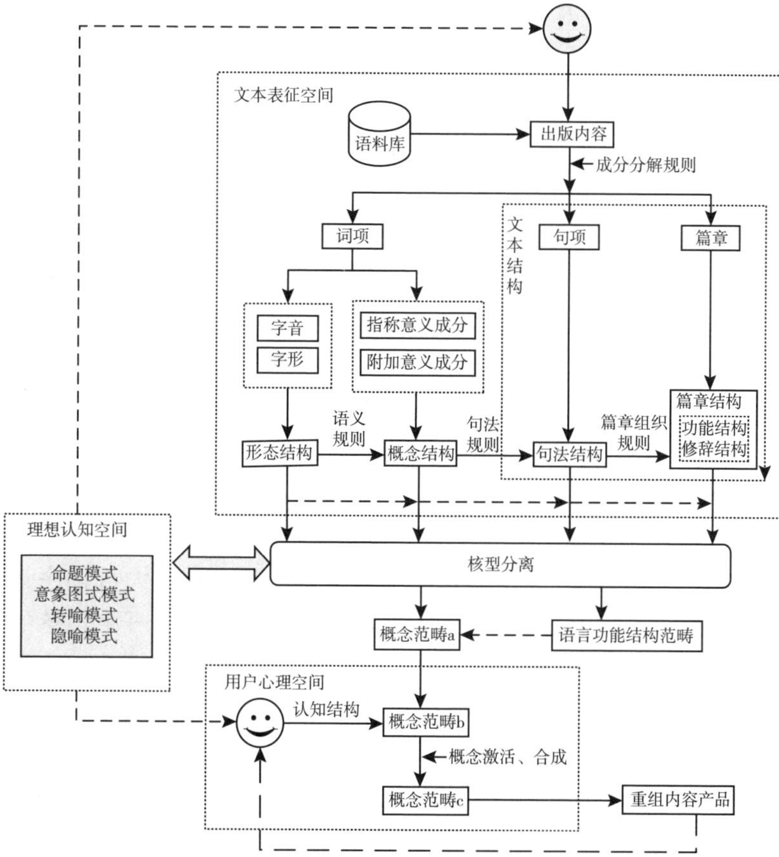

图 5-5 出版内容重组框架

5.3 出版内容的文本表征空间

文本表征空间主要包括出版内容所包含的知识以及这些知识的文本形态呈现方式，如前文所述，本章将传统印刷文本结构进行拆解为形态、概念、语义、篇章等语言功能结构范畴和纯概念范畴，旨在将出版内容所包含知识的表征形式转化为更便于出版内容重组的形式，以作为用户心理空间的输入满足其信息需求。本节首先对出版内容资源文本表征空间各层次范畴体系的组成单元及结构进行分析和探讨，以为内容资源分解提供指导，将出版内容所包含知识的表征形式进行转化。

5.3.1　文本表征空间的组成单位

在知识表征前期，信息是以概念的形式存储的。概念表征作为人类记忆的部分存储在大脑中，在知识表征中一旦涉及相应概念，概念就会被激活并以合适的模型（如语义网模型、特征比较模型、联结主义模型等）进行组织以完成知识的表征。概念语义学派也认为，语义的心理表征形式是概念结构（Conceptual Structure）。但是，语言理解活动涉及的不只是语言的概念范畴，还包括其他层面的规则，如形态、语法、篇章结构等，这些语言功能模块也是知识传递过程中不可分离的部分，它们辅助于概念范畴的意义指称，为意义表述提供一定的结构框架。这些功能模块单位由小到大可排序为词、短语、句子和段落，最后形成篇章。词、短语、句子和段落的定义均比较明确，此处对篇章这一概念加以说明。篇章在英文中常用"discourse"表示，它不是由句子堆积成的简单序列，而是由一系列结构衔接、语义连贯的短语、子句、句子或段落构成的具有独立语义的自然语言文体。篇章虽然在形式上由句子序列构成，但当句子次序没有内在关联时是不能构成篇章的，衔接性（Cohesion）、连贯性（Cohenrence）、情景性（Situationality）等是篇章的必备特征。

5.3.2　语言功能模块

除了概念范畴，语言其他功能模块如形态、语法、篇章结构等辅助于概念范畴的意义指称，为意义表述提供一定的结构框架。本章的出版内容重组主要关注这些功能模块在出版内容分解中担任的角色，即利用科技文献的词项、句法、篇章层面的原型效应对概念

5.3 出版内容的文本表征空间

权重赋值,下文将对句法和篇章中的相关原型效应进行总结和分析。

5.3.2.1 基于依存文法的句法分析

句法分析又称文法分析,是指根据给定的语法,自动识别出句子所包含的句法单位和这些句法单位之间的关系,目前常用的是基于依存文法的句法分析。依存文法理论认为每个句子中存在一个唯一的中心词,支配着句子中其他所有的词,其他词直接或间接依赖于中心词。述语动词是句子中支配其他成分的核心,而它本身却不受其他任何成分的支配,所有的受支配成分都以某种依存关系从属于其支配者。依存文法句法结构的主要元素是依存关系(Dependency Relationship),即句子中词对的二元关系,其中一极为核心词(Head),另一个极为依存词(Dependent)。总结来说,依存关系反映的是核心词和依存词之间语义上的依赖关系。宋甜将基于依存文法的句法分析应用于自然查询语言的转述,采用基于数据库语义的词法分析和句法分析方法,提出了基于语义依存分析模型与文法识别的汉语查询语言解析方法,中间语言采用了语义依存树的形式,然后通过依存关系划分和文法识别实现自然语言的转述,将查询语言解析为结构化的信息。

5.3.2.2 篇章功能结构和修辞结构

自然语言的单位由小到大可以分为词、短语、句子和段落,最后形成篇章。很多学者的研究主要集中在词汇和单句层面,还需要从更大的语义网络——篇章来考察二者的关系。篇章是人类思维的复杂意义表征,它涉及更复杂的背景知识、语义构建、概念整合和加工。笔者认为,科技文献的篇章结构分为功能结构和修辞结构两部分。一方面,学科知识文本结构为学科知识的客体提供了固定形式,学科知识文本生成依赖于文本结构的形成。因此有大量研究关注于科技文献固有的论述逻辑结构,即科技文献本身固有的功能性结构。另一方面,篇章虽然在形式上由句子序列构成,但没有内在关联的句子次序并不能构成篇章,因此篇章的呈现符合并遵循人类进行知识组织的修辞结构。

(1)功能结构:有序层次组织结构。

文档的结构是层次结构，出现在较大内容中的较小内容对象（如章节中的节或节中的段落、块引号和其他对象）按一定顺序出现，遵循有序层次（Ordered Hierarchical of Content Object，OHCO）的组织结构。自 1665 年诞生以来，科学论文的知识文本结构经历了许多变化。最初主要是信件和实验报告的形式，信件通常一人写作，同时涉及几个主题，实验报告则纯粹是描述性的，按照时间顺序呈现。在 19 世纪后期，一种更为结构化的形式成为主流，这些文章以"理论—实验—讨论"的结构组织起来，成为现代期刊论文结构的雏形。在 20 世纪，形成了"介绍—方法—结果—讨论"（Introduction，Methods，Results and Discussion，IMRD）的通用结构用于修辞论证。在实践中，IMRD 通用模式存在稍许差别。例如，获取科学出版物内修辞论证结构的早期模型之一——Harmsze 的模型，通过粗粒度结构将一篇文献分为元信息、研究定位、研究方法、研究结果、解释说明和未来工作等 6 个模块。Waard 提出的 ABCDE 模型，一种科学出版物的修辞块结构框架，将科技文献分为 5 个部分：注释（Annotations，与每篇文献相关的元数据集合，常由都柏林核心集中元素表示）；背景（Background，描述了目前研究的进展和存在的问题）；贡献（Contribution，是作者进行的工作和取得的成果）；讨论（Discussion，作者将自己的工作与其他研究途径进行对比，同时也包括了未来将要开展的研究）；实体（用来表示参考文献、作者简介和项目网站等）。CISP 模型针对实验型研究论文，设置了 8 个关键类，包括调研目的、方法、试验、结果和结论等。MKA 模型将研究论文分为理论性和试验性两类，并进一步下分问题、假设、试验、结论等部分。

（2）修辞结构：修辞结构理论。

修辞结构理论（Rhetorical Structure Theory，RST）是 20 世纪 90 年代，南加州大学信息科学学院一些致力于自然语言生成的研究人员通过对 400 多个文本（包括广告、科技文章、报纸、信件等多种文本类型）进行研究所得。尽管该理论是一个面向许多篇章组织现象的描述性语言学方法，但是它并非起源于描述性理论传统。RST 理论最初是为了实现计算机文本自动生成而构建的研究文本运作机制(即文本工作原理、文本连贯性实现方法等问题)的普遍性理论。

RST 理论通过描述文本各部分的修辞关系来分析篇章的结构和功能,认为功能语句(Span)是最基本的篇章单位(Elemental Discourse Units, EDUs),篇章的连贯性可以通过 EDUs 及联结 EDUs 的修辞关系所组成的层级结构进行刻画。层级的复杂程度与篇章语义的复杂程度相关,语义越复杂,层级越多。EDUs 又分为核心(Nucleus)和卫星(Satellite)两种,前者是表示中心信息的单元,具有相对完整的语义;后者则是次要的内容,作用于核心部分。联结文本段的关系被称为修辞关系(Rhetorical Relations)。根据联结的 EDUs 的类型,修辞关系又可分为并列型的"多级核心(Mulitinuclear)"关系和主从型的"核心—卫星(Nuclear-satellite)"关系(又称单核关系)。主从型关系又可进一步分为"表述(Presentational)"和"主题(Subject-matter)"关系,前者所要达到的效果是加强读者的某种倾向,如行动的愿望,或对核心单位表述内容的赞同、信仰或接受程度,具体包括背景、让步、证据等关系;后者则意在让读者识别谈论话题之间存在着某种关系,如环境、条件、详述等关系。

5.3.3　基于语言功能模块的关联语义链网络构建

面对规模海量、增量快速、分布松散、关联稀疏的出版内容文本数据,如何对其中的语义信息进行有效组织,是一个不可忽视的问题。每个词反映细粒度的语义内容,词之间关联反映细粒度的语义关系。关联权重大的关联关系易形成语义的聚集,而聚集形成的语义倾向于讨论同一个主题。基于上述思想,本章使用关联语义链网络(Association Link Network, ALN)对出版内容分解获得的词项进行组织:给定一个由 n 个文档组成的科技文献集合 $D=\{d_1, d_2, \cdots, d_n\}$,每篇文本由主题一致的相关词汇 $d=\{n_1, n_2, \cdots, n_m\}$ 组成,一篇文本可由这些词构成的有权图进行表示,有权图的边表示其所连接的两个词之间具有的语义关系,边的权重表示语义关系的强度。关联语义链网络可以形式化定义为:

$$ALN = < C \mid N, L > \tag{5.1}$$

其中，C 表示语义集合，由词构成的语义节点集合 N 和有权关联语义链集合 L 的子集构成。

5.3.3.1 词项权重赋值

解构出版内容指的是从固定的文本格式中抽取出可以反映文本资源最核心内容的概念网络的过程。为了获取文本的关键概念词汇，最常用的方法是利用词频信息，即运用文本中最频繁出现的词汇反映整个文本所表达的信息。但简单的词频统计会损失文本原有的部分信息。因此，基于对文本表征空间各模块的分析，笔者将句式结构和篇章结构纳入概念抽取的过程中，充分利用文本结构中各位置的相对重要性。例如，在词性方面，相比于形容词，名词的重要程度更高；篇章功能结构中，出现在标题中的词比出现在摘要中的词更能反映文献的主题，而出现在摘要中的词则比出现在正文中的词在反映文献主题方面更有价值；在篇章修辞结构中，处于核心句的词项具有更高的相对重要性，而处于卫星句的词项则次之。笔者在构造词语权值函数时考虑了词频和位置两个因素，可以用词语权值函数表示如下：

$$weight_i = pos_i * (fre_i + loc_i + rs_i)$$
$$pos_i = \begin{cases} 0, & pos_i \in \{'n', 'x', 'vn', 'eng', 'l'\} \\ 1, & else \end{cases} \tag{5.2}$$

其中，$weight_i$ 表示词语 i 的权重，pos_i 表示词性，fre_i 表示词频因子，loc_i 表示篇章功能结构对应的位置因子，rs_i 表示修辞结构对应的修辞结构因子。

5.3.3.2 语义关系强度计算

除了节点的选择，构建关联语义链网络最重要的就是正确评估节点之间的关系，笔者将两个节点的边关系，即两个词之间的语义关系强度定义如下：

$$L(w_i, w_j) = \frac{C(w_i, w_j)}{\sqrt{DF(w_i)DF(w_j)}} \tag{5.3}$$

式中，$L(w_i, w_j)$ 表示词 w_i 与词 w_j 的语义关系强度；$C(w_i,$

5.3 出版内容的文本表征空间

w_j)表示词w_i与词w_j的共现概率,用以统计它们出现在同一篇文本中的频率;$DF(w_i, w_j)$表示词出现在文本中的概率,用以统计它们在文本集中的篇频。$C(w_i, w_j)$由词w_i相对于词w_j的相对共现度$f(w_i | w_j)$计算得到,即词w_i和词w_j在同一句子、同一段落或者同一文档中共同出现的次数:

$$C(w_i, w_j) = \frac{f(w_i | w_j)}{f(w_i)} \quad (5.4)$$

相对共现度$f(w_i | w_j)$的计算同时考虑到了统计和语义信息,包括词性、词的位置以及逆向词频:

$$f(w_i | w_j) = \sum_{k=1}^{m} (\lambda_k Cocur(w_i, w_j)) \quad (5.5)$$

式(5.5)中,m为文档包含的结构如题目、摘要、正文等的数量;对于文档来说,不同篇章功能结构部分词项的重要程度是不同的,如摘要词项的重要程度要大于正文词项。$\lambda_k(\lambda_k \geq 0)$用于体现这种差异;$\lambda_k$越大,表明相应的篇章功能结构对关键词提取的重要程度越大;$Cocur(w_i, w_j)$表示词w_i和词w_j在文本不同部分共同出现的次数。

5.3.4 辐射状范畴结构的关联语义链网络构建

根据乔治·莱考夫的观点,理想认知模式包括意象图式型、命题型、隐喻型、换喻型四种。这四种模型的关系如图5-6所示,意象图式和命题型结构是理想认知模式的静态结构,而隐喻和转喻模型涉及从源头域到目标域的动态映射机制。其中,源头域是结构化的命题或意象图式模型,通过映射作用,源头域和目标域的相应结构得以连接,由此实现隐喻和转喻映射。

理想认知模式的静态结构中,意象图式是体验性在认知上的体现,是基于感觉感知和互动体验之上形成的,先于概念和语言的抽象结构;是一种"与人类经验相关联的具体意象的组织结构,是为了把空间结构映射到概念结构从而对感知经验的凝缩与再描述",是理想认知模式中最基础、最底层的结构。乔治·莱考夫认为意象

5 基于理想认知模型的内容重组框架

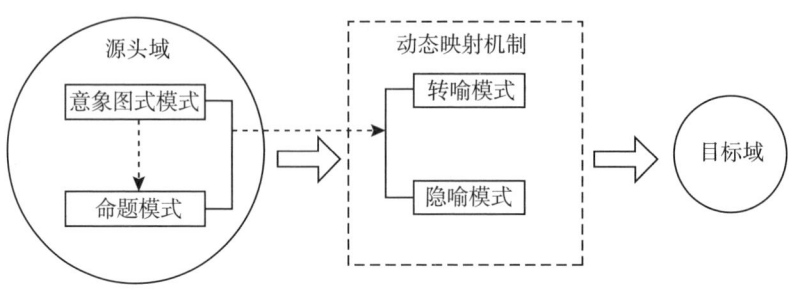

图 5-6 理想认知模式的组成

图式指的是文章日常体验中经常出现的比较简单的结构，如容器图式、路径图式、力量图式、平衡图式，以及各种方位、关系图式等。意象图式是人们在对多个具有相似性个例进行反复感知的基础上，逐步概括形成的某种抽象性框架结构，是介于感性和理性之间的一个重要环节。由于意象图式是业已抽象了的认知结构和知识表征，已脱离了事物具体而丰富的形象，受限于其形式化表征难度，本章主要对命题型理想认知模式的结构进行讨论。

5.3.4.1 命题型理想认知模式

除了意象图式型结构，理想认知模式的另一种静态结构是命题型结构。命题型理想认知模式包括实体和结构，实体是用于描述理想认知模式要素的集合，而结构则由要素特性和要素之间的关系组成。实体中的要素或是基本层次概念，即实体、行为、状态、特性等，或是其他类型的认知模式。命题型理想认知模式与客观主义经典范畴观相似，因为它们包含各种实体，有着各种特性以及相互间的关系。美国认知心理学家大卫·鲁姆哈特（David Rumelhart）构建的图式理论就是具有特征的命题模式，部分解释了理想认知模式下的认知呈现方式。每种图式都是由节点（Node）和连接（Link）构成的网络系统。图式中的每个节点都与一个概念范畴对应，概念范畴的各种特性取决于表现为特定图式节点作用的众多因素，包括特定图式中节点的作用、图式中节点间的关系、图式间的关系以及图式和概念系其他方面的整体互动等。可以看到，命题型理想认知模式近似于马文·明斯基的框架、大卫·鲁姆哈特的图式以及查尔

5.3 出版内容的文本表征空间

斯·菲尔墨的框架,都是网络结构,具有把命题信息进行编码的标签分支。

但是,命题型理想认知模式也与这些模型有所区别,其以认知模型,即为了模拟人类认知而人工构建的认知对象、认知架构、认知模拟的统一体,是认知活动的基本单元。理想认知模式的含义远不是图式理论等所能描述的,但是可以通过这些模型表现其复杂性。乔治·莱考夫将理想认知模式中的命题结构罗列为以下几种:(1)简单命题结构。由实体要素(论元)和控制这些论元的基本谓项组成的命题结构。(2)情节结构。类似于脚本概念,由起始状态、一系列事件和最终状态三个实体组成。许多概念是根据情节的理想认知模式而描述其特征的,例如"服务员"这一概念的特征描述就与饭店的情景有关。(3)特性集合结构。特征的积聚,其实体的要素就是特征;(4)传统分类结构。分类模式服务于分类者的目的,根据其特征给某一领域的所有实体划分范畴。传统分类结构往往呈现为树状层级结构,每一更高级的范畴都是一个整体,而直接位于其下的范畴都属于部分。在每一层级里,各个范畴都是不相重叠的。传统分类具有基本的语义约束,每一范畴都是由特性集合来定义的经典范畴,每一范畴的每一成员都有包含于该范畴特性集合中的全部特征。用来界定较低层次范畴的特性集合则包含在界定较高层次范畴特性集合的所有特征值中。(5)辐射状范畴结构。辐射状范畴是按照中心—边缘图式构建的。某个子范畴是中心,其他子范畴则通过各种各样的链环与这一中心范畴发生联系。非中心或许是"次中心",即它们可能由更深一层的中心—边缘结构施加于其上。(6)层级性结构。区别于界限鲜明、没有任何内部结构的经典范畴。在层级性范畴中,界限是模糊的,它被赋予一种"宽度",即其要素并不只是在内部或外部,而可能位于模糊的界限区域。(7)层级性命题。用于界定一个个体所具有的特定特性的程度(如某人高大或富裕的程度)的线性尺度。

5.3.4.2 辐射状范畴结构

限于篇幅,本章内容无法对以上所有命题型理想认知模式一一进行深入阐述,因此选取其中一种结构——辐射状范畴结构进行展开。选择该结构的原因有以下几点：(1)范畴的辐射状结构是原型效应的一个重要来源，是经验实在主义连续性范畴观的重要体现。(2)在一般的辐射状范畴中，非中心子范畴被理解为中心子范畴的变体。中心模式决定了引申的可能性，并决定了中心模式和引申模式的可能关系。笔者把中心模式的引申机制归结为由中心模式通过某些一般引申规则激发而成。这与已有的概念层面的知识表征和存储机制(如激活扩散模型)相呼应，可以与已有的研究成果建立联系。(3)笔者希望研究的结果能在计算机上模拟实现和验证，辐射状范畴结构规定了范畴的界限这一概念，可与类似于聚类算法对类的描述形成联系，便于利用图的形式化表示方式对其进行表示并做进一步计算。

人类在心理语言的概念识别过程中是有一定先后条件的。首先，心理词库中存在有"原型概念"；其次，通过"原型概念"驱动经验和想象；最后，在驱动经验和想象过程中，参照"家族相似性"(Family Resemblance)进行内部结构判断，形成辐射状原型结构，如图5-7所示。

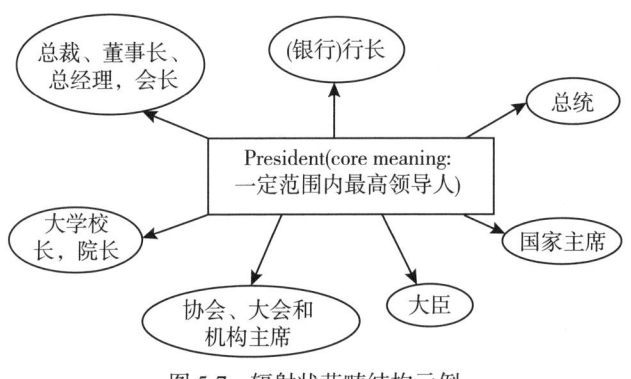

图5-7 辐射状范畴结构示例

以一词多义现象为例，"President"这一范畴的核心意义处于中心位置，被认为是语义范畴最具代表性的义项，也即其原型义项，其他意义都是围绕它而逐步产生的，且与核心意义有着直接联系。以家族相似性的方式向外扩展，形成辐射状结构。派生义项从原始

5.3 出版内容的文本表征空间

斯·菲尔墨的框架,都是网络结构,具有把命题信息进行编码的标签分支。

但是,命题型理想认知模式也与这些模型有所区别,其以认知模型,即为了模拟人类认知而人工构建的认知对象、认知架构、认知模拟的统一体,是认知活动的基本单元。理想认知模式的含义远不是图式理论等所能描述的,但是可以通过这些模型表现其复杂性。乔治·莱考夫将理想认知模式中的命题结构罗列为以下几种:(1)简单命题结构。由实体要素(论元)和控制这些论元的基本谓项组成的命题结构。(2)情节结构。类似于脚本概念,由起始状态、一系列事件和最终状态三个实体组成。许多概念是根据情节的理想认知模式而描述其特征的,例如"服务员"这一概念的特征描述就与饭店的情景有关。(3)特性集合结构。特征的积聚,其实体的要素就是特征;(4)传统分类结构。分类模式服务于分类者的目的,根据其特征给某一领域的所有实体划分范畴。传统分类结构往往呈现为树状层级结构,每一更高级的范畴都是一个整体,而直接位于其下的范畴都属于部分。在每一层级里,各个范畴都是不相重叠的。传统分类具有基本的语义约束,每一范畴都是由特性集合来定义的经典范畴,每一范畴的每一成员都有包含于该范畴特性集合中的全部特征。用来界定较低层次范畴的特性集合则包含在界定较高层次范畴特性集合的所有特征值中。(5)辐射状范畴结构。辐射状范畴是按照中心—边缘图式构建的。某个子范畴是中心,其他子范畴则通过各种各样的链环与这一中心范畴发生联系。非中心或许是"次中心",即它们可能由更深一层的中心—边缘结构施加于其上。(6)层级性结构。区别于界限鲜明、没有任何内部结构的经典范畴。在层级性范畴中,界限是模糊的,它被赋予一种"宽度",即其要素并不只是在内部或外部,而可能位于模糊的界限区域。(7)层级性命题。用于界定一个个体所具有的特定特性的程度(如某人高大或富裕的程度)的线性尺度。

5.3.4.2 辐射状范畴结构

限于篇幅,本章内容无法对以上所有命题型理想认知模式一一进行深入阐述,因此选取其中一种结构——辐射状范畴结构进行展开。选择该结构的原因有以下几点：(1)范畴的辐射状结构是原型效应的一个重要来源，是经验实在主义连续性范畴观的重要体现。(2)在一般的辐射状范畴中，非中心子范畴被理解为中心子范畴的变体。中心模式决定了引申的可能性，并决定了中心模式和引申模式的可能关系。笔者把中心模式的引申机制归结为由中心模式通过某些一般引申规则激发而成。这与已有的概念层面的知识表征和存储机制(如激活扩散模型)相呼应，可以与已有的研究成果建立联系。(3)笔者希望研究的结果能在计算机上模拟实现和验证，辐射状范畴结构规定了范畴的界限这一概念，可与类似于聚类算法对类的描述形成联系，便于利用图的形式化表示方式对其进行表示并做进一步计算。

人类在心理语言的概念识别过程中是有一定先后条件的。首先，心理词库中存在有"原型概念"；其次，通过"原型概念"驱动经验和想象；最后，在驱动经验和想象过程中，参照"家族相似性"(Family Resemblance)进行内部结构判断，形成辐射状原型结构，如图5-7所示。

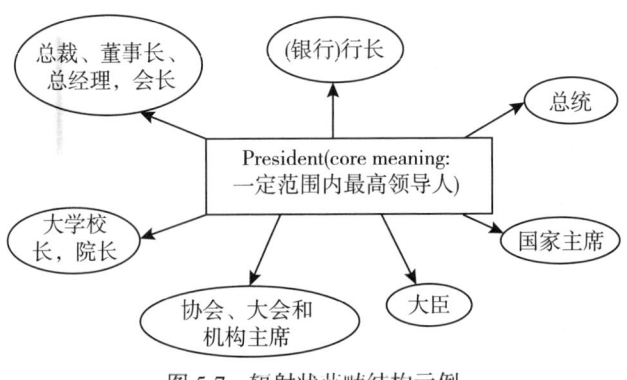

图5-7 辐射状范畴结构示例

以一词多义现象为例，"President"这一范畴的核心意义处于中心位置，被认为是语义范畴最具代表性的义项，也即其原型义项，其他意义都是围绕它而逐步产生的，且与核心意义有着直接联系。以家族相似性的方式向外扩展，形成辐射状结构。派生义项从原始义项出发向四周放射扩大,形成辐射状范畴(Radial Category)。

总结来说,辐射状范畴结构有一个中心子范畴,由一组积聚的认知模式(例如,"母亲"这一范畴的生育模式、养育模式等)所定义。此外,还有一些非中心的引申成员,它们不是中心子范畴的特例,而是各种变体(如养母、生母、义母等)。这些变体由中心模式扩展而成,且这些扩展并不是任意的,中心模式决定了非中心成员引申的可能性,并决定了中心模式和引申模式的可能关系,下文就将重点关注于对这些可能关系的探讨。

5.3.4.3 辐射状范畴结构的关联语义链网络生成

辐射状范畴是按照中心—边缘这一图式构建的。某个子范畴是中心,其他子范畴通过各种各样的链环与这一中心发生联系。非中心或许是"次中心",即它们可能由更深一层的中心—边缘结构施加于其上。范畴发现要求范畴内部连接紧密,而范畴间连接稀疏。单个子范畴的内部结构可由前文所述的关联语义链网络进行形式化表示,而对于各范畴的关联结构,笔者采取基于模块度优化(Modularity Optimization)的方法,所涉及的公式符号罗列如表5-1所示。

表5-1 关联语义链网络生成公式符号说明

符号	说明
$A_{i,j}$	节点 i 和节点 j 之间边的权重
k_i	所有与节点 i 相连的边的权重之和
C_i	节点 i 所属的社区
m	图中所有边的权重之和
$\sum_{in}$	社区 c 内的边的权重之和
$\sum_{k_i}$	所有与社区 c 内节点相连的边的权重之和(因为 i 属于社区 c)包括社区内节点与节点 i 的边和社区外节点与节点 i 的边
$\sum_{k_j}$	所有与社区 c 内节点相连的边的权重之和(因为 j 属于社区 c)包括社区内节点与节点 j 的边和社区外节点与节点 j 的边

续表

$\sum_{tot}$	代替 $\sum_{k_i}$ 和 $\sum_{k_j}$，即社区 c 内边权重和、社区 c 与其他社区连边权重和的和
$k_{i,in}$	是节点 i 到社区 c 中的所有节点的边的权重和

基于模块度优化的方法是一种节点网络的社区结构（Community Structure）发现方法，通过计算社区内连接与社区间连接的相对密度，评估社区划分的优劣，优化目标函数。模块度（Modularity）也称模块化度量值，是目前常用的一种衡量网络社区结构强度的方法，最早由美国密歇根大学复杂系统研究中心教授马克·纽曼（Mark Newman）提出，用于衡量社区发现算法结果的质量，定义为：

$$Q = \frac{1}{2m} \sum_{n_i, n_j} \left(A_{i,j} - \frac{k_i k_j}{2m} \right) \delta(C_i, C_j)$$

$$= \frac{1}{2m} \left[\sum_{n_i, n_j} A_{i,j} - \frac{\sum k_i \sum k_j}{2m} \right] \delta(C_i, C_j) \quad (5.6)$$

$$= \frac{1}{2m} \sum_C \left[\sum_{in} - \frac{\sum_{tot}^2}{2m} \right]$$

由于模块度能刻画社区的紧密程度，因此可以作为社区发现优化过程中的目标函数，模块度越高则社区发现结果越好。模块度值的大小主要取决于网络中结点的社区分配，即网络的社区划分情况，可以用来定量衡量网络社区划分质量，其值越接近1，表示网络划分出的社区结构力度越强，也即社区划分的质量越好。因此，可以通过最大化模块度来获得最优的网络社区划分。然而，由于社区划分的可能结果的总数是一个以社区网络节点数为指数的值，因此在所有可能的划分结果中找出最优划分是一个 NP-hard 问题。针对这一问题，目前已有一些相应算法被提出，以在合理的时间内找出模块度最大的近似最优结果。Louvain 算法就是其中一种，这是基于多层次优化模块度的算法，目前已有一系列研究对其做出了补

5.3 出版内容的文本表征空间

充改进,具有快速、准确的优点,是一种性能较好的社区发现算法,因此本章采用该算法对子范畴间关联结构展开挖掘。Louvain 算法包含以下两个重复迭代的阶段:

第一阶段,假设网络中有 N 个节点,初始化为每个节点分配一个社区,N 个节点就有 N 个社区。对于网络中每个节点 i,计算当把节点 i 从它所在的社区移动到其邻居 j 所在的社区时模块度的增量变化 ΔQ,并把节点 i 移动到使模块度增加最大(非负)的节点 j 所在的社区;若增益为负,则将该节点仍处于原社区中。对所有的节点重复该过程直到没有节点移动,即任何一个节点的移动都不会导致模块度的增加。其中,ΔQ 定义如下:

$$\Delta Q = \left[\frac{\sum_{in} + k_{i,in}}{2m} - \left(\frac{\sum_{tot} + k_i}{2m} \right)^2 \right] - \left[\frac{\sum_{in}}{2m} - \left(\frac{\sum_{tot}}{2m} \right)^2 - \left(\frac{k_i}{2m} \right)^2 \right]$$

$$= \frac{1}{2m} \left(k_{i,in} - \frac{\sum_{tot} k_i}{m} \right)$$

(5.7)

第二阶段,用第一部分所划分出的社区当作节点组成一个新的网络,节点之间边的权重为两个新节点(社区)之间原本的权重之和,处在同一个社区中的节点之间的边形成新网络中该新节点自环的边。然后,对于构建的新网络使用第一部分的方法进行迭代,当网络不再改变也就是出现了最大模块度的时候停止迭代。基于 Louvain 算法的思路,笔者得到以下辐射状范畴结构生成算法:

算法 1 辐射状范畴结构生成过程

输入:关联语义链网络 $ALN = <C \mid N, L>$

输出:子范畴为节点的关联语义链网络 $ALN^* = <C^* \mid C, L>$

步骤 1:将 ALN 中的每个节点看成一个独立的社区,社区的数目与节点个数相同;

步骤 2:对每个节点 i,依次尝试把节点 i 分配到其每个邻居节点所在的社区,计算分配前与分配后的模块度变化 ΔQ,并记录 ΔQ 最大的邻居节点,如果 $\max(\Delta Q) > 0$,则把节点 i 分配 ΔQ 最大的邻居节点所在的社区,否则保持不变;

步骤 3：重复步骤 2，直到所有节点的所属社区不再变化；

步骤 4：对图进行压缩，将所有在同一个社区的节点压缩成一个新节点，社区内节点之间的边的权重转化为新节点的环的权重，社区间的边权重转化为新节点间的边权重；

步骤 5：重复步骤 1，直到整个图的模块度不再发生变化；

步骤 6：**return** $ALN^* = <C^* \mid C, L>$

5.4 辐射状范畴结构的动态激活机制

前文辐射状范畴结构模拟了命题型理想认知模式的静态表征结构，本节则重点探讨该辐射状网络结构的动态运作机制，包括两个部分的内容，一是命题型理想认知模式中辐射状范畴结构网络的节点激活机制；二是从由辐射状范畴结构表示的源头域出发，基于隐喻和转喻映射机制的目标域的挖掘机制。这两种思路的区别在于，前者对概念范畴之间的关联关系的定义是基于共现关系所表示的相似度；后者则是将不同的范畴置于用于模拟人类认知而人工构建的认知对象、认知架构、认知模拟的统一体当中进行考虑。考虑到前者本质上是对子范畴内节点或跨范畴的节点群组的激活，笔者采用扩展激活(Spreading Activation，SA)算法进行实现；后者则需要引入对辐射状范畴结构内的节点信息进行编码的标签分支。

5.4.1 基于相似度的动态激活

上文通过社区结构挖掘算法对辐射状范畴结构进行了模拟，但仅仅是一个静态的结构模型。基于用户需求的知识服务需要根据用户变化的认知需求，从该网络结构中检索得到与用户需求相匹配的子网络。本章采用扩展激活算法对该过程加以描述，扩展激活算法是一种搜索和处理联想网络的方法，模拟了人脑的连接思维过程，以从语义网络的激活节点扩展到所有关联节点的方式对关联信息进行检索。

5.4 辐射状范畴结构的动态激活机制

5.4.1.1 关联语义链网络的激活能量

扩展激活算法可模拟人类记忆及认知过程的简单结构。本章采用扩展激活算法,从关联语义链网络表示的内容资源中检索得到与用户需求相匹配的子网络,并对这一过程进行描述,所运用的公式符号如表 5-2 所示。

表 5-2　　激活能量公式符号说明

符号	说明
$A_{i,j}$	节点 i 和节点 j 之间边的权重
A_i	节点 i 边权重和
α^t	t 时刻的衰减因子
E^t	t 时刻,关联语义链网络上语义节点构成的激活能量矩阵
M	t 时刻,关联语义链网络语义节点间的关联语义链矩阵
$\theta_{i,j}^t$	t 时刻,节点 i 到节点 j 的激活能量
β	激活能量阈值
N^t	t 时刻,激活的节点集合
m	t 时刻,N^t 包含的节点数
n	t 时刻,与 N^t 内节点关联的节点数

对于基于关联语义链网络的语义激活扩散过程,首先需要定义 t 时刻,从源节点 i 到目标节点 j 的激活能量 $\theta_{i,j}^t$:

$$\theta_{i,j}^t = \frac{A_{i,j}}{A_i} \times \alpha^t \qquad (5.8)$$

$t+1$ 时刻,关联语义链网络上语义节点构成的激活能量向量受到 t 时刻能量的影响。扩散阶段可以看作语义的关联过程,可用矩阵表示为:

$$E^t = \begin{bmatrix} \theta_{1,1}^t & \cdots & \theta_{1,m}^t \\ \cdots & \cdots & \cdots \\ \theta_{n,1}^t & \cdots & \theta_{n,m}^t \end{bmatrix} = M \times \alpha^t \qquad (5.9)$$

其中,E^t 是 t 时刻关联语义链网络上语义节点构成的激活能量向量，M 是关联语义链网络语义节点间的关联语义链矩阵，即：

$$M = \begin{bmatrix} \dfrac{A_{1,1}}{A_1} & \cdots & \dfrac{A_{1,m}}{A_1} \\ \cdots & \cdots & \cdots \\ \dfrac{A_{n,1}}{A_1} & \cdots & \dfrac{A_{n,m}}{A_1} \end{bmatrix} \qquad (5.10)$$

5.4.1.2 范畴内的节点激活

范畴内的扩展激活过程从关联语义链网络的初始顶点集 N^t 开始，集合内的节点呈初始激活状态。然后，通过计算与这些节点连接的节点的边权重和衰减因子 α^t 的乘积，即激活能量值，传递给与初始激活节点连接的节点。当某个节点的激活能量超过某个阈值 β 时，节点则被赋予激活状态，否则就被过滤。通过迭代得到的激活节点集合，就是最终结果子图中的节点。为获取多个连续状态下的激活结果，考虑到多次迭代后结果与初始激活节点的偏离，引入衰减因子 α^t 来模拟多次迭代过程中的激活能量耗尽的状态，即越偏离初始激活节点则激活能量越小的状态。

算法 2 范畴内网络节点激活

输入：关联语义链网络 ALN，起始激活节点集合 N^t，t 时刻的衰减因子 α^t，激活能量阈值 β

输出：激活节点集合 N^{t+1}

步骤 1：根据公式，计算 N^t 中节点以及与这些节点相关联的 ALN 节点的激活能量向量 E^t；

步骤 2：**for** $\theta_{i,j}^t$ in E^t：

    if $\theta_{i,j}^t \geq \beta$：

     select i in N^*，select N^* in N^{t+1}；

else：

pass

end for

步骤 3：对于 N^* 中的节点重复步骤 1 和步骤 2；

步骤 4：**return** N^{t+1}

5.4 辐射状范畴结构的动态激活机制

算法 2 描述了基于激活能量这一概念激活范畴内网络节点的过程。首先，对于初始激活节点集合 N^t 中的元素，计算关联语义链网络 ALN 中与其关联的节点的能量激活向量 E^t。对于 E^t 中的每一个能量值 $\theta^t_{i,j}$，若其值大于等于激活能量阈值 β，则激活对应的节点，否则不激活。对新激活的节点重复以上过程，直至不满足迭代条件，迭代停止。

5.4.1.3 跨范畴节点群组激活

算法 3 同样通过激活能量这一概念激活高能量的节点群组，即实现跨范畴的激活。算法设计思路是，在算法 2 实现的激活节点的基础上，引入算法 1 所生成的子范畴结构。具体来说，首先确定激活节点所属子范畴，然后判断该子范畴是否被激活。如果某一子范畴内的激活节点数量超过某一个值，则激活该子范畴，如果没有达成激活条件则忽视。

算法 3 跨范畴节点群组激活

输入：激活的节点集合 N^{t+1}，进行社区划分的关联语义链网络 $ALN^* = <C^* \mid C, L>$，激活阈值 β'

输出：激活的范畴集合 ALN^{t+1}

步骤 1：根据 ALN^*，获取 N^{t+1} 中元素 node 所属社区 C，Select node in C, Select C in ALN';

步骤 2：**for** C in ALN':
  if $\mid C \mid >= \beta'$:
   select C in ALN^{t+1};
  else：
   pass
end for

步骤 3：return ALN^{t+1}

5.4.2 基于转喻、隐喻映射机制的动态激活

基于辐射状范畴结构的网络节点激活是对人脑连续思维过程的模拟，即通过从语义网络的激活节点扩展到所有关联节点，获

取关联信息的过程,遵循的是基于相似性关系进行节点关联和激活的思路。但是,正如上文所述,尽管这种命题型模型可以部分地表现出例如理想认知模式等模型的复杂性,但认知语言学对语言认知过程的理解并不仅限于此。葛恩特·拉登(Günter Radden)和雷恩·德莱文(Rene Dirven)将语言视为一个生态系统(Ecological System),语言范畴像生物一样占据一定的生态位(Ecological Niche),语言范畴的特定含义是根据相邻的范畴和整个系统的范畴来确定的。在生态系统中建立概念范畴,即范畴化过程,就是通过划定概念边界,赋予无结构的世界以结构的过程。不同的概念范畴在系统内形成连贯区域(Coherent Area),人们理解某一概念范畴的过程,即概念激活的过程的对象是这些连贯区域。而理想认知模式理论认为这一过程的激活机制是转喻(Metonymy)和隐喻(Metaphor)机制。

5.4.2.1 转喻、隐喻模式

20世纪,西方哲学研究的一大趋势是"语言学转向",即集中关注于对语言的研究,语言不再是传统哲学讨论中涉及的一个工具性问题,已然成为哲学反思自身传统的一个起点和基础。国内外对转喻和隐喻的研究,也经历了从传统修辞学到现代认知语言学的转变,即对其的解读从仅仅"是一种修辞手段"的观点,转变为"是人类感知、认识客观世界的重要手段"的观点,将其视为一种基础的思维方式。

从认知语言学的角度来讲,转喻是一种概念操作,即用一个实体(喻体)来识别另一个实体(本体)的过程。理想认知模式理论认为,人们常常通过某一事物容易理解或领悟的方面,来表示该事物整体的其他部分或某一方面。即如下认知模式:A和B两个元素之间存在"代表"关系,这种关系就是理想认知模式中的元素B可以代表元素A,这种含有代表关系的理想认知模式即为转喻模式。人类思维中的另一个重要特性是隐喻。隐喻是人们对抽象事物理解的方式之一,是人类用某一领域的经验来说明或理解另一领域经验的一种认知活动,吉尔斯·福康涅将其定义为"由源喻和目标喻两个心理模型之间的映射所决定的一种概念化认知过程"。关于转喻和

5.4 辐射状范畴结构的动态激活机制

隐喻两者的关系，葛恩特·拉登认为，转喻和隐喻的互动关系是一个连续体，这一连续体的中间部分是由以转喻为基础的隐喻组成的，即转喻通过为隐喻提供经验动机而完成了向隐喻的过渡。因此，转喻是隐喻的基础，很多表现为隐喻机制的背后也蕴含转喻机制。

5.4.2.2 转喻和隐喻的信息标注

对转喻和隐喻结构进行模式化表示，首先需要规定一些标签。转喻和隐喻结构涉及源头域和目标域两个心理空间，可分为本体、喻体和喻底三个组成元素。其中，本体、喻体对应的是现实世界中的概念，喻底通常是对本体或喻体的相似特征或属性的揭示。在一个转喻和隐喻单元中，本体、喻体和喻底都由词项来表示。以对"计算机病毒"这一概念的理解为例，其本体为生物学与医学领域的"病毒"概念，生物学中的病毒有不易觉察、传染快、损害机体健康、需要采取治疗等特点，对应于计算机领域中计算机病毒这一目标域的隐蔽性强、可自我复制、可删除文件或占据磁盘，需要采取对策等特点。因此，实例"计算机病毒"概念的模式化表示方法描述如表5-3所示。

表5-3　　　　"计算机病毒"隐喻转喻结构

标签	实　例
本体	病毒
喻体	计算机病毒
喻底	不易觉察——隐蔽性强、传染快——可自我复制、损害机体健康——可删除文件或占据磁盘、需要采取治疗——需要采取对策

由于人工标注的转喻和隐喻的模式化过程效率有限，因此需要规定一套转喻和隐喻的识别规则。参考杰拉德·斯特恩（Gerard Steen）等开发的MIPVU隐喻识别工具，可将转喻和隐喻的识别规则分为以下几个阶段：（1）分词和词项标注。对每个词汇单位进行

划分,并对词项的属性如词性等进行标注。这一步可使用语法标记软件(如成分可能性自动单词标记系统 CLAWS)自动执行。(2)确立词项的语境意义。语境意义指语言单位受语境影响而产生的意义。其在使用语言时附着在语言单位的固有意义之上,同时与具体的上下文情景有关、同社会文化背景有关。(3)确定词项的基本意义。词项基本意义是指词项在词典中最基本、最具体和最精确的意义。(4)确定基本意义和语境意义的指称对象之间是否存在相似性关系,如果是,则存在转喻或隐喻机制。

5.4.2.3 基于转喻和隐喻的辐射状范畴网络激活

在展开基于转喻和隐喻的激活机制前,首先需要在辐射状范畴网络中对本体、喻体、喻底等信息进行二次识别和标注。

(1)本体、喻体、喻底的自动识别。

艾莉森·格里德(Allison Creed)等提出隐喻识别程序 MIPVU,用以可靠地检测隐喻语言,并用现有的职业心理学理论进行解释。杰拉德·斯特恩(Gerard Steen)等开发了名为 MIPVU 的隐喻识别工具,它首先确定词语的基本意义及语境意义,然后确定基本意义及语境意义是否存在差别,最后考察两种意义的指称对象之间是否存在相似性关系,如果是,这个词语则为"隐喻"。该隐喻识别工具的应用效果在五个案例研究(涉及英语新闻文本、对话、小说和学术文本以及荷兰新闻文本和对话)中得到了证明。

(2)辐射状范畴结构的信息标注。

笔者采用辐射状结构的关联语义网络,如公式(5.1),对内容资源中的知识进行表示,首先需要将转喻和隐喻的标注信息添加到此结构当中。

$$ALN = \langle C \mid N, L \rangle$$
$$N_i = < word, weight, label >$$
(5.11)

其中,C 表示语义集合,由词构成的语义节点集合 N 和有权关联语义链集合 L 的子集构成。语义节点集合 N 由多个节点三元组信息组成。其中,节点三元组信息包括词项、词项权重以及转喻和隐喻信息标签三部分,$label$ 定义如下:

5.4 辐射状范畴结构的动态激活机制

隐喻两者的关系,葛恩特·拉登认为,转喻和隐喻的互动关系是一个连续体,这一连续体的中间部分是由以转喻为基础的隐喻组成的,即转喻通过为隐喻提供经验动机而完成了向隐喻的过渡。因此,转喻是隐喻的基础,很多表现为隐喻机制的背后也蕴含转喻机制。

5.4.2.2 转喻和隐喻的信息标注

对转喻和隐喻结构进行模式化表示,首先需要规定一些标签。转喻和隐喻结构涉及源头域和目标域两个心理空间,可分为本体、喻体和喻底三个组成元素。其中,本体、喻体对应的是现实世界中的概念,喻底通常是对本体或喻体的相似特征或属性的揭示。在一个转喻和隐喻单元中,本体、喻体和喻底都由词项来表示。以对"计算机病毒"这一概念的理解为例,其本体为生物学与医学领域的"病毒"概念,生物学中的病毒有不易觉察、传染快、损害机体健康、需要采取治疗等特点,对应于计算机领域中计算机病毒这一目标域的隐蔽性强、可自我复制、可删除文件或占据磁盘,需要采取对策等特点。因此,实例"计算机病毒"概念的模式化表示方法描述如表5-3所示。

表5-3 "计算机病毒"隐喻转喻结构

标签	实例
本体	病毒
喻体	计算机病毒
喻底	不易觉察——隐蔽性强、传染快——可自我复制、损害机体健康——可删除文件或占据磁盘、需要采取治疗——需要采取对策

由于人工标注的转喻和隐喻的模式化过程效率有限,因此需要规定一套转喻和隐喻的识别规则。参考杰拉德·斯特恩(Gerard Steen)等开发的MIPVU隐喻识别工具,可将转喻和隐喻的识别规则分为以下几个阶段:(1)分词和词项标注。对每个词汇单位进行

划分,并对词项的属性如词性等进行标注。这一步可使用语法标记软件(如成分可能性自动单词标记系统 CLAWS)自动执行。(2)确立词项的语境意义。语境意义指语言单位受语境影响而产生的意义。其在使用语言时附着在语言单位的固有意义之上,同时与具体的上下文情景有关、同社会文化背景有关。(3)确定词项的基本意义。词项基本意义是指词项在词典中最基本、最具体和最精确的意义。(4)确定基本意义和语境意义的指称对象之间是否存在相似性关系,如果是,则存在转喻或隐喻机制。

5.4.2.3 基于转喻和隐喻的辐射状范畴网络激活

在展开基于转喻和隐喻的激活机制前,首先需要在辐射状范畴网络中对本体、喻体、喻底等信息进行二次识别和标注。

(1)本体、喻体、喻底的自动识别。

艾莉森·格里德(Allison Creed)等提出隐喻识别程序 MIPVU,用以可靠地检测隐喻语言,并用现有的职业心理学理论进行解释。杰拉德·斯特恩(Gerard Steen)等开发了名为 MIPVU 的隐喻识别工具,它首先确定词语的基本意义及语境意义,然后确定基本意义及语境意义是否存在差别,最后考察两种意义的指称对象之间是否存在相似性关系,如果是,这个词语则为"隐喻"。该隐喻识别工具的应用效果在五个案例研究(涉及英语新闻文本、对话、小说和学术文本以及荷兰新闻文本和对话)中得到了证明。

(2)辐射状范畴结构的信息标注。

笔者采用辐射状结构的关联语义网络,如公式(5.1),对内容资源中的知识进行表示,首先需要将转喻和隐喻的标注信息添加到此结构当中。

$$ALN = \langle C \mid N, L \rangle$$
$$N_i = <word, weight, label>$$
(5.11)

其中,C 表示语义集合,由词构成的语义节点集合 N 和有权关联语义链集合 L 的子集构成。语义节点集合 N 由多个节点三元组信息组成。其中,节点三元组信息包括词项、词项权重以及转喻和隐喻信息标签三部分,$label$ 定义如下:

5.5 基于理想认知模型的内容重组实现

$$label = \{M \mid source, target, similarity\} \quad (5.12)$$

其中，M 表示同一转喻或隐喻机制内的词项集合，包括 $source$（本体，映射的源头域词项）、$target$（喻体，目标域词项）、$similarity$（喻底，匹配两者间的相似性和共同点词项集合）。

(3) 基于转喻和隐喻机制的节点激活能量。

在基于相似度的动态激活算法的基础上，通过转喻和隐喻机制的激活机制考察并引入了两个词项是否处于同一转喻或隐喻机制内这一信息。对于基于关联语义链网络的语义激活扩散过程，首先需要定义 t 时刻，从源节点 i 到目标节点 j 的激活能量 $\theta_{i,j}^t$：

$$\begin{cases} \theta_{i,j}^t = \dfrac{A_{i,j}}{A_i} \times \alpha^t + \delta(\lambda) \\ \lambda = \begin{cases} 1, & \text{if } label_i = label_j \\ 0, & \text{if } label_i \neq label_j \end{cases} \end{cases} \quad (5.13)$$

5.5 基于理想认知模型的内容重组实现

本节实验部分首先模拟实现辐射状范畴结构网络中基于相似度的动态激活机制，实验包括候选词库的建立、候选词表的构建、关联语义链网络的构建、基于关联语义链网络的子范畴发现，以及基于扩展激活算法的节点激活和范畴激活等五个部分。

5.5.1 语料库的建立

本节的实验数据通过 Python 爬虫程序获取，包括以"出版""数字出版""电子出版""数据库出版""语义出版""编辑出版"和"纸质出版"为检索词的检索结果，涉及科技文献的标题、关键词和摘要部分的数据，如表 5-4 所示。

表 5-4　　　　　　　　实验数据信息

检索词	标题字数	关键词字数	摘要字数
出版	1027	13414	220832
数字出版	910	11835	172578
电子出版	766	1889	111538
数据库出版	163	1363	25399
语义出版	32	616	8174
编辑出版	790	10550	144595
纸质出版	73	852	12197
共计	3761	40519	695313

5.5.2 候选词词表的构建

实验的第一步是将文本转化为候选词集合，该过程涉及分词、通用词过滤和词权重计算等。

5.5.2.1 分词词库的扩充

尽管目前的中文分词软件已能达到较高的准确率，但是涉及领域内专业术语例如"语义出版""数据库出版""数字化出版平台"等时还有所欠缺。为了进一步提高分词的准确率，笔者在分词过程中将所抽取到的科技文献的关键词扩充到分词词库当中，从而获取更多的领域和主题相关词。

5.5.2.2 停用词的过滤

停用词是指那些不能反映主题的功能词，例如标点符号、虚词、数词、量词、代词、方位词、拟声词、叹词等，如"基于""以便""建设""应用""实现"等没有实际意义的动词，以及"体系""基础""研究"等信息量少且区分度低的名词等。这些停用词不但无法反映文献的主题，还会对关键词的抽取造成干扰，有必要将其滤除。

5.5.2.3 候选词的抽取

爬虫所获取的语料库由 3000 多篇出版类论文构成，在对文献

5.5 基于理想认知模型的内容重组实现

进行分词、词性标注和必要的人工校对后，将每篇学术文档映射为一张候选词表，而所有论文则可构成一个候选词表集。

5.5.2.4 词语权重计算

候选词词表由词项、词性、不同位置的词频、词项所处的篇章修辞结构位置等项目组成。如《面向语义出版的学术期刊信息资源聚合研究》一文中，部分候选词示例如表 5-5 所示，该词表提供了该文档中的关键词词项及其在文档各功能模块中的词频信息，加权项由公式(5.2)计算获取。加权项值越大，表明该词项对文档的重要程度越大。

表 5-5 《面向科学交流的语义出版体系建设研究》的候选词词表示例

词项	词长	词性	词频（标题）	词频（摘要）	词频（关键词）	词频（单篇章）	词频（语料库）	含该词项的文档数	加权项
语义出版	4	x	1	6	1	8	199	30	3.961538462
科学交流	4	x	1	1	1	3	10	3	3.576923077
关联数据	4	x	0	0	1	1	9	5	2
知识组织	4	x	0	1	1	1	3	3	2
体系建设	4	x	1	1	0	2	2	1	1.576923077
数字出版	4	x	0	2	0	2	25	15	0.153846154
语义关联	4	x	0	1	0	1	5	3	0.076923077
知识服务	4	x	0	0	0	1	4	3	0.076923077
出版机构	4	x	0	0	0	1	1	1	0.076923077
学术信息	4	x	0	0	0	1	1	1	0.076923077
科研人员	4	n	0	1	0	1	2	2	0.076923077
……									

5.5.3 关联语义链网络构建

关联语义链网络构建首先需要定义网络的节点和节点间关系，节点由上一节候选词词表中的词项表示，而节点间的关系则由以词

5 基于理想认知模型的内容重组框架

共现关系表示的相似度反映。本节首先构建上述候选词项的词共现矩阵，并在此基础上，对关联语义链网络进行可视化呈现。

5.5.3.1 词共现矩阵构建

在候选词表的基础上，根据词共现频率构建词共现矩阵。表5-6所示的矩阵示例就是由笔者采集的"语义出版"主题下中国知网

表 5-6　　　　　　　　词共现矩阵示例

	数字对象	元数据	去中心化	知识组织	数字出版	资源共享	学术期刊	学术出版	HTML	本体	SPAR本体	出版模式	数字资源聚合	信息资源聚合	关联数据	语义关联	语义技术	语义增强	语义网	语义出版
数字对象	0	1	0	0	0	0	0	0	1	0	0	0	0	0	0	0	0	0	0	1
元数据	1	0	0	1	1	0	1	0	1	1	0	0	1	0	1	1	0	1	0	2
去中心化	0	0	0	0	0	0	0	0	0	0	0	0	0	0	1	0	1	0	0	2
知识组织	0	1	0	0	1	0	1	0	0	1	0	0	0	1	1	1	0	1	0	1
数字出版	0	1	0	1	0	0	3	0	0	3	0	2	3	0	2	2	0	1	2	8
资源共享	0	0	0	0	0	0	0	0	0	0	0	0	0	0	0	0	0	0	0	1
学术期刊	0	1	0	1	3	0	0	0	0	1	0	0	0	0	1	3	1	2	0	7
学术出版	0	0	0	0	0	0	0	0	1	1	0	0	0	0	0	0	0	0	0	2
HTML	1	1	0	0	0	0	0	1	0	0	0	0	0	0	0	0	0	0	1	2
本体	0	1	0	1	3	0	3	1	0	0	1	0	2	0	2	1	0	1	2	6
SPAR本体	0	0	0	0	0	0	0	0	1	0	0	0	0	0	0	0	0	0	0	1
出版模式	0	0	0	0	2	0	1	0	0	0	0	0	0	0	0	0	0	0	0	3
数字资源聚合	0	1	0	1	3	0	3	0	0	2	0	0	0	1	2	1	0	1	0	3
信息资源聚合	0	0	0	0	0	0	0	0	0	0	0	0	1	0	0	0	0	0	0	1
关联数据	0	1	1	1	2	0	2	0	0	2	0	0	2	0	0	1	1	1	1	4
语义关联	0	1	0	1	2	0	3	0	0	1	0	0	1	0	1	0	0	1	0	3
语义技术	0	0	1	0	0	0	1	0	0	0	0	0	0	0	1	0	0	0	0	2
语义增强	0	1	0	1	1	0	2	0	0	1	0	0	1	0	1	1	0	0	0	0
语义网	0	0	0	0	2	0	0	0	1	2	0	0	0	0	1	0	0	0	0	4
语义出版	1	2	2	1	8	1	7	2	2	6	1	3	3	1	4	3	2	1	4	0

……

5.5 基于理想认知模型的内容重组实现

相关学术文献的摘要部分组成的语料库,根据公式(5.3)、公式(5.4)、公式(5.5)构建而成的,体现了词项之间的共现语义关系。图5-8是基于该矩阵构建的关联语义链网络的可视化图像,基于Gephi平台绘制,其中节点代表所抽取的词项,节点之间的连线体现了词项之间的共现关系,连线越粗表明两个词项间的贡献关系越紧密。

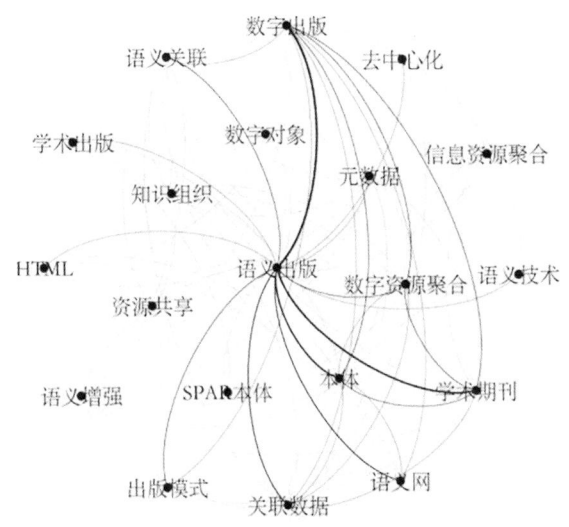

图5-8 "语义出版"文档标题语料库的关联语义链网络示例

5.5.3.2 基于关联语义链网络的子范畴划分

图5-9是基于Louvain算法的关联语义链网络子范畴划分实验结果示例。可以看到,根据模块度最优化的目标,原关联语义链网络被划分为多个范畴,不同范畴的词项形成一个节点群组,表示在同一范畴内的词项紧密度较与其他范畴内节点的紧密度更高。各节点的大小由公式(5.2)获取,节点越大表明该词项出现的频率越高,对文档的重要程度越高。

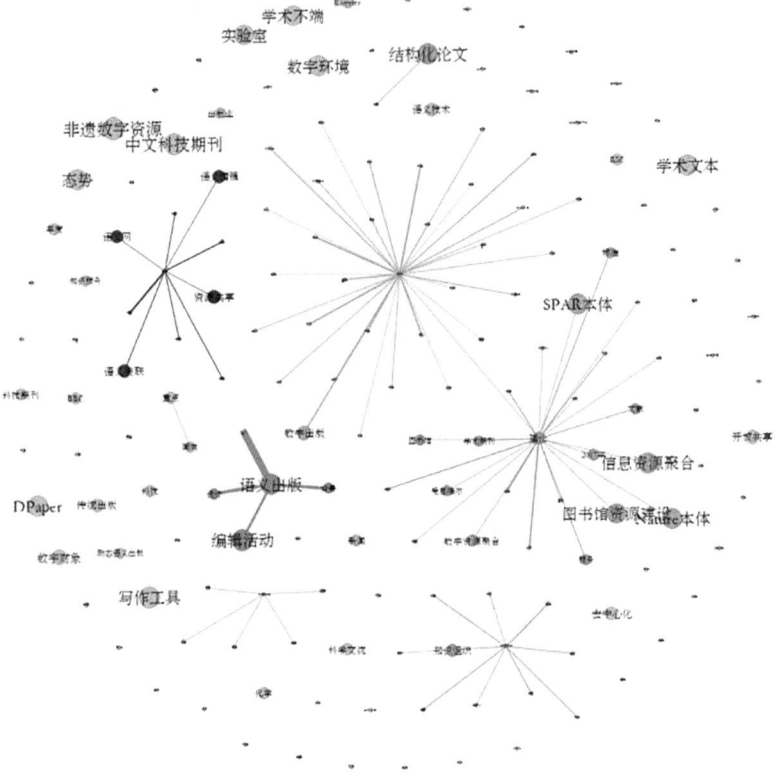

图 5-9　基于 Louvain 算法子范畴划分示例(模块化=0.755)

5.5.4　基于扩展激活算法的网络区域激活

上文算法 2 和算法 3 呈现了基于激活能量的辐射状范畴网络各区域的激活机制,包括范畴内节点的激活和跨范畴节点群组的激活。本节实验即从这两部分展开。

5.5.4.1　范畴内节点激活

首先是基于激活能量的关联语义链网络节点激活,笔者将衰减因子 α^i 设置为常数 1,激活能连阈值 β 设置为 0.1。图 5-10 是以节点"本体"一词为原始激活节点,4 次迭代后的关联语义网络激活区域,原始激活节点进行了标注。可以看到,激活能连阈值

5.5 基于理想认知模型的内容重组实现

的设置，使得网络激活区域随着迭代次数的增加逐渐呈现稳定的状态。

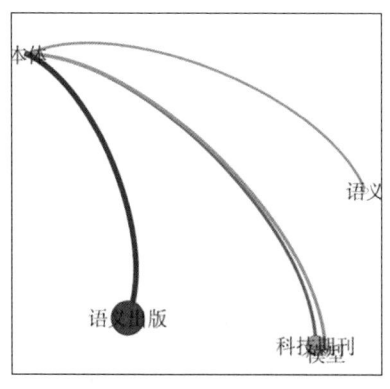

(1) t_0 状态下的节点激活

(2) t_1 状态下的节点激活

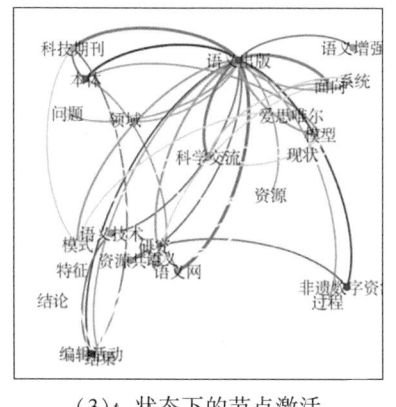

(3) t_3 状态下的节点激活

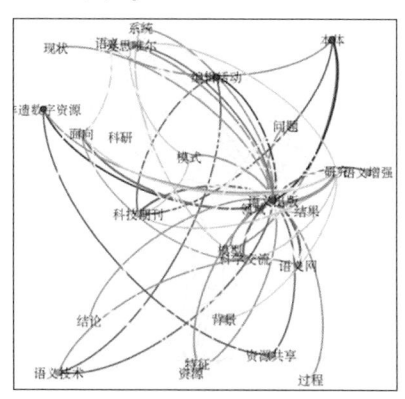

(4) t_4 状态下的节点激活

图 5-10 不同迭代次数下的范畴内节点激活结果

5.5.4.2 跨范畴节点群组激活

表 5-7 是基于辐射状范畴结构的跨范畴节点群组激活实验结果，其中包括每一次迭代状态下激活范畴的序号及每一个范畴内的成员数量，迭代次数对应于上一小节范畴内节点激活的 t_1-t_4 状态。

5 基于理想认知模型的内容重组框架

表 5-7　　　　　　　　　范畴激活实验结果

迭代次数	范畴序号	范畴成员数
1	1	4
2	4	12
	1	10
3	4	20
	1	10
	3	2
	2	1
4	4	23
	1	10
	3	7
	2	5
5	4	23
	1	10
	3	8
	2	5

5.6　本章小结

本章从用户理解和利用信息的认知机制出发对出版内容重组展开研究，探索满足用户个性化信息需求的服务机制，在此基础上构建基于用户认知模式的出版内容重组框架，以实现基于用户个性化需求的知识服务。

出版内容重组框架的设计遵循以认知模式界定的、以原型为基础的经验实在主义视角的范畴观，将基于用户认知需求的出版内容重组置于理想认知模式这一包括认知对象、认知架构、认知模拟等在内的统一体中进行探讨。在理想认知模式这一研究框架的指导下，本章首先将出版内容重组过程转化为概念范畴从文本表征空间向用户心理空间转移的过程。具体研究内容包括：（1）基于文本表征空间功能模块的出版内容的关联语义链网络表征；（2）在上一表征基础上的基于以共词关系表示的相似度概念激活机制；（3）基于转喻和隐喻机制的概念激活机制。其次，提出了以上内容相应的算法，包括命题型理想认知模式的辐射状范畴结构生成和基于该辐射状范畴结构的范畴内网络节点激活、跨范畴节点群组激活。最后，实验部分基于以上算法，模拟了对命题型理想认知模式的辐射状范畴结构的表征，以及基于相似性关系的概念激活机制。

本章参考文献

[1] Anita de W, Gerard T. The ABCDE Format-Enabling Semantic Conference Proceeding [C]//1st Workshop: SemWiki2006-From Wiki to Semantics. Budva, Montenegro, 2006.

[2] Atkinson D. Scientific Discourse in Sociohistorical Context. The Philosophical Transactions of the Royal Society of London, 1675-1975[M]. London: Routledge, 1998.

[3] Bartlett F C. Remembering: A study in experimental and social psychology[M]. Cambridge: Cambridge University Press, 1932.

[4] Blondel V D, Guillaume J L, Lambiotte R, et al. Fast Unfolding of Communities in Large Networks [J]. Journal of Statistical Mechanics: Theory and Experiment, 2008, 2008(10): P10008.

[5] Clauset A, Newman M E J, Moore C. Finding Community Structure in Very Large Networks [J]. Physical Review E, Statistical, Nonlinear, and Soft Matter Physics. 2004: 264-277.

[6] Collins A M, Quillian M R. Retrieval Time from Semantic Memory [J]. Journal of Verbal Learning & Verbal Behavior, 1995, 8(2): 240-247.

[7] Cook G. Discourse and Literature[M]. Oxford: Oxford University

Press, 1994.

[8] Creed A, Mcilveen P. Metaphor Identification as a Research Method for the Study of Career[J]. International Journal for Educational and Vocational Guidance, 2017, 18(4): 1-18.

[9] De Beaugrande R, Dressler W U. Introduction to Text Linguistics [M]. London: Routledge, 1981.

[10] Dervin B. Strategies for Dealing with Human Information Needs: Information or Communication? [J]. Journal of Broadcasting & Electronic Media, 1976, 20(3): 323-333.

[11] Dervin B, Nilan M. Information Needs and Uses[J]. Annual Review of Information Science and Technology, 1986, 21: 3-33.

[12] Eirinaki M, Vazirgiannis M. Web Mining for Web Personalization [J]. ACM Transactions on Internet Technology, 2003, 3(1): 1-27.

[13] Fillmore C J. Frame Semantics and the Nature of Language[J]. Annals of the New York Academy of Sciences, 1976, 280(Origins and Evolution of Language and Speech): 20-32.

[14] Fillmore, C. J. Frame Semantics[C]//The Linguistic Society of Korea. Linguistics in the Morning Calm. Seoul, Hanshin. 1982: 111-137.

[15] Fodor K J A. The Structure of a Semantic Theory[J]. Language, 1963, 39(2): 170-210.

[16] Harmsze F A P. A Modular Structure for Scientific Articles in an Electronic Environment[D]. University of Amsterdam, 2000.

[17] Hong-Bin M A, Ke W, Tuan-Xue M A, et al. Spatial Data Mining Big Data Era Review[J]. Geomatics & Spatial Information Technology, 2014: 19-22.

[18] Huang H, Wang R. Acquiring User Information Needs for Personalized Search[C]//International Conference on Information Acquisition. IEEE, 2007.

[19] Karypis G, Kumar V. A Fast and High Quality Multilevel Scheme

for Partitioning Irregular Graphs[J]. Siam Journal on Scientific Computing, 1998, 20(1): 359-389.

[20] Kendeou P, Broek P V D. The Effects of Prior Knowledge and Text Structure on Comprehension Processes during Reading of Scientific Texts[J]. Memory & Cognition, 2007, 35(7): 1567-1577.

[21] Kia Dashtipour, Mandar Gogate, et al. A Hybrid Persian Sentiment Analysis Framework: Integrating Dependency Grammar Based Rules and Deep Neural Networks[J]. Neurocomputing, 2019.

[22] Kim D H, Atluri V, Bieber M, et al. A Clickstream-based Collaborative Filtering Personalization Model: Towards a Better Performance[C]//Sixth ACM CIKM International Workshop on Web Information and Data Management (WIDM 2004), Washington, DC, USA, November 12-13, 2004: 88-95.

[23] Laclavík, Michal, Šeleng, Martin. Emails as Graph: Relation Discovery in Email Archive[C]//International Conference on World Wide Web. ACM, 2012.

[24] Lakoff, G, M. Johnson. Metaphors We Live By[M]. Chicago and London: University of Chicago Press, 1980.

[25] Langacker, R. Foundations of Cognitive Grammar. Vol. 1: Theoretical Prerequisites[M]. Stanford, California: Stanford University Press, 1987.

[26] Li Y, Zhong N. Mining Ontology for Automatically Acquiring Web User Information Needs[J]. IEEE Transactions on Knowledge and Data Engineering, 2006, 18(4): 554-568.

[27] Lin L, Evans S. Structural Patterns in Empirical Research Articles: A Cross-disciplinary Study[J]. English for Specific Purpose, 2012, 31(3): 150-160.

[28] Luo X, Xu Z, Yu J, et al. Building Association Link Network for Semantic Link on Web Resources[J]. IEEE Transactions on

Automation Science and Engineering, 2011, 8(3): 482-494.

[29] Marcondes, C. A Semantic Model for Scholarly Electronic Publishing[C]//CEUR Workshop Proceedings. 2011: 47-58.

[30] Mccray A T. The Unified Medical Language System. The Umls Semantic Network: The UMLS Semantic Network[J]. Proceedings of the Annual Symposium on Computer Application in Medical Care, 1989, 33(1): 503.

[31] Michael K. Buckland. What is a "Document"? [J]. Journal of the American Society for Information Science, 1997, 48(9): 804-809.

[32] Minsky, M. A Framework for Representing Knowledge[C]// P. H. Winston (ed). The Psychology of Computer Vision, New York: McGraw-Hill, 1975: 211-277.

[33] Mobasher B. Effective Personalization Based on Association Rule Discovery from Web Usage Data[C]//The 3rd ACM Workshop on Web Information and Data Management (WIDM01). 2001.

[34] Newman M E, Girvan M. Finding and Evaluating Community Structure in Networks[J]. Physical Review E, 2004, 69(2): 026113.

[35] Newman M E. Modularity and Community Structure in Networks [J]. Proceedings of the National Academy of Sciences, 2006, 103 (23): 8577-8582.

[36] Nilan M S, Peek R P, Snyder H W. A Methodology for Tapping User Evaluating Behaviors: An Exploration of Users' Strategy, Source and Information Evaluating[J]. ASIS Proceedings, 1990 (27): 152-159.

[37] Pretschner A, Gauch S. Ontology Based Personalized Search [C]//IEEE International Conference on Tools with Artificial Intelligence. IEEE, 1999.

[38] Radden G, Driven R. Cognitive English Grammar [M]. Amstradam/Philadelphia: John Benjamins Publishing Company,

2007: 4-5+12-17.

[39] Radden G, How Metonymic are Metaphors? [J]. Metaphor and Metonymy in Comparison and Contrast, 2009: 407-434.

[40] Renear A H, Palmer C L. Strategic Reading, Ontologies, and the Future of Scientific Publishing[J]. Science, 2009, 325(5942): 828-832.

[41] Rosch E, Barbara L. Cognition and Categorization[J]. American Journal of Psychology, 1979, 92(3).

[42] Rosch E. The Nature of Mental Codes for Color Categories[J]. Journal of Experimental Psychology Human Perception & Performance, 1975, 1(4): 303-322.

[43] Schmidt N. Tackling Complexity in an Interdisciplinary Scholarly Network: Requirements for Semantic Publishing [J]. First Monday, 2016, 21(5).

[44] Shaver P, Schwartz J, Kirson D, et al. Emotion Knowledge: Further Exploration of a Prototype Approach [J]. Journal of Personality & Social Psychology, 1987, 52(6): 1062.

[45] Soldatova L, Liakata M. An Ontology Methodology and CISP -The Proposed Core Information about Scientific Papers[J]. 2007.

[46] Steen G. A Method for Linguistic Metaphor Identification [M]. Amsterdam/Philadelphia: John Benjamins Publishing Company, 2010.

[47] Steven J. De Rose, David G. Durand, Elli Mylonas, et al. What is Text, Really? [J]. Journal of Computing in Higher Education, 1990, 1(2): 3-26.

[48] StuderR, Benjamins V R, Fensel D. Knowledge Engineering: Principles and Methods [J]. Data & Knowledge Engineering, 1998, 25(1-2): 161-197.

[49] Taylor J R. Linguistic Categorization (3rd ed.) [M]. Oxford: Oxford University Press, 2003: 63-69.

[50] Ungerer F., Schmid H J. An Introduction to Cognitive Linguistics

[M]. Addison Wesley Longman Limited, 1996; Beijing: Foreign Language Teaching and Research Press, 2001: 29.

[51] Waniek J, Brunstein A, Naumann A, et al. Interaction between Text Structure Representation and Situation Model in Hypertext Reading[J]. Swiss Journal of Psychology, 2003, 62(2): 103-111.

[52] Wells E B. A History of Scientific & Technical Periodicals: The Origins and Development of the Scientific and Technical Press, 1665-1790[M]//Scientific & technical libraries, 1978.

[53] Xiao C, Zheng D, Yang Y, et al. Automatic Domain-Ontology Relation Extraction from Semi-structured Texts[C]//International Conference on Asian Language Processing IEEE Computer Society, 2009.

[54] Zadeh L A. Fuzzy Sets[J]. Information & Control, 1965, 8(3): 338-353.

[55] 曾春, 邢春晓, 周立柱. 基于内容过滤的个性化搜索算法[J]. 软件学报, 2003, 14(5): 999-1004.

[56] 邓劲, 乔丹. "president"在英语报刊中的一词多义探析: 基于原型理论视角[J]. 中国地质大学学报(社会科学版), 012(3): 134-137.

[57] 冯康. 认知模型研究的新成果及应用[J]. 淮南师范学院学报, 2013, 15(3): 27-31.

[58] 韩立新, 陈贵海, 谢立. 一个面向Internet的个性化信息检索系统模型[J]. 电子学报, 2002, 30(2): 240-244.

[59] 何纯秀. 理解的认知基础与逻辑刻画[M]. 北京: 社会科学文献出版社, 2017: 126.

[60] 胡塞尔认为, 现象学是研究"纯粹意识"的本质的学说, 即在现象的结构中、在人类经验的基本序列化中去发现人的理性的来源。

[61] 胡学钢, 董学春, 谢飞. 基于词向量空间模型的中文文本分类方法[J]. 合肥工业大学学报(自然科学版), 2007(10): 35-

38.

[62] 计峰, 邱锡鹏. 基于序列标注的中文依存句法分析方法[J]. 计算机应用与软件, 2009, 26(10): 133-135.

[63] 柯青, 王秀峰, 孙建军. 以用户为中心的研究范式——理论起源[J]. 情报资料工作, 2008(4): 51-55.

[64] 莱考夫. 女人、火与危险事物: 范畴显示的心智[M]. 北京: 世界图书出版公司北京公司, 2017.

[65] 兰盖克. 认知语法基础. 第一卷, 理论前提. Volume1, Theoretical prerequisites[M]. 北京: 北京大学出版社, 2013.

[66] 李枫林. 基于认知目标分类的用户信息需求层次分析[J]. 知识管理论坛, 2014(3).

[67] 李福印. 认知语言学概论[M]. 北京: 北京大学出版社, 2008: 99-101.

[68] 李淮春. 马克思主义哲学全书[M]. 北京: 中国人民大学出版社, 1996: 165.

[69] 李剑锋, 杨芸, 周昌乐. 面向隐喻计算的语料库研究和建设[J]. 心智与计算, 2007(1): 142-146.

[70] 李洁, 丁颖. 语义网关键技术概述[J]. 计算机工程与设计, 2007(8): 1831-1833+1836.

[71] 李楠, 孙济庆, 马卓. 面向学术文献的语义出版技术研究[J]. 出版科学, 2015, 23(6): 85-92.

[72] 廖振良, 刘宴辉, 徐祖信. 基于案例推理的突发性环境污染事件应急预案系统[J]. 环境污染与防治, 2009, 31(1): 86-89.

[73] 柳佳刚, 龙军, 李泽军. 一种用于Web信息抽取的页面信息本体自动学习方法[J]. 计算技术与自动化, 2011, 30(1): 119-123.

[74] 芦洁媛. 意象图式融合运用于对外汉语听力教学探讨[J]. 传奇. 传记文学选刊(理论研究), 2011(3): 132+136.

[75] 齐磊磊. 计算机模拟方法的哲学分析[J]. 学术研究, 2018(7): 30-36.

[76] 邱百爽, 赵蔚, 刘秀琴. 基于语义网的自适应学习系统中用户

模型的研究[J].开放教育研究,2008(4):106-111.

[77] 沈家煊.从语言看中西方的范畴观[J].中国社会科学,2017(7):131-143+207.

[78] 石雄.专业知识数据库数字出版模式的实践探讨[J].中国出版,2011(7):48-50.

[79] 宋甜.基于语义依存文法分析模型的受限自然语言查询接口研究[D].武汉:武汉大学,2017.

[80] 苏静.面向科学交流的语义出版体系建设研究[J].数字图书馆论坛,2018,174(11):60-66.

[81] 孙殿阁,孙佳,曹婧华,等.基于案例推理的城市典型灾害应急处置专家系统构建研究[J].中国安全生产科学技术,2012,8(2):55-60.

[82] 唐杰,梁邦勇,李涓子,等.语义Web中的本体自动映射[J].计算机学报,2006(11):58-78.

[83] 唐卫平.语义激活观下语义缺省的认知阐释[J].外语电化教学,2017(3):63-67.

[84] 王莉莉,栾冠楠.英国广播公司(BBC)动态语义出版模式研究[J].图书情报工作,2017(8).

[85] 王文斌.心理空间理论和概念合成理论研究[M].上海:上海外语教育出版社,2011.

[86] 谢海涛,孟祥武.适应用户需求进化的个性化信息服务模型[J].电子学报,2011(3):643-648.

[87] 谢强,张磊.基于任务类知识需求模板和用户模型的知识需求研究[J].武汉大学学报(工学版),2006,39(2):36-41.

[88] 闫秀梅,莫雷,伍丽梅.空间描述的复杂程度对文本心理表征的影响[J].心理科学,2010,33(2):425-428.

[89] 严为绒,徐扬,朱珊珊,等.篇章关系分析研究综述[J].中文信息学报,2016,30(4):1-11.

[90] 颜红,何广铿.口译中理想认知模式的建构及原则[J].求索,2006(3):196-197+53.

[91] 袁黎.翻译研究的框架语义视角概述[J].文学界(理论版),

2011(6):152+158.

[92] 袁里驰. 基于统计的句法分析方法[J]. 中南大学学报(自然科学版),2014,45(8):2669-2675.

[93] 袁毓林. 语言的认知研究和计算分析[J]. 语言文字应用,1996(1):61-67.

[94] 张佰尚,李向阳,李相华. 信息不完备条件下地震应急案例结构化方法研究[J]. 运筹与管理,2015,24(2):78-86;(2):78-86.

[95] 张辉. 认知转喻[M]. 上海:上海外语教育出版社,2010.

[96] 张群,王红军,王伦文. 词向量与LDA相融合的短文本分类方法[J]. 现代图书情报技术,2016(12):31-39.

[97] 章宜华. 认知语义结构与意义驱动释义模式的构建——兼谈外汉双语词典的释义性质与释义结构[J]. 现代外语,2006(4):362-370+437.

[98] 赵翠莲. 词汇表征研究概述[J]. 当代外语研究,2012(7):38-44+77.

[99] 钟守满. 语义框架、场及其相互关系[J]. 外语与外语教学,2001(11):1-3.

[100] 朱彦. 图式理论与大学英语听力教学[J]. 湖北经济学院学报(人文社会科学版),2007(5):205.

[101] 宗成庆. 统计自然语言处理[M]. 北京:清华大学出版社,2013.

6 基于视觉焦点的自动排版

在互联网和移动互联网时代，信息技术的创新为知识经济的高速发展创造了可能。信息内容变得唾手可得，用户对信息的理解不再局限于信息本身所具有的含义，而是将其作为一种工具辅助科学交流和知识共享，信息应用正在取代信息获取成为互联网核心。出版业的信息应用，集中体现在数字出版方面，而个性化定制出版又是其中一种特色鲜明的全新的出版形式。它允许用户介入出版过程，根据用户指定的信息需求，整合多种出版资源，最终包装形成个人属性强烈的信息应用产品。这一过程既体现了人机交互行为，又是用户信息系统行为的一种表现形式。实质上，个性化、差异化作为定制出版的显著特征，主要表现在最终为用户呈现的出版物产品上，因而，作为包装前一环节的排版工作就显得尤为重要。传统的依靠编辑力的排版工作，耗费人力、物力、财力，不能适应数字时代大规模定制的需求，更无法支持个性化环境下的信息应用，在此基础上，本章提出了自动排版这一概念，从探讨其必要性方面着眼，阐述了自动排版的解决方案和现实意义，以期缩短个性化定制出版的流程，为用户提供真正意义上的个性化服务体验。

6.1 内容排版与阅读视觉

自动排版是一种个性化的排版方式，根据一定原则适当地安排

6.1 内容排版与阅读视觉

内容以适应设计要求。它虽然由计算机系统完成,但智能化地加入了情感设计和空间设计。从出版业、用户和编辑视角三个方面探讨这一概念提出的必要性。

在出版业不断发展的今天,出版的定义越来越倾向于其技术属性。从传统的纸质出版到数字出版,这一领域的知识应用与获取也发生着变化。无论是以亚马逊电子出版市场为代表的统一平台下的单体出版模式,还是以 CNKI 学术文献库为代表的统一平台下的集成出版模式,抑或是以中国科学院 OA 平台为代表的自由平台下的集成出版模式,都破除了以纸为中心的出版理念。伴随着数字内容生产技术、出版技术和文档内容编排技术的出现,按需印刷、新媒体出版、个性化定制出版、自出版等出版新形态逐步得到了实现。其中,排版技术是文档内容编排技术的重要组成部分,它一方面恰当地处理了内容和形式的关系,另一方面也体现了特色版式设计。而传统排版方式,设计单一、版式简单,无法满足高质量、高效率的出版要求,由此提出了自动排版的概念。自动排版是当今排版领域中一个引人瞩目的发展方向,尤其是在商业印刷制作领域的应用已经越来越广泛。它能够很好地适应 Web2.0 环境下的出版发展,利用计算机设备动态智能地解决关于排版的一系列问题,形成一个完成的排版流程,协助完成动态出版。

出版业的技术发展是为了更好地解决数字信息的供求矛盾,而这一矛盾使得用户的个性化信息需求更加强烈。从差异化的数字出版内容、多样化的数字出版产品形态可以看出,用户信息需求是出版业发展的原动力。数字出版的内容提供商、生产制作商、渠道提供商都在试图改善用户的出版体验,积极推行拥抱用户的策略。用户的个性化信息需求是用户自主权意识增强和互动性需求增强的表现,包括创建适合用户个人行为的信息环境和建立与用户资料的有机结合等。而自动排版恰好能满足用户的个性化信息需求,根据不同的用户偏好和理念,设计专属于用户个人的版式样式,交付给用户一个量身定制的出版物产品,这也正是用户所期望的。同时,排版质量的高低直接影响着用户付费意愿。信息丰裕的数字时代,用户拒绝为随处可见的类似出版物产品付费,他们更愿意为定制付费，因而针对用户独特兴趣的自动排版无疑是有价值的。此外，用户不仅仅为购买内容付费，更愿意为体验付费，自动排版的出现就为其提供了个性化服务体验，能够最大限度地接近用户的预想效果，满足他们对出版物形式的期望。

从编辑角度看，编辑作为出版业的主力军，更应该及时地丰富自身技能以满足行业发展和职业要求。如果把编辑的成果比作糖果，那么排版工作就是多彩的糖纸，第一眼看中糖纸的人更愿意拨开糖纸品尝，因而，出版物的排版设计工作在很大程度上影响着用户是否愿意进行阅读。纸质出版物的排版工作是由美术编辑利用排版软件逐页编排完成的，他们的设计思想主要体现出版物封面和封底，而内容页面的排版基本相同，无明显变化。数字出版已经不能沿用传统的排版方式，一方面是因为传统排版方式在耗费大量编辑资源的前提下，仍无法满足即时排版的制作要求；另一方面，用户在体验阅读时，会潜意识地运用自身的审美品位评判出版物形式，这就要求出版物具有不同的排版风格。在此基础上，产生了版式排版和流式排版的概念。流式排版和版式排版是对出版物的内容元素进行不同版排处理的排版方式。两者主要区别在于，版式排版的版面是固定不变的，而流式可以自动缩放以适应不同版面大小。此外，基于Publisher的流式排版缺点在于无法根据用户的阅读偏好进行调整，由此提出自动排版的概念，它将版式与流式结合起来，减少排版过程中的编辑干预，解放编辑生产力，允许编辑根据用户的个人喜好为其选择出版物的外包装，丰富了编辑成果展现形式，创建了更高水平的自动化编辑系统。

6.2 自动排版解决方案

6.2.1 自动排版的概念

自动排版是个性化定制出版的一种排版方式，它力图减少编辑过程中人的干预，将重新聚合后的出版物内容，按照预先设定好的

6.2 自动排版解决方案

版面参数要求,系统自动地灌排文字内容,调整其格式,呈现出符合消费者个性化版面需求的已经封装好的出版物。实际上,自动排版时自组织理论的一种实践应用,它是20世纪60年代末建立起来的一种系统理论,主要研究系统的组成单元在共同遵守的行为准则约束下自发的从无序状态组织成一种有序结构的过程。系统中的自组织功能越强,系统的持续发展动力就越强。自动排版是在一定的排版条件和排版规则下,内容元素根据参数值的不同,从杂乱无章的状态到结构化有序归位的状态,具有生成偏好版面的目的趋向性特征,是排版工作由低级走向高级的进化过程。其中,排版规则和算法是自动排版的内容组织标准和指令,影响着自动排版的顺利完成。

传统意义上的自动排版处于印刷环节,目的是在印刷过程不间断的前提下,连续地印刷出不同的出版物产品。而本书所研究的自动排版区别于传统意义上的自动排版。它是为出版物封装做准备的。由于个性化定制的数字出版物不存在大批量的纸质印刷行为,封装即是出版物生成的最后一个环节,从某种角度来说,自动排版处于数字出版物的发行环节。此外,自动排版也融合了流式排版和版式排版的方法,能够适应不同终端设备,真正意义上满足了用户的个性化定制要求。

目前,论文的自动排版、试题库的自动排版、工程图的自动排版都可以看作一种尚不成熟的自动排版应用。关于论文的自动排版时按照标准的论文模板的要求,处理输入的未排版论文的内容,调整其格式,并输出完全符合模板格式规定的论文。试卷的自动排版是试卷版面生成的过程,根据特征将试题划分为多个单元,不同内容在一定规则指导下,被逐步选择,分析相互之间的关联,并有序化归类布局。工程图的自动排版是根据幅面、属性,自动地将其布置在卷筒纸的打印范围内,在保证打印位置正确的前提下,尽可能节省纸张。这几类应用虽都属于自动排版的范畴,但自动化程度仍然较低。

6.2.2　自动排版功能即解决方案

方正飞翔、Indesign 等专业排版软件的出现，并没有完全冲击 word 的自动排版功能。word 自动排版功能是在很少人工接入的情况下，按照预先设定好的格式，运用智能感知技术，进行排版。但是要实现完全的自动排版，用户必须在录入之前设定格式，格式相同的段落需要重复进行手动编排。它有一个说明性样板，包括规定好的字体、字号、段间距、行间距等基本版面要素，在导入文档内容后，对其进行扫描，保存各部分格式和信息。word 更多地体现一种人工干预和预先设定的过程，是待用户自己输入内容后直接套用模板。而本书所研究的自动排版，是已经获取内容后的自动排版，自动排版的规则也是区别于 word 固定格式的一种个性化表现，体现了结合偏好的自动化排版过程。

自动排版的定义中已简单说明了其大体流程，从系统接收自动排版的请求开始，根据版式算法抽取版式，并结合内容主题生成排版规则，将内容和版式结合后进行封装，完成自动排版的全过程。如图 6-1 所示。

排版系统处于检索系统之后，检索系统已经根据用户检索请求，从知识库中提取出相关内容，进而产生了自动排版请求。在处理排版请求的环节需要加入用户偏好，从用户偏好库中提取出关于排版的偏好信息，如用户年龄、学科背景等，同时，排版请求源于用户的参与行为，其也可以作为偏好信息，归入偏好库中，作为历史信息记录保存。在排版请求的基础上，形成版式生成算法，这一算法是版式的决定要素。根据算法确定排版版式，并利用关键词确定搜索出来的出版内容，两者共同形成基于内容主题的排版规则。如大众类出版物版式较为活跃，教材教辅类出版物版式较为规矩等。在排版规则的指导下，将待排版内容输入选好的版式中，最终封装成出版物传递给用户。

排版请求是自动排版发生的首要条件，版式是排版的框架，内容是排版的对象，排版规则是核心，封装是排版的目的。上述解决

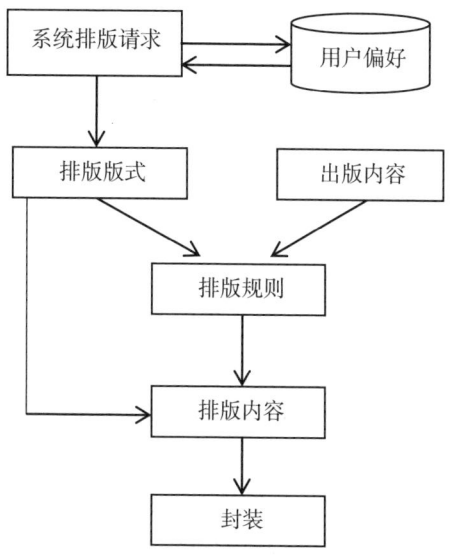

图 6-1　自动排版的解决方案

方案中，融入了用户偏好和内容主题三大子系统模块，这三个部分可概括为用户的个性化信息特征模块。从另一个角度来说，个性化需求不仅表现为用户输入的显性的内容需求，更表现为用户自身的隐性的偏好需求。自动排版找到了两者的契合点，在排版的不同环节巧妙地挖掘出了这两种需求，为用户个性化信息行为的发生创造了条件，以提高其对出版物产品的满意度。

自动排版不仅仅是排版软件的智能化应用，支撑其兴起和发展的动力是数字出版技术，技术资源、内容资源的博弈与融合，必然会成为未来出版业的核心竞争点。

首先，自动排版能增加信息内容的附加值。自动排版不是针对某一本书，而是可以将自由组合起来的内容进行自动编排。信息的多元化、海量化、无序化是在知识爆炸时代的显著特征，将这些信息根据用户的需求高效地提取和组合，是满足用户知识偏好的主要途径。传统的排版方式，无法将不同的信息内容依用户偏好的方式呈现出来，即使能够呈现出来，也需要大量的人工干预，浪费成本。自动排版恰好可以解决这些问题，在节约成本方面起到了不小作用。它在不增加计算机运行负担的前提条件下,将人力资源和计算机资源结合起来,对信息内容资源进行了二次利用,增加了知识内容的附加值。此外,自动排版在计算机系统内部完成,缩短了出版物生成时间,为信息内容的价值提升创造了良好的环境,这也是知识组织理论的应用拓展。

其次,自动排版能为用户提供个性化的用户体验。对于传统的纸质图书而言,版面设计在编辑环节,不需要用户参与,编辑按照个人审美标准和同类书的排版风格进行版面编排,用户被动地接受版面样式。某些情况下,编辑可能会在进行用户阅读习惯等调查的基础上排版,但仍然无法避免统一单调的版式设计。而自动排版,是根据用户偏好,实现出版物内容的个性化呈现,它是对内容的一种包装,为用户提供了个性化的体验。自动排版后的出版物是已经封装好的出版物,可以直接传递给消费者。同时,封装既是内容版权保护意识的体现,又将自动排版视为智力劳动和脑力劳动的成果,保护了自动排版的知识产权属性。从用户的角度来说,需求的知识内容被封装成了一个新的出版物,即使是相同的内容需求,不同用户得到的封装版本也具有不同的版面风格,满足了个性化时代的差异化需求,增强用户的使用体验。自动排版也可以被认为是一种特殊的营销手段,用户的购买决策受到内外部因素的共同影响,而自动排版是出版商为影响购买决策能够作出的努力之一,它能够尽可能地缩小用户阅读时的感知质量与阅读前期望质量的差距,为保持用户黏性、培养用户忠诚度提供可能。

最后,自动排版为可变数据印刷的发展创造机会。可变数据印刷(Variable Data Printing)是按需印刷的一种,也是传统意义上印刷环节自动排版概念的衍变。它是指在连续印刷的过程中,通过改变数据信息印刷出不同的出版物内容,又被称为可变信息印刷、定制印刷、信息印刷等,数据库出版也属于这一类。为了满足用户日益多样化的信息需求,它根据预先设定好的包括内容、格式等页面要素,针对不同的客户进一步进行设计而成。本书所研究的自动排版,从字面上理解应该是可变数据印刷的前一环节,但是在数字出版时代,它也可以看作可变数据印刷的一种特殊形式,是在出版物

6.3 基于阅读视觉的眼动实验

交付给消费者的最后一个环节实现个性化定制。它将智能聚合后的用户信息内容需求,按照预先设定好的版式,自动将文本内容和图片灌进页面当中。因而,自动排版在数字时代创新了可变数据印刷的发展途径,拓宽了可变数据印刷的发展视野。

6.3 基于阅读视觉的眼动实验

6.3.1 排版规则与阅读规律

现行的数字出版物在排版方式上与纸质出版物相类似,均由编辑团队利用排版软件编排完成,需要耗费大量的人力与资源,与此同时,在阅读流式滚动的数字内容时,用户的阅读偏好也会相应发生改变,这样的排版方式无法精准符合用户需求与关注点,因而无法实现很好的引读效果,易造成信息传递效率低、用户忠诚度降低甚至用户流失等问题。随着数字出版技术属性的不断增强,为了解决以上传统排版方式存在的不足,各个数字新闻公司积极研发最符合数字流式阅读的自动化排版技术。自动化排版技术能够很好地整合出版资源,并在不使用大量编辑成本的情况下,根据阅读者的视觉焦点变化提供个性化阅读服务,而这项技术依赖的正是数字出版中阅读视觉分布规律的应用。通过基于眼动仪等设备的实验校准,编辑可以总结出读者使用新闻网站时的视觉分布规律与视觉焦点,并评估页面组成要素对引导阅读的影响力,从而迎合受众的关注点,生成针对不同读者群都能视觉友好的出版内容阅读界面。总之,阅读分布规律不仅可以成为传统编辑团队调整页面布局的参考依据,也能应用于自动排版技术中提升机器智能化排版工作效率,这有利于数字出版物进行有效的页面导读,高效传达想要传递的信息,进而提升营销效率与盈利水平。

个体在经由阅读过程获取信息时伴随着一定的心理习惯和行为规律,在这个过程中,眼睛的视觉观察和焦点选择也会融入多种心理活动,从而体现出特定的视觉运动习惯,这就是阅读视觉分布规律。因此，基于阅读视觉规律，排版者在排版时可以将想要受众特别关注的信息放置在受众的视觉焦点处，也可以通过各方面的技法和技巧引导受众视线，从而重构阅读视觉分布，让受众的注意力首先集中到排版者所希望其最先看到或者给予最大关注的区域。

自动化排版技术与个性化服务理念的应用，可以通过研究读者用户的阅读视觉分布规律，为其提供更好的阅读体验，满足读者日益增长的个性化阅读需求，实现内容价值和经济收益共同增长的目标。另外，相较于无序的页面设计和内容排版，遵循阅读视觉分布规律的阅读界面排版能大大减少阅读壁垒，吸引更多读者用户的点击与交互，提升流量，增加内容附加值，对于出版知识服务系统建设具有积极意义。同时这也可以为电子书、公众号推文等其他数字出版物的排版提供有价值的参考信息和辅助技术，有利于推动数字出版全产业和全媒体发展。

目前基于眼动实验的文献有很多，但对于阅读视觉分布规律的研究，主要集中在传统教学领域，有部分文献将其迁移应用到社交和多媒体领域，而在数字出版领域还只涉及网页整体设计或封面与新闻标题设计。

王剑兰在《画眼的形成——浅析画面中各因素对视觉焦点的影响》中发现受众阅读视觉分布中的视觉焦点会出现在画面固定的位置，并将其称之为画眼，同时分析了画面中色块对比、指向性、图案分布等要素对人的视觉的影响作用。2017年，刘世清等人在《多媒体浏览行为与指示性引导元素的关系研究中》提出在多媒体教学过程中，指示性引导元素可以影响与重构学习者的阅读视觉分布，从而帮助提高学习者的注视程度。国外关于阅读视觉分布规律与视觉焦点效应的研究更为广泛。Jeremy M. Wolfe（2017）在 *Visual Attention: Size Matters* 中关注了大小这一属性对人的视觉注意的影响。同年，Miguel P. Eckstein 等发表在 *Current Biology* 上的文献表明人容易忽视那些和环境相关的巨大物体，而深度神经系统并不会有类似的缺陷。另外，认知心理学和设计领域的成熟理论也提供了一定参考，如"格式塔理论"等。

对于读者阅读视觉分布规律的测量方法，有以下研究：周鹏生

(2009)在《眼动实验中的操作和数据统计》中详细描述了眼动仪在实验中的使用方法与实验过后数据的统计分析操作,并提出在心理与教育研究中,眼动实验是探讨心理内部机制的一种重要手段,为后续眼动实验的开展提供了很强的实践参考价值。李娜(2015)在《中学生多媒体浏览行为的眼动实验研究》中,将眼动实验运用在了阅读行为与出版研究领域,开创性地提出眼动实验是研究读者阅读视觉分布规律的有效方法。

阅读视觉分布规律的研究现已广泛运用到网页设计、教育领域中。李静(2013)提出网页设计的极简主义,利用较短的代码和网站资源将最重要的内容简单地呈现在用户面前,通过降低界面复杂性来降低视觉感知的复杂性,使用户获得较好的视觉体验。同年,梁爽针对性地研究了基于视觉焦点分布和阅读规律的购物网站设计,主要着眼于导航栏的设计、动态网页和静态网页的比较以及网页界面色彩分布与对比。肖健文等人(2018)在《基于眼动仪的学习者敏感元素研究》中利用 Tobii 眼动仪对教学课件中学习者的敏感因素的搭配方式进行研究,得出了学习者的个性化敏感元素模型,以此为根据有针对性地为学习者开发和推送学习资源,还提出了利用受众的阅读视觉分布规律来增加目标产品的使用效果。

同时,基于读者阅读视觉分布规律的研究在数字出版领域和多媒体领域也已有所应用。王珏等人在《文章难度与呈现方式对多媒体阅读的影响——基于 H 学院的眼动实验分析》中,探寻文章难度、呈现排版方式等因素对读者阅读视觉分布规律的影响,并基于此对设计多媒体阅读材料提出了新的建议与原则,希望推动多媒体阅读的进一步优化。此文章将阅读视觉分布规律与读者的多媒体阅读联系起来,为本章基于阅读视觉分布的自动排版系统的设计和实现提供了借鉴。

6.3.2 眼动实验假设

本章旨在通过读者阅读时的眼动实验来总结其对应的视觉焦点,并根据读者在阅读时所体现出来的阅读视觉分布规律提出相关的设计排版建议。其中，重要的是保证相关阅读视觉分布规律的探究结果能准确反映客观实际，规避主观判断和环境影响等因素带来的偏差，以此确保归纳得出的设计排版建议真实有效。在视觉焦点和阅读视觉分布规律的过往研究中，眼动仪能够精确捕捉读者在阅读时眼球运动的全过程，进一步得出读者在数字阅读时的阅读视觉分布规律。

为了能够获得实用且具有良好效果的排版设计，有必要通过实验总结出读者用户的阅读视觉分布规律，并探究内容排版页面中各要素对用户的视觉引导作用和聚焦效果。为此，以新闻类网站为代表的数字出版产业与新媒体公司若想为用户提供个性化阅读体验服务，就必须了解不同受众阅读时的眼球运动过程和认知偏好。基于以上目标与理论，笔者提出了如下问题，并通过控制变量的方法进行对照实验，希望得到更为精确有价值的结论。

问题一：用户浏览页面时是否存在特定位置的视觉焦点。

出版领域普遍认为，用户在进行阅读时会遵照"F"型或"E"型的路径，因此视觉焦点主要存在于各段的开头部分。另外，平面设计领域认为，用户首次接触一个全新的页面时，会不自觉地关注屏幕四周，在若干反应时间后才会之间关注到屏幕中央的主体部分。这源于用户对页面基本信息的了解渴求度。基于以上两种成熟的经验，新闻类网页排版时需要注意段落总起句、导航栏等位置所能提供的信息的重要程度。因此，实验需总结出用户阅读新闻类网页时的视觉热力图与视觉焦点分布图，这是探寻读者视觉分布规律以及网页排版过程中最基础的依据。

问题二：用户的视觉焦点能否被引导。

排版意为通过适当的方式方法，将文本、图片、图形等要素按照一定的顺序排列呈现，以达到编辑者的目的。平面设计时常通过色彩对比、位置关系等方法吸引用户注意力，以便传达信息与情绪。在新闻类网页排版设计的过程中，也可以通过类似的方法引导转移读者关注点，从而更好地呈现页面信息，突出重点以达到页面流量增值的目的。因此实验需总结出用户的视觉焦点能否被引导，并总结出相应的规律，为重点信息的放置提供基础。

问题三：页面中的图片要素是否具有更强的吸引力。

相较于纯文字内容，图片的色彩更为丰富，表现形式更加多样，因此在页面中更为突出。在新闻类网页的内容中无可避免地会存在图片信息，因此如何利用图片提高页面可阅读性是每一位编辑需要重视的问题。实验需总结出页面中的图片要素是否对用户具有更强的吸引力，并探寻图片的位置不同是否会对吸引力的大小产生影响。

问题四：页面中文本信息的排版特征对用户视觉停留时间的影响。

数字阅读时代，用户的时间趋于碎片化，因此对于数字出版物来说，用户的注意力与注意时间十分有限。就新闻类网页来说，文本信息所占比重通常会达到80%以上，在这种客观情况下，文本信息的排版方式和排版特征就决定了新闻类网页内容的可读程度和复杂程度，也决定了用户能否在关键信息上花费更长的时间。因此，本次实验需总结出用户视觉停留时间受到页面中文本信息排版特征影响的程度，这里的排版特征包含字号、字体、行间距、段间距等。

问题五：不同性别用户的阅读视觉分布规律是否一致。

对于阅读内容而言，男性阅读者偏向于时政热点、军事、体育等主题，女性阅读者则更偏向于时尚、娱乐等主题。因此，对于不同主题的内容进行排版时，若能按照性别描述用户画像，并参照相应的规律进行排版设计，就会达到事半功倍的效果。因此实验需总结出性别不同的用户在阅读时体现出的阅读视觉分布规律，具体体现在浏览顺序、兴趣区、视觉停留时间等方面。

6.3.3 实验准备

本实验所采用的实验设备是 Tobii 远程式眼动仪与 Tobii Studio 应用软件。Tobii 远程式眼动仪在同类实验设备中技术成熟且较为先进，直观化、流程化的操作过程允许被测者和研究人员无需大量培训就能轻松上手操作。在使用时，Tobii 远程式眼动仪对被测者的头部无约束限制，只需将其固定在测试屏幕下方即可。该眼动仪可记录被测者注视时间、注视次数、眼球移动轨迹、扫视频率等眼动指标，具有数据实时观察与后期可视化图表如轨迹图、热力图、簇集图自动生成的功能，是目前基于眼动实验的研究中所采用的主要机型。

基于业内标准，为了使实验结果具有较高的可靠性和普适性，实验共招募了20名被测者，10名男性10名女性，年龄分布在18~25岁。被测者无色盲、色弱、斜视等问题，且日常有使用数字阅读与获取数字信息的习惯。实验过程保证实验室安静且光线明亮，无外源光的强刺激与干扰，被测者无剧烈的心理负担或情绪波动，测试人员实验前并未知晓实验内容。实验模拟了用户数字阅读的真实场景，选用素材内容均经过仔细遴选，为避免实验材料内容的影响和干扰，素材不涉及任何专业背景和学科偏好，均为用户平时进行一般新闻数字阅读时可能接触到的材料。

根据实验前提出的问题，本实验材料分为四组。

第一组包含2张无意义的壁纸图片、2张新闻截图和1个PDF文件。其中，壁纸图片内无特殊符号、无引导元素、无特征点、无情绪与信息传达，旨在探究用户面对无意义图时视觉自然分布点。两张新闻图片分别为谷歌公司临时工待遇和一起拐卖儿童事件，旨在探究用户面对纯文本内容时的阅读视觉分布。而PDF文件为文章《荷塘月色》。

第二组包含1张有明显视觉引导要素的图片、2张包含广告元素的新闻截图，1个包含文章《济南的冬天》的PDF文件（部分句子采取了加粗和颜色处理），1个有关苹果公司新闻的PDF文件（其中添加了若干图形符号引导要素）。

第三组包含2张关于蒙汗药的同质新闻截图，一张页面上端配图，有大量文字；另一张配图在页面中占比较大，仅在中部有少量文本信息。

第四组包含3*3个PDF文件。其中有3个为关于赵立新的同质新闻，文件内容分别采用了相同间距、相同字号的不同字体（分别为宋体、楷体、黑体）的文字呈现；另3个为关于患者隐私问题的同质新闻，文件内容分别采用了相同字体、相同字号、行间距不

6.3 基于阅读视觉的眼动实验

同的方式呈现；再有 3 个为关于波音公司的同质新闻，文件内容分别采用了相同字体、相同行间距、字号不同的方式呈现。

6.3.4 实验具体操作

实验前，对每名被测者均发送了一份实验须知，其中包含实验室规定、实验设备操作指南、实验注意事项等内容，在避免实验过程中被测者对实验设备和实验室环境有较大的负面影响的同时，也能相应提高实验进行的顺畅度与实验结果的准确度。

实验当天，安排被测者有序到达实验室，并妥善安排好每一位被测者的实验时间。引导被测者进入房间，在相应位置就座，为其再次讲解实验内容，并请被测者仔细阅读实验室内张贴的实验注意事项。告知被测者将会浏览的新闻网页，要求其按照平时正常的数字阅读习惯进行浏览，无需有任何心理负担和心理情绪，尽量做到心情平和且自然。实验过程中，被测者可与测试人员就任何出现的问题进行沟通讨论，如遇突发状况，需给被测者一定的缓冲与心情平复时间，待状况解除后，再切换至实验场景。

实验校准时，需要被测者与显示屏同高，并双目平视显示器，保持眼球与屏幕间 70 厘米的距离。基于 Tobii 远程式眼动仪采用的九点瞳孔校准法，被测者的眼球需跟随屏幕上出现的红点移动，若在此过程中出现偏差过大的情况，需要进行多次校准，直到水平与垂直方向的矫正条都呈现绿色为止。至此，Tobii 眼动仪的眼球校准已基本完成，可高精度捕捉被测试者的眼球运动过程与聚焦情况。在实验全程需要被测试者保持头部静止，尽量减少眨眼次数，以避免发生因大幅度头部位移和眼球捕捉失效而导致的数据误差和采样失败等情况。

实验开始时，屏幕上出现本次实验引导语，若被测者无异议则按下空格键开始实验。本次实验将按照实验材料分为四小组进行，分组情况与依据已于上一节中给出，每两小组实验中间会提供 5 分钟的休息与调整时间。每小组实验材料均包含图片与 PDF 文件两种表现形式，且规定被测者进行每小组实验时先浏览图片后浏览

PDF 文件。

浏览图片环节，显示屏上将依次出现预设的图片，该环节不限制浏览时间，被测者确认获得图片包含的全部信息或确认浏览完毕后自行单击鼠标进入下一张图片。

浏览 PDF 文件环节，显示屏上将展示预设的 PDF 文件，其页面缩放比例均为固定值：80%。浏览每一个 PDF 文件时不对被测者做时间限制，被测者确认读完文件包含的全部信息后则可联系测试人员，进行下一个 PDF 文件的阅读。当第四小组的最后一个 PDF 文件被浏览完毕后实验结束，并自动存储数据。

实验完成后，测试人员将与被测者交流实验中的体验，解答被测者提出的疑问，并记录被试者对于实验全过程的意见反馈作为下次实验的改进依据。

实验探究读者在阅读时的阅读视觉分布规律，并着眼于分析数字出版物排版与读者阅读行为之间的关系，采取严格遵循控制变量的实验方法。被测者视觉正常，性别不同，并长期拥有阅读新闻网站内容的习惯，能够代表大多数用户的数字阅读模式。选用的实验材料具有典型性、无指向性和诱导性，与信息内容无关，仅与排版方式等要素相关，很好地贴合了实验目的与要求，并且能反映新闻类网站排版的实际情况。实验采用高精度的 Tobii 眼动仪作为实验设备，能够高效记录真实的眼动情况与阅读轨迹，实验设备能够很好地满足实验需求。实验时严格遵循设计好的实验步骤，能够确保实验所得数据真实有效，注意事项的设定也可以确保实验室良好的整体情况，减少实验误差的产生，保证了实验所得结果的科学性和准确性。

6.4 实验数据分析与视觉规律提取

6.4.1 实验数据获取

基于业内标准，眼动实验眼球采样度高于 60% 为有效数据，

6.4 实验数据分析与视觉规律提取

因此本次实验共有 20 名被测者(10 男 10 女)参与,剔除眼球采样度在 60% 以下的无效数据,共保留 18 个有效样本(8 男 8 女),男女性别比 1∶1,保证了实验样本的丰富度与实验结论的准确性。

Tobii 眼动仪记录的数据包含被测者的眼动轨迹视频、视觉焦点簇集图与注视时长,视频的具体参数为:帧宽 1920,帧高 1080,帧速 10 帧/秒。以上所有类型数据均可使用 Tobii Studio 软件进行查看、处理与导出。

为了有效验证和解答实验设计时所提出的问题,提取出切实可信的用户阅读视觉分布规律,在实验数据分析前,还需要对 Tobii 眼动仪所记录的数据进行处理。笔者主要选择了 Excel、SPSS 两款软件对注视时长数据进行了方差、中位数、极差等标准的计算,并对男性被测者和女性被测者数据整体的平均值进行计算。另外,还使用 Tobii Studio 软件根据视觉焦点簇集图制作了视觉分布热力图,根据眼动轨迹视频生成了眼动轨迹图。

6.4.2 实验数据分析与视觉规律提取

(1)对于"用户浏览页面时是否会存在特定位置的视觉焦点"这一问题。

本次实验首先选取了两张无意义的壁纸图片。图片内无任何特殊符号,无内容含义,无引导元素,因此图片上任意一点被关注的概率均等。通过观察这两张图片的眼动指标,可以推测出当用户接触到一个新的页面时视觉无意识聚焦的位置和扫视的区域,并得出对界面内容没有任何心理预期时,用户视觉在屏幕四周和屏幕中央位置的聚焦差异。其次,本次实验选取了一个包含《荷塘月色》文章内容的文本文件,分段均匀,通过观察分析阅读这个文档的相关眼动指标,可以推测出用户在接触文本信息内容时视觉的聚焦区域和眼动模式,并得出相应的视觉阅读分布规律。最后,本次实验选取了两个网易新闻网站的新闻截图,新闻截图结合了上述两种实验材料的特征,通过观察记录相应的眼动指标,可以得出根据无意义图片和同质文本所归纳出的阅读视觉分布规律在读者使用新闻类网站进行数字阅读时是否适用,并生成相应的热力图。

热力图依照受众注视频次与时长乘积绘制而成,图上温度越高颜色越饱和的区域,表明受关注更多。簇集图/兴趣区剔除掉用户扫视或眼跳的区域,集中勾勒出受众密集注视的区域。

对于无意义壁纸图片,因图片无诱导性,图片上每一处被聚焦的可能性都是相等的。通过观察这四张图片的眼动指标,可以合理推测出受众首次打开陌生网页,对界面内容没有任何心理预期时,无意识注视或扫视的位置。测试者在阅读这两种壁纸时视觉停留后产生的热力图如图 6-2 所示。

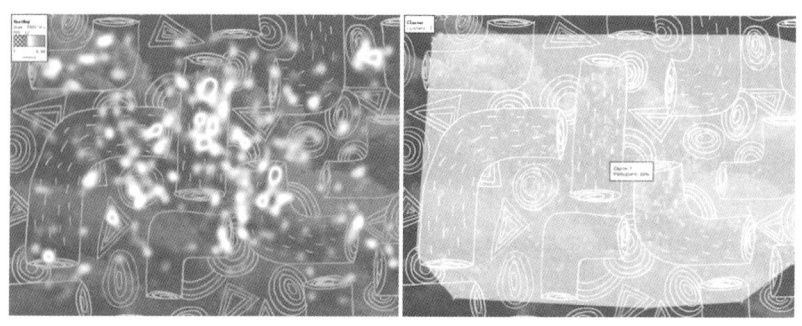

图 6-2　无意义壁纸图的热力图及簇集图/兴趣区

可以看出,用户在接触内容无意义且无引导元素的图片时,视觉主要聚焦在屏幕中央区域,即热力图中红色的点均落在中央位置且中间部分颜色饱和偏暖,说明受被测者关注较多;仅有少部分点落在图片四周位置且边缘部分颜色偏冷,说明受被测者关注较少。由此可以得出,当用户接触到一个新的页面时,会自发认为屏幕中央位置的内容比四周位置的内容要重要许多,并不自觉地花费更多视觉精力阅读和观察中央区域。

对于纯文本同质内容,包含《荷塘月的》文章内容的同质 PDF 文件的阅读过程视觉停留的热力图如图 6-3 所示。

可以看出,用户在阅读同质文本内容的文件时,视觉的分布与段落的分布相关,读者的视觉主要聚集在各段的段首句上,即热力图中每一段的开头位置颜色饱和偏暖,并呈现出典型的"E"型阅读

6.4 实验数据分析与视觉规律提取

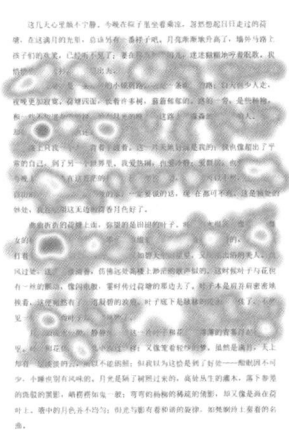

图 6-3 《荷塘月色》文档的热力图

模型。

而同样是纯文本阅读，测试者在阅读两张网易新闻网站新闻截图时的热力图如图 6-4 和图 6-5 所示。可以看出，读者在使用新闻网站进行数字阅读时也遵循上述阅读视觉分布规律，即视觉点 95% 以上均位于屏幕中央位置，说明用户对屏幕中央的主体部分更感兴趣，另外每段段首位置颜色最为饱和突出，说明用户在阅读文本信息时会潜意识的仔细阅读段首句，遵循"E"型阅读规律。

(2) 对于"用户的视觉焦点能否被引导"这一问题。

本实验没有采取对照实验的方法，仅单独验证图片以及文本信息内容中各类常见的视觉引导要素对用户视觉焦点的牵引作用是否明显。为此，笔者在实验设计过程中首先为测试者选取了一张有明显视觉引导要素的图片，图片内容是一个男人眼睛侧瞟其右侧的甜甜圈。其次，再为测试者选取了一个包含文章《济南的冬天》的 PDF 文件(部分句子采取了加粗和文本颜色变换处理)和一个有关苹果公司新闻的 PDF 文件(文本信息中添加了以向下箭头为代表若干图形符号)。通过观察这两个文件的眼动数据，得出在文本信息中，文字加粗、字体颜色(如红色凸显)、图形符号这三类视觉引导要素对用户阅读行为的影响。最后，笔者还为测试者选取了两张

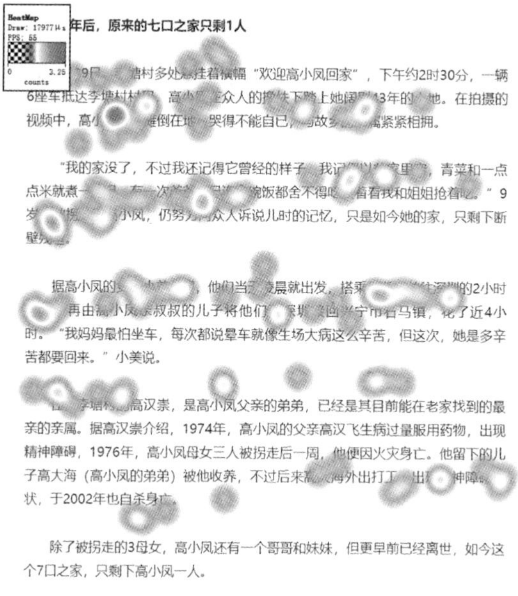

6 基于视觉焦点的自动排版

图 6-4 网易新闻网站截图 1 的热力图

图 6-5 网易新闻网站截图 2 的热力图

6.4 实验数据分析与视觉规律提取

网易新闻网站中包含广告元素的新闻截图，其中广告信息包含图片和箭头等元素，并且字体有明显的变化，这一部分的实验主要关注现如今数字出版物盈利的主要方式——广告，通过观察相应的眼动眼动指标，可以得出用户在数字阅读中遇到广告时，其视觉焦点的迁移情况，为广告要素的设计与放置规则提供依据。

测试显示，对于包含视觉引导要素图片，测试者阅读时的热力图和眼球轨迹图分别如图 6-6 和图 6-7 所示。

图 6-6　视觉引导图的热力图

图 6-7　视觉引导图的眼球轨迹图

可知，对于图片来说，从图 6-6 热力图可以看出，被测者的视觉焦点分布范围确实为视觉引导元素引导的区域，与此同时，不受视觉引导要素影响的其他部分被弱化，且读者会主动略过和忽略这些部分所包含的信息。从图 6-7 眼球轨迹图可以看出，被测者首先关注到男子的眼睛，然后随着他的视线看向右侧的甜甜圈，视觉引导要素的引导效果十分显著。

对于包含引导要素的文本文件，测试者在阅读文本文件过程的视觉引导热力图分别如图 6-8 和图 6-9 所示。

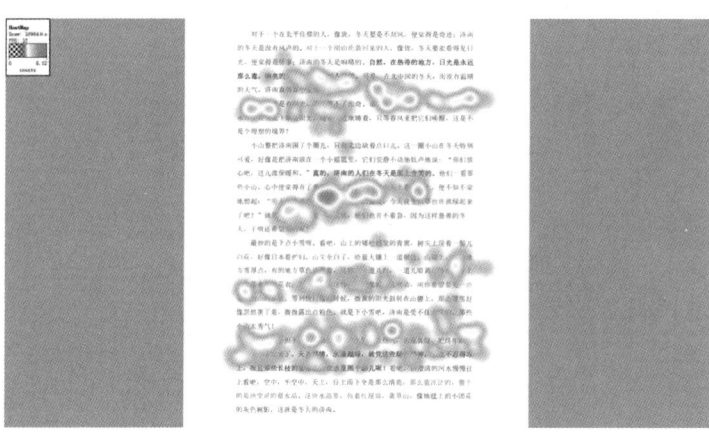

图 6-8　含视觉引导要素文本文件 1 的热力图

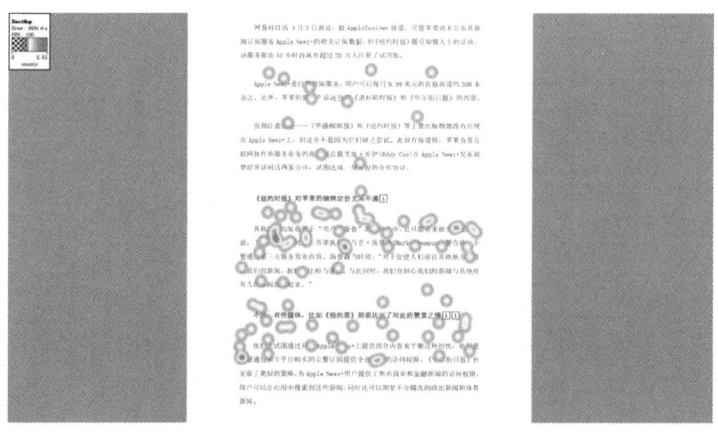

图 6-9　含视觉引导要素文本文件 2 的热力图

6.4 实验数据分析与视觉规律提取

可以看出，对于文本信息来说，被测者阅读时，会在加粗文本和异色文本上花费更多的时间.另外，在阅读文本信息时看到箭头等图形元素会主动详细阅读其指向区域中包含的内容，这个区域的范围通常为一个自然段。

对于含有广告要素的网易新闻网站新闻截图，测试者在阅读时视觉移动形成的热力图和眼球轨迹图分别如图 6-10 和图 6-11 所示。

可知，广告信息能够明显吸引读者的视觉焦点。从图 6-10 热力图中可以看出，读者明显关注广告内容，广告内容区域的颜色非常饱和。另外，从图 6-11 眼球轨迹图可以看出，读者在接触一个页面时，会首先关注广告信息，再进行其他区域内容的浏览阅读。因此无论是图片信息还是文本信息，读者的视线完全可以被引导，关注到由视觉引导元素所引导的重点部分，同时忽略非重点部分。

(3)对于"页面中的图片要素是否具有更强的吸引力"这一问题。

笔者选取了两个包含同质新闻内容的新闻截图，两个截图均包含新闻图片和新闻文字，并将图片和文字分为两个版块。其中一张为文字—图片—文字的页面布局，图版率较低；另一张为图片—文字—图片的页面布局，图版率较高。这两张图片分别供测试者阅读，并通过眼动仪记录被测者在阅读时的眼动轨迹，并利用热力图和轨迹图来反映读者最先看到的版块以及在各个版块的视线停留时长。

对于版图率低的截图的阅读，测试者阅读过程中产生的热力图和轨迹图分别如图 6-12 和图 6-13 所示。

可以看出，对于图版率较低的页面，读者会首先注意到图片内容，经过短暂的扫视后再浏览文本内容，完成文本内容的阅读后，再回到图片上进行仔细观察，但文本内容的浏览完成率较低，表明在图版率低的页面中，读者易对文本信息缺乏关注与持续阅读的兴趣。

对于版图率低的截图的阅读，测试者阅读过程中产生的热力图和轨迹图分别如图 6-14 和图 6-15 所示。

6　基于视觉焦点的自动排版

图 6-10　含广告要素的网易新闻网站新闻截图 1 的热力图

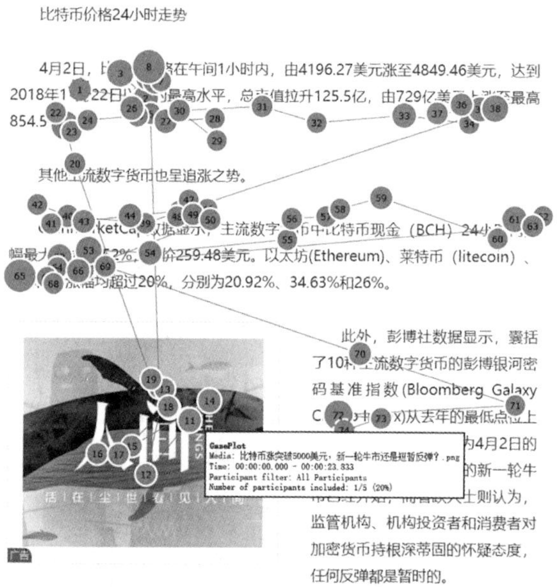

图 6-11　含广告要素的网易新闻网站新闻截图 2 的眼球轨迹图

6.4 实验数据分析与视觉规律提取

天仙子含莨菪碱、东莨菪碱、阿托品、阿朴莨菪碱、托品碱等生物碱。有特殊臭味,新鲜时动物一般不会主动采食,其中毒多是由于混入饲料被动物误食或春季缺草时误食。天仙子全株有毒,误食可导致吞咽困难、皮肤和黏膜干燥潮红、心动过速、瞳孔散大,严重可致死。根、叶药用,有镇痉镇痛之效,可作镇痉药及麻醉剂。种子油,供制肥皂。

更多的人认为,蒙汗药可能与曼陀罗花有关。这是因为,在中国历史上,曼陀罗花作为麻醉药存在而且被记载。马元《汴京记闻》中载:"五溪蛮汉,杜杞诱出之,饮以曼陀罗酒,昏醉尽杀之。"《岭外代答》中称:广西陀罗花,刻苦生原野,大叶白花,结实如茄子,而遍生山刺,乃药人草也。盗贼采干而末之,以置饮食,使人醉闷,则掣篋而趋。曼陀罗,是茄科野生直立木质一年生草本植物,草本或半灌木状。与天仙子一样,曼陀罗含有莨菪碱、阿托品及东莨菪碱等生物碱。

图 6-12　新闻截图 1 的热力图

天仙子含莨菪碱、东莨菪碱、阿托品、阿朴莨菪碱、托品碱等生物碱。有特殊臭味,新鲜时动物一般不会主动采食,其中毒多是由于混入饲料被动物误食或春季缺草时误食。天仙子全株有毒,误食可导致吞咽困难、皮肤和黏膜干燥潮红、心动过速、瞳孔散大,严重可致死。根、叶药用,有镇痉镇痛之效,可作镇痉药及麻醉剂。种子油,供制肥皂。

更多的人认为,蒙汗药可能与曼陀罗花有关。这是因为,在中国历史上,曼陀罗花作为麻醉药存在而且被记载。马元《汴京记闻》中载:"五溪蛮汉,杜杞诱出之,饮以曼陀罗酒,昏醉尽杀之。"《岭外代答》中称:广西陀罗花,刻苦生原野,大叶白花,结实如茄子,而遍生山刺,乃药人草也。盗贼采干而末之,以置饮食,使人醉闷,则掣篋而趋。曼陀罗,是茄科野生直立木质一年生草本植物,草本或半灌木状。与天仙子一样,曼陀罗含有莨菪碱、阿托品及东莨菪碱等生物碱。

图 6-13　新闻截图 1 的眼球轨迹图

6 基于视觉焦点的自动排版

天仙子含莨菪碱、东莨菪碱、阿托品、阿朴莨菪碱、托品碱等生物碱，有特殊臭味，新鲜时动物一般不会主动采食，其中毒多是由于混入饲料被动物误食或春季缺草时采食所致。天仙子全株有毒，误食可导致吞咽困难、皮肤、口腔干燥、心动过速、瞳孔散大，严重者可致死。根、叶、种子药用，有解痉镇痛之效，可作镇静药及麻醉剂，种子油供制肥皂。

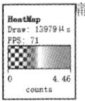

图 6-14　新闻截图 2 的热力图

天仙子含莨菪碱、东莨菪碱、阿托品、阿朴莨菪碱、托品碱等生物碱，有特殊臭味，新鲜时动物一般不会主动采食，其中毒多是由于混入饲料被动物误食或春季缺草时采食所致。天仙子全株有毒，误食可导致吞咽困难、皮肤、口腔干燥、心动过速、瞳孔散大，严重者可致死。根、叶、种子药用，有解痉镇痛之效，可作镇静药及麻醉剂，种子油可供制肥皂。

图 6-15　新闻截图 2 的眼球轨迹图

6.4 实验数据分析与视觉规律提取

可知，对于图版率较高的页面，读者还是会首先注意到图片的内容，经过短暂的扫视后再浏览文本内容，但由于文本内容较少，文本信息反而更加突出，被测者会详细阅读文本内容，浏览完成率极高。因此，图片对于读者的阅读视觉具有很强的吸引力，随着图片的增多，即图版率的提高，文本信息被逐渐重视，整体新闻的阅读完成率也会相应提高。

(4) 对于"页面中文本信息的排版特征对用户视觉停留时间的影响"这一问题。

笔者从字体、字号和排版的稀松程度这三个文本信息排版特征入手，讨论其对读者阅读的影响。为此，笔者选取了三个关于赵立新的内容同质文件，文件内容分别采用相同间距、相同字号的不同字体（宋体、楷体、黑体）的文字呈现。其次，实验选取了三个关于患者隐私问题的同质PDF文件，文件内容分别采用了相同字体、相同字号，但不同行间距的文字呈现。最后，实验选取了三个关于波音公司的同质PDF文件，文件内容分别采用了相同字体、相同行间距，但不同字号的文字呈现。这一部分的实验严格遵循控制变量法，剔除了内容对阅读性的影响作用，每组实验仅探寻一种文本信息排版特征所产生的影响，为便于清晰对应，下文根据变量将这三组实验命名为字体组、行间距组和字号组。

由于读者对一篇内容章的平均阅读时长反映了该内容的阅读性，即阅读性较低的内容会令读者花费更多的时间。这是因为，阅读性越低，读者就需要更长的时间去阅读、接受和理解内容，所消耗的精力也同样增加。另外，在数字阅读的过程中，若页面具有足够的吸引力或呈现出较高的适宜度，读者就会主动开始阅读，而阅读性较低的页面会延缓读者开始阅读的起点，从而增加其完成阅读的时间。因此，本次实验拟利用测试者对相同内容的不同阅读时长来揭示文本排版特征对读者阅读的影响。

对于不同字体的相同文件，字体组测试者的平均阅读时长如图6-16所示。可以看出，字体笔画的修饰越多，被测者阅读时长越长，也就会降低内容的阅读性。并且可以从实验结果中得出，非衬线字体即黑体，是读者在数字阅读中阅读感受最为舒适的字体。

对于不同行间距的相同文件，行间距组测试者的平均阅读时长如图 6-17 所示。可以看出，被测者阅读时长和文章的行间距呈现出抛物线的关系，即从紧凑开始，行间距越大，文章的阅读性越高，到达一个峰值后，行间距越大，文章的阅读性逐渐降低。实验比对的三个行间距中，23 磅的行间距最为接近这个峰值。

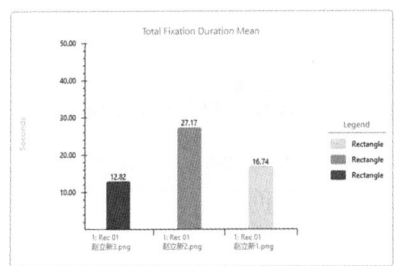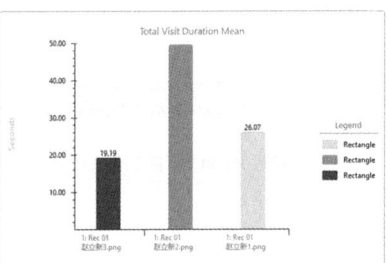

图 6-16　字体组平均阅读时长柱状图

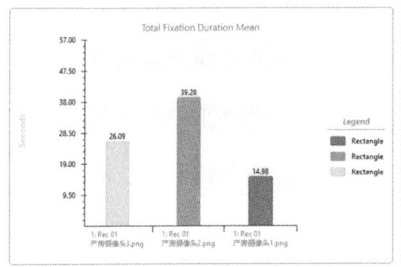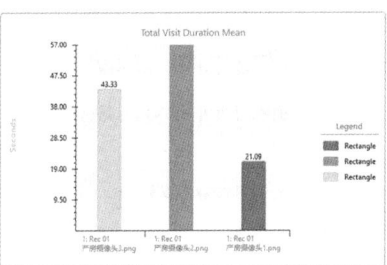

图 6-17　行间距组平均阅读时长柱状图

对于不同字号的相同文件，字号组测试者的平均阅读时长如图 6-18 所示。可以看出，被测者阅读时长和字号也呈现出抛物线的关系，即随着字号增大，文章的阅读性提高，到达一个峰值后，随着字号增大，文章的阅读性逐渐降低。实验对比的三个字号中，小四号字体最接近峰值。

（5）对于"性别不同的用户阅读视觉分布规律是否一致"这一问题。

实验使用独立样本 X 检验不同性别的被测者在浏览页面时的阅读行为模式是否有显著差异，包括凝视时间、凝视频次，检验结

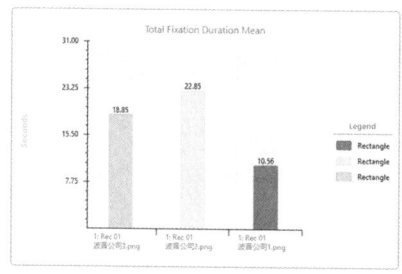 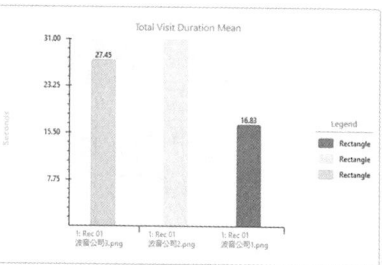

图 6-18　字号组平均阅读时长柱状图

果如表 6-1 和表 6-2 所示。

由表 6-1 和表 6-2 可知，采用 F 检验，$F = 0.952$，P 值为 $0.346>0.05$，即样本总体方差相等。假设男女性视觉焦点分布无显著差异，观察 T 统计量，在样本总体方差相等时，$T = 1.170$，自由度为 14，双侧检验，P 值为 $0.262/2 = 0.131>0.05$，不能拒绝原假设。显然，性别不同的独立样本总体方差相等，故男女性别读者的视觉焦点分布无明显差异。因此可以得出，抛开实验材料内容主题影响的情况下，性别不同的用户阅读视觉分布规律无明显差异。

综合上述实验结果，可推断出读者在阅读时，会呈现出一定的视觉分布规律，表现如下：

第一，当用户对页面内容无任何心理预期时，目光会首先注视到屏幕中央的位置，并且自然忽略屏幕四周角落位置存在的内容；而当用户进行文本信息阅读时，会对自然段段首内容进行重点关注，阅读时呈现出"E"型分布模型。

第二，无论是文本信息还是图片信息，视觉引导要素的牵引作用均十分明显。

第三，图片具有很强的视觉吸引作用，同时图版率越高的页面，文本信息会更加突出，阅读完成率也会越高。

第四，文本信息的排版特征对文章阅读性有着很大的影响，总结来说使用小四左右字号、非衬线字体、23 磅左右行间距的文本信息具有最高的阅读性和阅读舒适度。

第五，性别特征对于用户阅读视觉分布规律几乎没有影响。

表 6-1 性别差异小样本 T 检验

群组统计资料

性别		N	平均数	标准偏差	标准错误平均值
秒数	男	8	88939.38	82354.417	29116.683
	女	8	48687.63	51880.848	18342.650

独立样本检定

		Levene 的变异数相等调试		针对平均值是否相等的 t 测试					95%差异数的信赖区间	
		F	显著性	T	df	显著性（双尾）	平均差异	标准误差	下限	上限
秒数	采用相等变异数	0.952	0.346	1.170	14	0.262	40251.750	34412.702	-33556.155	114059.655
	不采用相等变异数			1.170	11.800	0.265	40251.750	34412.702	-34868.227	115371.727

6.4 实验数据分析与视觉规律提取

表 6-2　性别差异可放回样本 T 检验

独立样本检定

	Levene 的变异数相等调试		针对平均值是否相等的 t 测试						
	F	显著性	T	df	显著性（变尾）	平均差异	标准误差	95%差异数的信赖区间	
								下限	上限
秒数　采用相等变异数	0.952	0.346	1.170	14	0.262	40251.750	34412.702	-33556.155	114059.655
不采用相等变异数			1.170	11.800	0.265	40251.750	34412.702	-34868.227	115371.727

独立样本检定的重复取样

重复取样[a]

	平均差异	偏差	平均数的错误	显著性（变尾）	95%信赖区间	
					下限	上限
秒数　采用相等变异数	40251.750	1751.392	33796.030	0.281	-18747.709	113165.399
不采用相等变异数	40251.750	1751.392	33796.030		-18747.709	113165.399

a. 除非另行说明，否则重复取样结果会以 100 重复取样样本为基础。

6.4.3　视觉分布规律在出版知识服务内容排版中的应用

当代数字出版技术发展迅猛，尤其以用户为中心的个性化出版知识服务的兴起，对数字出版物的排版形成了巨大的考验。个性化出版知识服务客观上要求出版单位根据用户需求，实时定制其出版内容并封装成用户所需的出版产品形态。出版内容个性化定制意味着文本、图片和图形等要素需动态生成，而实时封装编辑手动排版不可能完成的任务，因此迫切需要依靠信息技术进行自动化的出版内容排版呈现，更好地服务于个性化阅读，满足以用户为中心商业模式的施行需要。而根据实验总结出的读者阅读视觉分布规律正是应对这一问题的关键。根据读者的阅读视觉分布规律，编辑可以进行更为精细化的排版设计，为自动化排版效率提升和以用户为中心的内容消费产品优化提供借鉴。

6.4.3.1　整体页面排版

根据实验可以得出，用户在打开无差别的普通页面时，目光首先会自然落在屏幕中央的位置，并忽略屏幕四周角落区域的内容。因此，对于页面的整体布局来说，需要最大化利用屏幕的中央区域，将信息流式排版于屏幕中央，同时最好不要采用分栏的方式，以免分散读者阅读视觉焦点。同时，由于图片等视觉引导要素对读者的视觉焦点有强牵引作用，因此为了突出阅读内容信息，编辑需要尽量移除屏幕四周放置的无特殊意义的图片或无特殊目的的插件，从而让屏幕中央的重点信息更为突出。

此外，导航栏对数字阅读产品而言是十分重要的元素。导航栏可以让用户快速定位自己感兴趣的阅读主题，以增强获取信息的准确性和高效性。因此在导航栏设计的过程中，也需要遵循读者的阅读视觉规律以达到最好的呈现效果。首先，抛开版式来说，导航栏内版块的分类需要严格遵循分类法，排序则可按照主题的重要程度或浏览热度来进行。其次，导航栏一般位于整个页面的最上方，属于易被用户忽略的灰色地带，因此导航栏内的文字和整体的装饰颜色应尽可能达到引导视觉焦点的效果，例如将文字字号设置略大于

6.4 实验数据分析与视觉规律提取

正文字号、加粗，并辅以红色等饱和度高的颜色色块加以装饰。最后，可在页面的左右两侧设置竖版导航栏，随网页一同滚动，这样的设置一方面可以让用户随时选择阅读主题，另一方面也可使得导航栏一直于中央区域(左右两侧的中央区域)，加强其存在感。

6.4.3.2 文字信息编排

文字信息是阅读内容中占比最大的元素，也是产品传达信息过程中所采用的最主要的呈现方式。由于文字信息的排版特征能够显著影响文章的阅读性，因此从整体上说，在排版过程中，整个页面需要做到简洁有序，各部分段落的排版特征应当相同，以减少杂乱感。从细节上说，字体、字号和间距的选择应尽量接近最舒适阅读的峰值，从而提高用户的阅读体验并逐渐提高忠诚度。字体上应当选择最适宜数字阅读的非衬线字体，字号上不宜过大以避免造成疏松感，也不宜过小以避免造成紧凑感，间距应总体选择 23 磅，并适当增加标题段首和段尾的间距，以实现突出重点的目的。

由视觉引导实验结果可以看出，在文字信息中添加一些具有视线引导意味的图形元素可以很好地将读者视线牵引到重点内容中去，显著提高重点信息的传达率。因此，在文字信息中可以适当添加箭头等图形符号，达到上述目的。但是，需要注意的是，太多的图形符号易造成读者视觉迁移的疲惫感和慌乱感，不但起不到突出重点信息的功能，还会降低整篇文章的可读性。

最后，不同出版商还应形成自己的特色，以提高品牌识别性和用户的品牌忠诚度。品牌认知不仅需要体现在提供的内容主题和行文风格中，也需要在排版设计特别是文字信息的排版特征中有所体现。因此，出版产品设计还应在遵循读者阅读视觉分布规律的基础上选择自身最为认同的字体、字号和配色方式，让读者形成鲜明印象。

6.4.3.3 图片元素编排

在数字出版时代，图片、音频和视频是不同于传统纸质出版的最主要的三个元素，是信息传递的重要补充方式。尤其是图片，充分利用图片既可以提高信息传递效率，用生动性去弥补文字的严肃性，为读者呈现多元化信息内容的同时提高整体页面的丰富性；还可以节省读者获取重点信息的时间，起到视觉焦点的引导作用。因此在内容排版的过程中，应重点意识到图片的作用，灵活使用配图的方式调整和丰富页面。由于高图版率页面能够使得文字信息突出，因此配图的放置位置首先需要遵循内容需要，再与标题等重点信息衔接，以实现最佳目的。

但需要注意的是，不包含具体意义的图片会分散读者的注意力，使文章内容弱化，因此在选取图片时需要进行严格审核。另外过高的图版率易使读者抓不到文章重点，降低文章的可读性，因此选择配图也需要注意适量适度，以免适得其反。

6.4.3.4　自动内容编排

自动化排版技术比现行大多数的排版方式与排版软件更具优势，可以应用于长文档等各类内容，在结合读者阅读视觉分布规律的基础上，由计算机按照设定好的版式自动进行文章内容信息与整体页面要素的排版放置，是数字出版发展的必经之路与必然趋势。基于读者阅读视觉分布规律的自动化排版要求编辑在设置排版样式时严格遵循用户的视觉焦点和兴趣区，将重点内容放置在读者阅读视觉分布的焦点区域，可以最大化提高碎片阅读时间的信息传递效率。另外，在整体排版样式的设置上也需要选择最适宜读者阅读的文字样式与段落分布方式，以实现易读和宜读的目的。

首先，对于重点内容的放置。根据实验结果可以看出，读者在阅读文章内容时，会遵循"F"或"E"型的视觉焦点分布，在自动化排版时需要将重点信息提取出来，放置在每段的开头位置，或采取小标题的形式强调重点内容，这样的样式选择可以帮助读者在最短的时间内提取出阅读内容的中心思想。

其次，利用图片的可引导性。由于图片的可引导性，可以在排版时将图片穿插在文章中，相比于放置在页面四周能够在更好保持读者阅读连贯性的同时，提高读者注意力。

最后，整体排版样式的选择。注意的内容主要包括以下是三点：（1）根据实验结果可以看出，读者在接触一个阅读页面时，视觉中心位于页面的中部，而非角落，因此，在设定排版样式时，应当将重点信息内容居中放置；（2）在读者阅读时选择分栏易导致视觉分散，因此在自动化排版时应采取流式风格，使读者的视觉集中；(3)从实验结果可以看出，读者在进行页面阅读时，对于中号的衬线字体如黑体，表现出极高的阅读偏爱度，同时在阅读 1.25 倍或 23 磅行间距的文字信息时，流畅度和舒适度较高，因此，在选择自动化排版样式时，文本内容的排版应按照上述标准进行。

总体来说，自动化排版技术能够高效排版阅读内容，基于读者阅读视觉分布规律的样式选择和设定，可以形成达到读者的阅读预期高标准统一阅读页面，最大化提高用户满意度与复用度，体现出版知识服务以用户为中心的商业模式。

6.5 基于视觉焦点的全媒体自动排版实现

利用眼动实验可以根据读者阅读时的视觉焦点来探析其阅读规律，为出版知识服务过程中的自动排版实现提供指导。但作为数字出版的一种，出版知识服务继承了数字出版内容与格式分离这一最大特点，意味着出版知识服务在完成自动排版过程中，还需要根据用户需要，封装成不同出版内容产品。鉴于此，本节拟在上节提取的排版规则基础上，利用不同技术，将原材料内容直接输出成不同格式的出版物，包括 HTML、PDF 甚至 Android APP 等。这一过程需要利用编程语言对文件进行处理，包括文本处理、图片压缩、字符串拼接以及在文本中插入多媒体内容并按一定预先规定的排版规则设计合适灌排算法排布等。生成 HTML 文件时，需要了解 HTML、CSS 和 JavaScript 的简单语法；生成 PDF 文件时，使用 XSL-FO 语言用于格式化 XML 数据；编写 Android 应用文件时，需要了解代码语法及文件结构。

6.5.1 技术基础

6.5.1.1 PDF 与 XML

PDF(Portable Document Format 的简称，便携式文档格式)，是由 Adobe Systems 开发的以与应用程序、操作系统、硬件无关的方式进行文件交换的文件格式。Adobe 公司设计 PDF 文件格式的目的是为了支持跨平台多媒体集成的信息出版和发布，尤其是提供对网络信息发布的支持。为了达到此目的，PDF 具有许多其他电子文档格式无法比拟的优点。如 PDF 文件格式可以将文字、字形、格式、颜色及独立于设备和分辨率的图形图像等封装在一个文件中。该格式文件还可以包含超文本链接、声音和动态影像等电子信息，支持特长文件，且集成度和安全可靠性都较高。此外，PDF 还是一种可移植文档格式，与操作系统平台无关。也就是说，PDF 文件不管是在 Windows、Unix 还是在苹果公司的 Mac OS 操作系统中都是通用的，能够忠实再现原稿的每一个字符、颜色以及图像。这一特点使它成为在 Internet 上进行电子文档发行和数字化信息传播的理想文档格式。越来越多的电子图书、产品说明、公司文告、网络资料、电子邮件开始使用 PDF 格式文件。

XML（eXtensible Markup Language 的简称，可扩展标记语言），被设计用来传输和存储数据，可以对文档和数据进行结构化处理，从而能够在部门、客户和供应商之间进行交换，实现动态内容生成、企业集成和应用开发。可扩展标记语言可以帮助使用者更准确地搜索，更方便地传送软件组件，更好地描述一些事物。

XSL-FO（Extensible Stylesheet Language Formatting Objects 的简称，格式化对象的可扩展样式表语言），用于格式化 XML 数据的语言，是 W3C 参考标准，现在通常叫做 XSL。XSL 格式化模型定义了一系列的矩形区域（框）来显示输出。所有的输出（文本、图片等）都会被格式化到这些框中，然后被显示或打印到某个目标媒介。

FOP（Formatting Objects Processor 的简称，格式化对象处理器）是第一个基于 XSL-FO 的打印格式处理器，也是第一个与输出无关的格式处理器。它是一个 Java 程序，能够从对象树中读入然后生成渲染过的页面并输出到指定的流。目前支持的输出格式有 PDF、PCL、PS、SVG、XML（以树形结构表示）、打印机、AWT、MIF、TXT 和 PDF。

在本章中，出版内容通过 JAVA 程序生成符合语法的 XSL-FO 文件，然后使用 FOP 库将之转化成 PDF 输出，或类似于生成 HTML 文件在浏览器中显示。

6.5.1.2 Android

Android 是一种基于 Linux 的自由及开源的操作系统,主要应用于移动设备,如智能手机和平板电脑,由 Google 公司和开放手机联盟领导并开发。Android 以 Java 为编程语言,从接口到功能,都有层出不穷的变化,也提供了丰富的组件和方法,给用户留下足够的自由发挥的空间。

当前的手机市场由 Android 和 Apple 公司的 iOS 操作系统占据主流,加上一小部分使用微软 Windows 操作系统的 windows phone。由于笔者的开发条件有限,因此本次设计仅以安卓系统为例,开发能在手机上阅读多媒体出版物的 Android APP,需要说明的是,这里开发的是单独阅读某一个出版物的 APP,而不是一个用来阅读的平台。

6.5.2 系统设计

笔者设计的排版系统旨在将文字和多媒体内容自动排版并生成文件,其关键点有两处:多媒体内容(图片,音频,视频等)在文字中的插入位置和排布方式;生成不同格式文件的方法。

对于第一个问题,系统将对原始资源文本的格式做出要求,即事先在文本中合适的位置用特殊的符号格式作为标识符,标识符标示出需要插入的具体文件名,出现的位置即需要插入的位置。读取文本时扫描文字内容,如果匹配到标识符,则根据一定的排版规则将多媒体文件插入相应位置。

对于第二个问题,本系统作为多媒体排版系统,预计能实现三种格式的出版物:HTML 网页格式、PDF 文件格式,以及适用于安卓手机的 APP(APK 格式)。考虑到在不同平台的兼容性等问题,自动排版系统将使用 JAVA 语言进行开发,同时,开发 Android APP 的语言也是 JAVA。系统主要实现步骤如下:

(1)在用户指定的文件夹扫描文本文件,并依次读取文本内容。

(2)在匹配到特定标识符之后,在用户指定的资源文件夹检索相应的多媒体文件。

(3)将文本按照原来读取的顺序,根据不同格式进行加工后输出，在排好文本内容后将多媒体文件插入当前段落的后面。

（4）电子书灌排算法，指在生产电子书过程中，根据前文眼动实验提取的阅读规律，生成相应的排版规则，包括书中的文字图片等素材所需要遵守的排布方式、位置、数量等，以在最大限度上符合用户的阅读习惯。

（5）对于 Android APP 来说代码需要经过编译打包，无法与 HTML 与 PDF 采用相同的方式，只能要求用户将资源文件放在规定的文件夹，然后通过一般生成 APK 安装包文件的方式运行。

6.5.3 系统实现

6.5.3.1 资源准备

为了方便程序读取和解析，系统要求使用者将不同种类的资源文件分别存放在不同的文件夹，文件夹的路径可以由使用者手动选定。假定数字出版物的章节中包括文字、图片、视频和音频四个部分，分别保存在四个文件夹中，文件结构大致如图 6-19 所示。

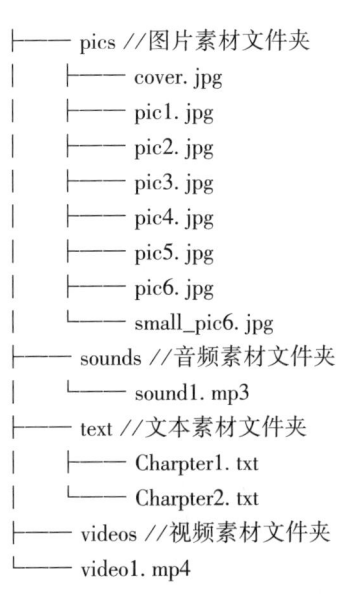

图 6-19　自动排版文件结构图

6.5.1.2　Android

Android 是一种基于 Linux 的自由及开源的操作系统，主要应用于移动设备，如智能手机和平板电脑，由 Google 公司和开放手机联盟领导并开发。Android 以 Java 为编程语言，从接口到功能，都有层出不穷的变化，也提供了丰富的组件和方法，给用户留下足够的自由发挥的空间。

当前的手机市场由 Android 和 Apple 公司的 iOS 操作系统占据主流，加上一小部分使用微软 Windows 操作系统的 windows phone。由于笔者的开发条件有限，因此本次设计仅以安卓系统为例，开发能在手机上阅读多媒体出版物的 Android APP，需要说明的是，这里开发的是单独阅读某一个出版物的 APP，而不是一个用来阅读的平台。

6.5.2　系统设计

笔者设计的排版系统旨在将文字和多媒体内容自动排版并生成文件，其关键点有两处：多媒体内容(图片，音频，视频等)在文字中的插入位置和排布方式；生成不同格式文件的方法。

对于第一个问题，系统将对原始资源文本的格式做出要求，即事先在文本中合适的位置用特殊的符号格式作为标识符，标识符标示出需要插入的具体文件名，出现的位置即需要插入的位置。读取文本时扫描文字内容，如果匹配到标识符，则根据一定的排版规则将多媒体文件插入相应位置。

对于第二个问题，本系统作为多媒体排版系统，预计能实现三种格式的出版物：HTML 网页格式、PDF 文件格式，以及适用于安卓手机的 APP(APK 格式)。考虑到在不同平台的兼容性等问题，自动排版系统将使用 JAVA 语言进行开发，同时，开发 Android APP 的语言也是 JAVA。系统主要实现步骤如下：

(1)在用户指定的文件夹扫描文本文件，并依次读取文本内容。

(2)在匹配到特定标识符之后，在用户指定的资源文件夹检索相应的多媒体文件。

(3)将文本按照原来读取的顺序，根据不同格式进行加工后输出，在排好文本内容后将多媒体文件插入当前段落的后面。

（4）电子书灌排算法，指在生产电子书过程中，根据前文眼动实验提取的阅读规律，生成相应的排版规则，包括书中的文字图片等素材所需要遵守的排布方式、位置、数量等，以在最大限度上符合用户的阅读习惯。

（5）对于 Android APP 来说代码需要经过编译打包，无法与HTML 与 PDF 采用相同的方式，只能要求用户将资源文件放在规定的文件夹，然后通过一般生成 APK 安装包文件的方式运行。

6.5.3 系统实现

6.5.3.1 资源准备

为了方便程序读取和解析，系统要求使用者将不同种类的资源文件分别存放在不同的文件夹，文件夹的路径可以由使用者手动选定。假定数字出版物的章节中包括文字、图片、视频和音频四个部分，分别保存在四个文件夹中，文件结构大致如图 6-19 所示。

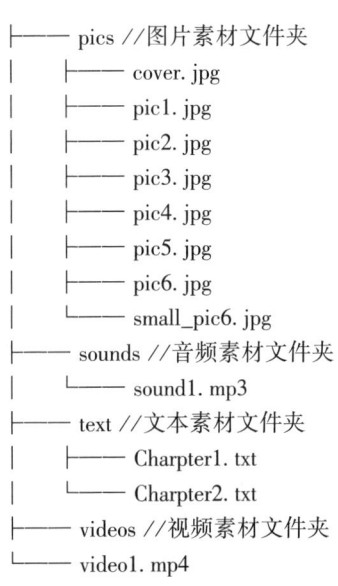

图 6-19 自动排版文件结构图

6.5 基于视觉焦点的全媒体自动排版实现

同时，程序需要分辨出在文本的哪个部分加入多媒体文件，对此的解决方案是，在特定位置的句子或段落后面，加上标识符，并说明需要插入的是哪个文件，标识符的格式如图6-20所示。

图 6-20　文字标识符示例图

括号中的是原来的文本内容，在程序识别之后依然会原样读取其中的句子，之后方括号中的内容表示文件名，文件名的开头限定为特殊的单词，用来表示不同的文件种类：pic（图片）、sound（音频）、video（视频），程序读取到文件名之后，去对应的 pic 文件夹中找到名称为 pic1 的图片，然后插入这个句子所在段的后面，具体的大小和位置根据灌排算法确定。

为了便于阅读，长篇的出版物需要分割成多个章节部分，程序默认每个 txt 文件为一个章节，并将文本文件的第一段作为标题。

6.5.3.2　生成 HTML 文件

所有的 HTML 文件都有相似的框架：最外层是 HTML 标签，包裹着 head 和 body 标签，需要在页面上显示的内容都在 body 标签中。对于网页显示的多媒体出版物，如果是科技出版物，可以在一个页面上显示完全；如果是长篇，则采取一般小说网站的做法——一个页面展示一个章节，即每个章节都生成单独的 HTML 文件，所以最外层的框架也可以单独抽取出来重复使用，形成相对独立的框架代码。

body 标签之内，h2 标签用来显示章节标题；id 为 text 的 div 标签用来显示段落内容。在 head 标签中还插入了很多样式表文件（用于修饰页面）和 js 代码文件（控制音频文件播放），这些文件是通用的，可以统一修改所有章节页面的样式和控制代码。

在程序运行时，模板 HTML 文件的读入与文本文件的读入同时进行。使用 JAVA 的 jsoup 库可以解析 HTML 文档，获取特定的标签。读取文本时，将第一段作为章节标题，放在 h2 标签中，后面的段落以数组的方式存储。对数组中的文字段落进行遍历并正则

6 基于视觉焦点的自动排版

匹配标识符,对于没有特殊标示的段落,直接将文字用 p 标签(表示段落)包裹,并加入 ID 为 text 的 div 标签里。如果有图片,则适当进行缩放后用 img 标签插入页面,根据排版规则选择左浮动右浮动或居中。如果遇到了视频音频部分,则采用以下解决方案。

插入音频: 为了让用户能在浏览网页时直观感受到音频播放效果,笔者在网页页面上放置一个播放器,在需要插入音频的地方对应放置一个播放按钮的图片,用户点击按钮,则播放器开始播放相应的音频文件。

为了实现这一功能,首先准备好需要的播放器主体代码,包括 HTML、css 和 js 文件,在需要时直接插入页面中。所有的文本和其他元素插入完毕之后,在 body 标签闭合之前,插入准备好的音频播放器代码,同时在页面右侧固定位置显示一个播放器,如图 6-21 所示。

图 6-21 网页中播放器示例图

在读取到音频标识符时,程序会去相应的文件夹扫描音频文件,在对应的文本句子后插入一个播放按钮(实际上是一个图片),点击按钮时,会调用之前在 js 代码中准备好的方法,播放相应的音频文件(文件名作为方法的参数传递),如图 6-22 所示。代码部分如代码 6-1 所示。

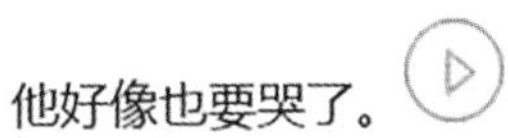

图 6-22 网页中播放按钮示例图

6.5 基于视觉焦点的全媒体自动排版实现

代码 6-1 插入音频部分代码

```
1) public String insertSound(String soundText, String soundId) {
2)     //读取音频文件,生成一个音频播放按钮
3)     String fullSoundName = this.soundKeyword + soundId;
4)     File soundDir = new File(audioPath);
5)     String newPalyLogo = "";
6)     if(soundDir.isDirectory()){
7)         File[] soundFiles = soundDir.listFiles();//遍历音频文件
8)         for(File soundFile: soundFiles){
9)             //System.out.println(file.getName());
10)            if(soundFile.getName().startsWith(fullSoundName)){//按文件名匹配音频
11)                String onclick = "play_sound('../static/sounds/" + soundFile.getName() + "')";
12)                newPalyLogo = "<img class='play_logo' onclick=" + onclick + " src='../static/img/play.png'/>";
13)            }
14)        }
15)    }
16)    return newPalyLogo;
17) }
```

插入视频：因为视频的界面一般较大,为了不影响用户的阅读体验,将视频文件放在另外的页面文件中,原来的文本变成超链接,用户若想观看视频,点击链接跳转到外部页面即可,如图 6-23 所示。核心代码如 6-2 所示。

图 6-23 视频网页示例图

代码6-2　插入视频部分代码(ToHtml.java)

1. **public** String insertVideo (String videoText, String videoId) **throws** IOException{
2. 　　//读取视频文件,生成一个视频页面,并返回打开链接的link
3. 　　String fullVideoName = **this**.videoKeyword+videoId;
4. 　　System.out.println("==========插入视频 " + fullVideoName + "==========");
5. 　　File videoDir = **new** File(videoPath);
6. 　　String newVideoPage = "";
7. 　　String newVideoLink = "";
8. 　　**if**(videoDir.isDirectory()){
9. 　　　　File[] videoFiles = videoDir.listFiles();//遍历音频文件
10. 　　　　**for**(File videoFile : videoFiles){
11. 　　　　　　**if**(videoFile.getName().startsWith(fullVideoName)){//按文件名匹配音频
12. 　　　　　　　　newVideoPage = "<title>" + videoFile.getName() + "</title><video class='video_in_text' controls='controls' height='500' style='clear: both; display: block; margin: auto;' src='../static/videos/" + videoFile.getName() + "' width='600'></video>";
13. 　　　　　　　　RandomAccessFile outputFile = **new** RandomAccessFile("src/output/" + videoFile.getName() + ".html", "rw");
14. 　　　　　　　　outputFile.seek(0);
15. 　　　　　　　　outputFile.write(newVideoPage.getBytes());
16. 　　　　　　　　outputFile.close();//输出保存html文件
17. 　　　　　　　　newVideoLink = "<a target='_blank' href='" + videoFile.getName() + ".html'>" + videoText + "</a>";
18. 　　　　　　}
19. 　　　　}
20. 　　}
21. 　　**return** newVideoLink;
22. }

6.5 基于视觉焦点的全媒体自动排版实现

6.5.3.3 生成 PDF 文件

本章采用已有的 JAVA 库来做生成 PDF 的工作，而这个过程不支持视频及音频文件，因此生成的 PDF 文件将只有图片和文字。

程序首先用类似生成 HTML 文件的过程生成 XSL-FO 文件，XSL-FO 文档是带有输出信息的 XML 文件，之后再调用 Apache 的 FOP 库，将之输出成 PDF 文件。在这个过程中关键部分是生成语法规范的 XSL-FO 文件，之后的转换则是自动化过程。根据 XSL-FO 的语法规范，首先需要定义页面的属性，包括页面的高度、宽度、边距等，再将其作为所有页面的模板，在每一页填入具体内容。XSL 格式化模型定义了一系列的矩形区域(框)来显示输出。所有的输出(文本、图片等)都会被格式化到这些框中，然后被显示或打印到某个目标媒介。

XSL-FO：XSL-FO 文档属于 XML 文档，也需要以 XML 声明来起始，如代码 6-3 所示。

代码 6-3　XML 声明示例代码

1)<? **xml** version="1.0" encoding="ISO-8859-1"? >

root 元素是 XSL-FO 文档的根元素。这个根元素也要声明 XSL-FO 的命名空间，如代码 6-4 所示。

代码 6-4　foot 根元素示例代码

1. <**fo:root** xmlns:fo="http://www.w3.org/1999/XSL/Format">
2. ...
3. </**fo:root**>

随后，需要定义文档中页面的尺寸和形状。笔者用 Layout-master-set 存储所有用在文档中的 master，即包含一个或多个页面模板；用 simple-page-master 表示定义页面的尺寸和形状的模板，每个 simple-page-master 有一个独一无二名字，之后的页面根据名

6 基于视觉焦点的自动排版

字来调用应用不同尺寸的页面,如代码 6-5 所示。

代码 6-5　页面模板定义示例代码

```
1) <fo:layout-master-set>
2) <fo:simple-page-master master-name="A4">
3) <!-- Page template goes here -->
4) </fo:simple-page-master>
5) </fo:layout-master-set>
```

对每一页面,用 page-sequence 表示针对页面输出元素的容器。在每个<fo:page-sequence>对象中包含针对每个页面布局,master-reference 属性指定这个容器使用的页面模板,如代码 6-6 所示。

代码 6-6　页面模板定义示例代码

```
1. <fo:page-sequence master-reference="A4">
2. </fo:page-sequence>
```

在页面中,使用 flow 来包含所有输出到页面的元素,而在内部则可以用 block 元素来定义一个输出块,比如段落和标题,如代码 6-7 所示。

代码 6-7　flow 和 block 标签示例代码

- <fo:flow flow-name="xsl-region-body" border="0" padding="0">
- <fo:block font-size="18pt" font-family="micro" line-height="2cm" space-after.optimum="15pt" background-color="blue" color="white" text-align="center" padding-top="3pt">
- 这里是标题
- </fo:block>
- </fo:flow>

标签中的属性和值用来定义该块的各种显示属性,如颜色、字

6.5 基于视觉焦点的全媒体自动排版实现

体、行高、边距等。这样,一个完整的可以输出 PDF 的 fo 文件结构即被定义好。

但 FOP 库本身并不能自动使用中文字体显示中文文本,需要另行配置,以避免中文显示出错。配置前需要下载好字体文件,之后生成字体矩阵文件。通常,可以通过命令行和 JAVA 转换程序两种方式来形成字体矩阵文件。笔者采用的方法是,创建一个 JAVA 程序,使用 TTFReader 类转换,如代码 6-8 所示。

代码 6-8　FOP 字体转换程序(AddFont.java)

```
import org.apache.fop.fonts.apps.TTFReader;
public class AddFont {
public static void main(String args[]){
        String[] parameters = {
        "-ttcname",
        "kaiti", //字体名称
        "/path/to/ttf/micro.ttf", //字体文件路径
        "/path/to/conf/micro.xml",   //输出的 xml 矩阵文件路径
        };
        TTFReader.main(parameters);
   }
}
```

运行该程序,会生成一个包含这个字体矩阵信息的 XML 文件。然后在 conf/fop.xconf 文件中增加配置信息来声明这个字体,如代码 6-9 所示。

代码 6-9　FOP 配置文件(fop.xconf)

```
1. <fonts>
2.     <! -- embedded fonts -->
3.     <font metrics-url="micro.xml" kerning="yes" embed-url="micro.ttf">
4.        <font-triplet name="micro" style="normal" weight="normal" />
5.        <font-triplet name="micro" style="normal" weight="bold" />
```

```
6.      <font-triplet name="micro" style="italic" weight="normal" />
7.      <font-triplet name="micro" style="italic" weight="bold" />
8.    </font>
9. </fonts>
```

这样，只要在 fo 文件中的每个 block 中指定需要使用的字体，就可以正确显示中文了。

插入图片：生成 fo 文件的流程和 HTML 类似，根据设计的标签，从指定图片的文件路径获取图片。然后根据图片尺寸，按照需要成比例缩放成合适的大小。

由于 PDF 是分页浏览的，每页有固定尺寸，不同于网页中整章可以在一个页面中看完。而根据图文混排算法，图片的排布是以页面为单位的，图片插入需要在翻页之后重新计数。为此，笔者根据眼动实验获取的排版规则，在 XML 中对生成 PDF 文档的长度、上下外边距、标题行高、一般行高进行设置。然后，计算灌排内容长度，并进行分页内容灌排。

6.5.3.4 生成 Android apk

该程序是基于 Android 开发环境的，除了需要安装 JAVA 之外，还需要 Android 开发所需要的一些软件，本质上就是一个 APP 的开发过程，但所展示的内容可以根据资源文件自动生成。

app 运行后首先显示所有的章节，点击章节则进入另一个页面，显示所有内容，考虑到手机屏幕较窄，图片将直接按照屏幕宽度进行缩放并顺序排布。音乐的播放使用按钮来控制，视频则使用 Android 原生的组件播放，其效果如图 6-24 所示。

获取资源：Android 应用程序资源可以分为两大类，分别是 assets 和 res。其中，assets 类资源放在工程根目录的 assets 子目录下，保存的是可以以任何方式来进行组织原始的文件，这些文件最终会被原装不动地打包在 apk 文件中。而 res 类资源放在工程根目录的 res 子目录下，里面保存的文件大多会被赋予资源 ID 并进行编译，这样就可以在程序中通过 ID 来访问 res 类的资源。

一般来说，图片、文字、颜色等资源都会分门别类储存在 res

6.5 基于视觉焦点的全媒体自动排版实现

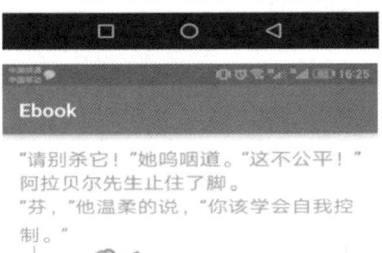

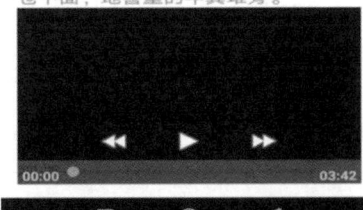

图 6-24 Android 应用界面示例图

的对应文件夹下,其他文件也可以放在 res/raw 文件夹下,每一个 res 资源在编译的打包完成之后,都会被分配一个资源 ID,这些资源 ID 最终会被定义为 Java 常量值,保存在一个 R.java 文件中,与应用程序的其他源文件一起被编译到程序中,这样就可以在程序或者资源文件中通过这些 ID 常量来访问指定的资源。

在该程序中,需要读取的文件较多,包括原始的文本文件、根据标识符字符串获取的多媒体文件等。Android 一般将文本文件放在 assets 文件夹中,多媒体文件放在 res/raw 文件夹中,图片文件放在 res/drawable 文件夹中(可通过编译进行优化,一定程度上节省空间)。获取上述文件的示例代码如代码 6-10 所示。

代码 6-10 插入图片代码

```
1. //插入图片
2. ImageView image_view = new ImageView(this);
3. //在 res 的 drawable 文件中通过文件名来获取 id
4. int imgfile_id = R.drawable.class.getField(img_filename).getInt(new R.drawable());
5. //根据 id 获取文件
6. Drawable image = getResources().getDrawable(imgfile_id);
7. image_view.setImageDrawable(image);
8.
9. //根据文件名获取文件 Uri,在后面设置资源时可以直接使用 Uri
10. final Uri soundfile_uri = Uri.parse("android.resource://" + getPackageName() + "/raw/" + sound_filename);
11. final MediaPlayer mp = new MediaPlayer();
12. mp.setDataSource(this, soundfile_uri);
13.
14. Uri videofile_uri = Uri.parse("android.resource://" + getPackageName() + "/raw/" + video_filename);
15. VideoView video = new VideoView(this);
16. MediaController mediaco = new MediaController(this);
17. video.setVideoURI(videofile_uri);
18. video.setMediaController(mediaco);
19. mediaco.setMediaPlayer(video);
```

6.5 基于视觉焦点的全媒体自动排版实现

根据获取的内容资源,系统利用 ListView 和 ScrollView 将读取到的内容资源通过灌排算法插入到页面,形成阅读界面。其中,ListView 和大部分 Android 组件类似,也可以看作布局和事件两个部分,由于其一般用来显示一组数据,因此需要绑定数据源,这可以利用 Android 提供的 Adapter(适配器)来实现。

为此,在布局文件中创建控件,在主程序中根据 ID 获取控件,可以看作一个空的容器,同时创建一个 Adapter,用数据实例化并填充 Adapter,然后把 Adapter 绑定到控件上来显示数据。之后还可以根据需要给 ListView 的每一项加上监听器,监听手指触碰点击的动作来进行跳转。其中,定义 ListView 容器的示例代码如代码 6-11 所示。

代码 6-11　ListView 布局代码

```
<ListView
    android:layout_width="match_parent"
    android:layout_height="wrap_content"
    android:id="@+id/listView"
    android:layout_gravity="center_horizontal"/>
```

单容器布局示例代码如代码 6-12 所示。

代码 6-12　容器单项布局代码

```
1. <?xml version="1.0" encoding="utf-8"?>
2. <LinearLayout xmlns:android="http://schemas.android.com/apk/res/android"
3.     android:orientation="vertical"
4.     android:layout_width="match_parent"
5.     android:layout_height="match_parent">
6.
7. <TextView
8.     android:text="@string/chap_title"
9.     android:id="@+id/title_text"
10. />
11. </LinearLayout>
```

6 基于视觉焦点的自动排版

获取 ListView 并绑定数据示例代码如代码 6-13 所示。

代码 6-13 适配器绑定数据代码(MainActivity.java)

1. //获取 ListView
2. mListView =(ListView)findViewById(R.id.listView);
3. //...获取数据(data)
4. //用数据实例化 Adapter
5. chapTitleAdapter=**new** ChapTitleAdapter(**this**,data);
6. mListView.setAdapter(chapTitleAdapter);//绑定 Adapter 到 ListView

音频播放:播放音频使用的是 Android 原生的播放器 MediaPlayer,它本身不提供视觉组件,只有一系列方法可以控制播放,笔者根据 Android 的自定义 View 编写了三个按钮作为一个按钮组整体来控制播放的开始、暂停和停止。

自定义 View 的一般过程是先定义好 View 的各个属性和属性的数据类型,然后编写 View,继承不同的 ViewGroup(RelativeLayout 等),在代码中对 View 中的不同控件实例化,将控件添加到 View 中,并添加自定义的接口方法等,之后即可在布局文件中使用相关组件。在本程序中,只需要三个按钮,省去了详细定义组件样式属性的部分,关键部分是把按钮组和播放器相关联并在接口方法中实现对播放器的控制,其实现流程描述如下。

定义按钮组 BtnGroup,在其中定义好各个控件及其显示样式,并加入按钮组容器中,之后在不同的按钮上绑定不同的触发事件,在此笔者将每个音频播放器和按钮组绑定,即在按钮组的内部来控制播放逻辑,资源加载完毕后播放器便处于就绪状态,此时点击播放按钮就会开始播放,同时该按钮会变成不可点击状态;点击暂停按钮时则播放暂停,同时该按钮的显示文字变成"继续",再次点击则从当前位置继续播放;点击停止按钮则播放完全停止。详细代码见文件自定义按钮组代码(BtnGroup.java)。

按钮组定义完之后即可在主程序中使用。首先需要提供上下文和资源 uri 来实例化一个按钮组,然后再设置按钮被点击时自定义的一些提示，控制播放的逻辑已经在按钮组定义中实现并且一般是固定的，这里便不再重复。

视频播放部分同样使用原生的播放组件，提供了播放按钮及进度条等组件，基本满足了设计需求。

本章参考文献

[1] 王剑兰. 画眼的形成——浅析画面中各因素对视觉焦点的影响[J]. 美术教育研究, 2017(11): 23.

[2] 刘世清, 刘冰玉, 宋萍. 多媒体浏览行为与指示性引导元素的关系研究——基于初中生的眼动实验探索[J]. 教育研究, 2017, 38(04): 97-102.

[3] Voit M, Stiefelhagen R. Visual Focus of Attention in Dynamic Meeting Scenarios[M]//Popescu-Belis A, Stiefelhagen R. (eds) Machine Learning for Multimodal Interaction. MLMI 2008. Lecture Notes in Computer Science, vol 5237, Berlin, Heidelberg: Springer, 2008.

[4] Ba S O, Odobez J M. A Study on Visual Focus of Attention Recognition from Head Pose in a Meeting Room[M]//Renals S, Bengio S, Fiscus J G. (eds) Machine Learning for Multimodal Interaction. MLMI 2006. Lecture Notes in Computer Science, vol 4299, Berlin, Heidelberg: Springer, 2006.

[5] 董庆波. 视觉格式塔理论设计思考[J]. 包装工程, 2011, 32(6): 25-28.

[6] 周鹏生. 眼动实验中的操作和数据统计[J]. 中国现代教育装备, 2009(11): 43-45.

[7] 李娜. 中学生多媒体浏览行为的眼动实验研究[D]. 宁波: 宁波大学, 2015.

[8] 李静. 基于视觉体验的网页界面极简主义设计[D]. 武汉: 中国地质大学, 2013.

[9] 肖健文,黄燕燕. 基于眼动仪的学习者的敏感元素研究[J]. 中小学电教,2018(10):27-32.
[10] 王珏,张屹,李智晔,宋萍. 文章难度与呈现方式对多媒体阅读的影响——基于H学院的眼动实验分析[J]. 现代教育技术,2018,28(5):26-32.

7 联合云环境下云出版知识服务平台构建

云出版利用云计算来构建基于云计算的数字出版知识服务平台，是解决当前国内出版企业，尤其中小型出版企业构建自己服务平台时面临资金短缺等问题的有效方案。但这种云服务平台受服务资源限制，不能为大范围和大规模的出版读者提供有品质保障的知识服务，需要与其他云计算系统进行联合，以扩展其服务范围和服务规模。然而，联合云计算环境下的每朵云都是一个独立个体，属不同经济利益主体，有自己的利益追求，导致联合云环境下的出版知识服务云平台扩展难以实施，成为解决当前出版企业构建弹性云出版知识服务平台面临的主要挑战。针对这一挑战，本章从我国数字出版平台建设现状分析入手，在分析我国数字出版知识服务平台建设现状基础上，引入云计算技术，提出构建云出版知识服务平台是解决当前出版企业尤其中小型出版企业建设数字出版知识服务平台所面临困境的可行方案。在此基础上，笔者提出利用联合云来解决中小型企业云出版知识服务平台资源不足的问题。随后，详细分析了传统网络服务、云计算网络服务和联合云计算网络服务的经济模式，指出联合云环境下不同云合作实质上是一种代理/委托关系，基于此，笔者设计出相应的基于经济驱动云出版扩展策略和基于经济驱动的云出版扩展方案，实验结果表明，基于经济驱动的云出版扩展策略既能保证知识服务品质，有效扩展云出版知识服务范围和服务规模，提高云出版知识服务平台的盈利能力。

7.1 联合云环境的云出版

随着数字出版的兴起，国内出版集团、出版社为加快自身数字化转型，开拓新的生存、盈利渠道，纷纷组建自己的数字出版知识服务平台。2010 年，浙江出版集团与中文在线合作推出"书香浙江"数字出版平台，为中小学生提供数字内容与知识服务。这些平台的构建和运营多采用独立自建和技术外包两种模式。独立自建数字出版知识服务平台的出版社在技术、资金方面投入较大，但是掌握了较强的独立自主性，数字出版物的开发也比较完善。技术外包主要是指出版社与技术提供商合作建设数字出版运营平台，技术方提供技术支持，进行具体的平台开发与建设，而出版社更多扮演内容提供商的角色，为平台提供相应的内容支持，自主性较差。虽然各出版社和出版集团纷纷加强数字出版知识服务平台建设，但其建设力度远远不够，以国内 108 家大学出版社为例，截至 2013 年年底，建成数字出版知识服务平台的仅有 23 家，其中大多为清华大学出版社、外语教学与研究出版社、中国人民大学出版社、上海外语教育出版社等实力雄厚的大学出版社。但更多出版企业，尤其中小型出版企业，由于资金技术等限制，在构建自己的平台时面临种种挑战。尤其是构建数字出版知识服务平台需要大量资金投入来购置相应的设备、软件和技术，并需要足够的工程技术人员来构建和运营平台，这对于资金并不雄厚的国内出版企业，尤其中小型出版企业，是难以承担的，导致了国内出版企业，尤其中小型出版企业成为单纯的内容提供者，无法构建自己的数字出版知识服务平台。

7.1.1 云出版与联合云出版

对于上述种种挑战，一种有效的解决方案是引入云计算技术，构建数字出版知识服务平台。云计算利用虚拟化技术将分布的各类网络信息资源组织起来，构建资源池（即"云"），并以统一调度和

7.1 联合云环境的云出版

按需服务的方式为终端提供服务。这种资源聚集、统一调度和按需服务的方式使得企业能最大限度利用自身资源，提高资源利用率，降低企业运行成本，有利于企业的发展。而对于出版企业来说，由于其本身具有的对各类资源消耗的强互补性，更能充分利用这种特性发挥重要作用。与其他企业在自身业务活动过程中偏重某类资源的消耗不同，出版企业在数字出版活动的各个环节对不同资源的消耗具有极强的互补性。在数字出版活动中，生产数字化过程包括出版内容数字化和出版内容生产两个环节，在出版企业内部完成，需消耗大量存储资源和较多的计算资源。而出版内容传播则指将数字出版物传输给读者，需要消耗较多带宽资源和少量计算资源。显然，借助云计算技术，出版企业除了能够利用自身资源完成现有的数字出版内容数字化以及内容生产业务外，还可有效利用额外的带宽资源为读者提供出版服务。"云计算"的自动化、集中式和虚拟化处理技术有利于企业降低系统运营成本、减少资金投入，并有效提高资源利用效率，也为中小出版企业构建自己的数字出版知识服务平台提供一种可行的方案：出版企业在构建自身企业网络的基础上，利用云构建技术，收集所有存储、计算和带宽资源，构建出版企业云，并利用出版云，在为企业提供各种信息管理和业务处理之外，还为读者提供出版知识服务。

虽然这种出版云能有效解决当前出版企业在构建云出版知识服务系统时面临的资金短缺问题，但从本质上讲，这种云出版仍然是传统的中心节点服务方式，意味着其受出版企业自身各类网络资源的限制，无法为大范围或大规模读者提供有品质保障的数字出版内容服务。一种有效的解决方式是借鉴联合云计算思想，与其他云系统合作，在适当时候利用其他云系统的资源来扩展自己的服务范围和服务规模，为更多更大范围读者提供有品质保障的数字出版知识服务。但在这种联合出版云环境下，每个出版云平台分属不同出版企业，不同出版企业间有合作的可能，但同时还存在竞争。每个出版企业都会追求自身的经济利益，这种利益差异和不同的经济利益追求使得联合云出版间的合作变得困难。显然，构建联合云出版合作策略需要深入分析联合云出版知识服务过程中的经济利益关系。

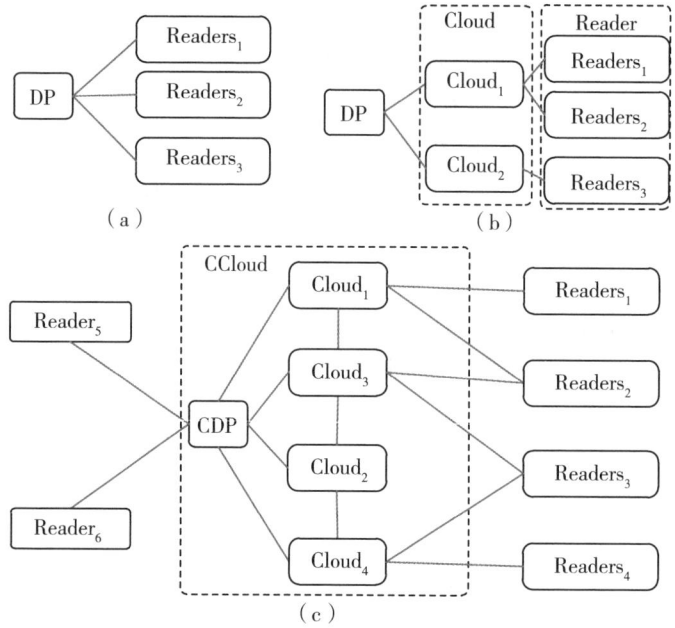

图 7-1 三种数字出版知识服务模式的经济结构

7.1.2 联合云计算环境下云出版服务模式

上文中图 7-1 为典型 C/S 结构、租用云服务平台以及联合云出版服务等三种数字出版知识服务模式的经济结构。其中：

第一类，图 7-1(a) 为典型的 C/S 数字出版知识服务模式。在这种服务模式下，出版商构建自己的知识服务平台，从互联网提供商购买带宽资源，并用自己的服务平台和互联网带宽资源为读者提供出版知识服务，获得收益。

第二类，图 7-1(b) 为出版商租用商用云计算系统资源或者构建自己的弹性出版服务平台，然后利用云计算系统搭建数字出版服务平台，并借助云出版平台和购买自互联网提供商的带宽资源向读者提供知识服务，获得收益。

第三类，图 7-1(c) 为出版企业利用构建的云出版平台与其他

7.1 联合云环境的云出版

云系统合作,共同为读者提供知识服务,获得彼此收益。

显然,在上述三种服务模式中,C/S 服务品质和范围都受到较大限制。第二类虽然出版企业无需花费太多资金构建自己的平台,也能保证一定的服务品质,但采用这种服务模式,出版企业业务发展和服务都受到一定限制。相比前两种,第三类方式不需花费太多资金,也能为更大规模和更大范围的读者提供有品质保障的服务,是一种合理的服务方式。而在这种云合作模式中,出版云的类型根据目的不同,主要分为流量分流、业务分流、服务质量/服务成本比优化三种。流量分流指当前用户请求数量过大导致服务器过载或者服务带宽满载时,出版云将一部分用户请求分流到其他的云计算系统;业务分流指出版商将旗下某一类或者几类业务的所有用户请求全部转交给其他云系统进行服务;服务质量/服务成本比优化指出版企业综合考虑所有云系统对所提供用户服务的使用体验以及服务成本,并采用相应的策略以达到服务质量/服务成本比的最优。因此,其他云计算系统对于出版企业来说,相当于出版企业出版云某些请求或业务的代理。而互联网则关注于数据传输,不同网络拥有者之间利益交换的评判标准是数据流量,包括传输流量与对等流量。在互联网中,传输流量需要付费,对等流量一般免费。与之对应,产生了客户/提供商(Customer/Provider,C/P)与对等(Peering)两种商业模式。显然,无论出版云之间联合的目的如何,其最终关系体现为流量,因为不管是请求还是业务最终都可用流量来衡量。所以,出版云与其他云计算系统间的合作是通过两朵云之间建立简单业务连接来实现其业务合作的,其核心是委托与代理。委托与代理的对象可以是用户请求,也可以是业务。CDP 将无法保障服务质量的用户请求或者业务委托给其他云系统(第一级代理)。当第一级代理无法完全为用户提供有品质保障的出版知识服务时,会将自己被委托的全部或者部分用户请求/业务再委托给其他的云系统(第二级代理)。如此类推,CDP 无法提供品质保障知识服务的用户请求由最终代理云系统来满足。

显然,要使这种合作服务有效进行下去,每个参与合作的云系统利益方的利益必须得到满足。由整体利益优先、付出/收获以及贡献平衡等原则可知，联合云出版虽然可以构成一个更大的云出版服务系统，但其在出版内容服务的整体地位并没有发生改变。而且，合作系统中参与提供服务的云系统获得利润，且所有云系统获得的收益之和应该等于整个联合云出版的收益。在这种情况下，如果云系统 i 将用户请求委托给云系统 j，则 i 与 j 共享这次服务的贡献值。假设 i 占总贡献值的 γ，则 j 占总贡献值的 $1-\gamma$。由此可得互联云出版环境下云出版知识服务的商业模式，如图 7-2 所示。

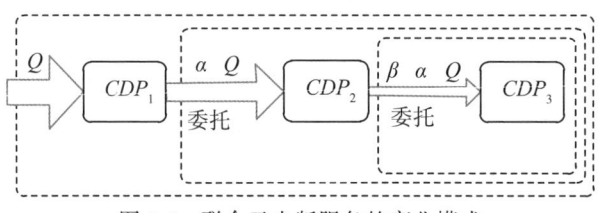

图 7-2　联合云出版服务的商业模式

如图所示的联合云出版系统包含两层、三个云系统的代理服务。设三个云系统分别为 CDP_1、CDP_2 和 CDP_3，$C=\{c_1,\cdots,c_N\}$ 表示联合 CDP 服务的所有数字出版知识集合，$D=\{d_1,\cdots,d_N\}$ 是对应数字出版知识内容的大小，$q_i(i=1,\cdots,N)$ 是每一种出版知识对应请求服务的次数。用 $\left\{Q=\sum_{i=1}^{N}q_i\right\}$ 代表 CDP_1 收到的所有出版内容服务请求。分别用 $\alpha=\{\alpha_1,\cdots,\alpha_N\}$ 和 $\beta=\{\beta_1,\cdots,\beta_N\}$ 来表示 CDP_1 和 CDP_2 委托用户请求的比例。在这里，α_i 或 β_i 为 [0, 1] 之间的数。因此，CDP_1 自己服务 $\left\{\sum_{i=1}^{N}(1-\alpha_i)q_i\right\}$ 用户请求，而将收到的用户请求 $\left\{\sum_{i=1}^{N}\alpha_i q_i\right\}$ 委托给 CDP_2，产生的流量为 $\sum_{i=1}^{N}\alpha_i q_i d_i$。$CDP_2$ 将 $\sum_{i=1}^{N}\beta_i\alpha_i q_i$ 的用户请求委托给 CDP_3，产生 $\sum_{i=1}^{N}\beta_i\alpha_i q_i d_i$ 的流量。依照付出/收获和贡献平衡原则，假设委托方和代理方共享合作服务收益，委托方享受总收益的 γ，则对 CDP_2 而言，其产生的总流量为 $\sum_{i=1}^{N}\alpha_i q_i d_i$，其获得的收益为 $F=(1-\gamma)\sum_{i=1}^{N}\alpha_i q_i d_i$。同理可计算出

CDP_3 的收益 $F = (1-\beta)\sum_{i=1}^{N}\beta_i\alpha_i q_i$。

7.2 联合云环境下云合作博弈分析

7.2.1 联合云环境下的出版企业合作博弈模型

本节描述了一个出版企业(平台1)和一个专业云服务平台(平台2)所构成的出版云知识服务供应市场,如图7-3所示。在图7-3中,出版企业可根据自身资源、能力和发展战略选择云服务方式。在资源充足、能力有余的情况下,出版企业可独自提供云知识服务;此外,也可选择与专业云服务商共同提供知识服务,或者将需求全部委托给服务商,自己仅提供知识资源。在非合作模式下,出版企业以一定价格(P_1)出售其知识内容及服务,并需要付出相应的知识生产成本(CT_1)和服务成本(CS_1),满足全部的用户需求(D);在双方合作服务模式下,出版企业将用户请求(D)的部分(α)委托给平台2,自己服务剩余的需求($1-\alpha$),双方统一服务价格为 P,出版企业需付出知识生产成本(CT_1)和服务成本(CS_1),平台2需付出服务成本(CS_2);当出版企业将全部用户需求均委托给平台2时,出版企业只需付出知识生产成本(CT_1),获取利润为总收益的 λ,而平台2以单价 P_2 出售知识及服务,获取($1-\lambda$)倍的收益,并需付出相应的服务成本(CS_2)。

对于整个出版云服务市场而言,用户需求(D)的大小主要取决于云服务的价格(P)以及云平台的服务质量(S),且需求与服务价格成反比、与服务质量成正比,其中市场价格和服务质量均取决于具体提供知识服务的平台。假设出版企业和云服务商均提供知识服务,此时用户需求(D)与价格(P)及平台服务水平间的关系为:

$$D(p, S_1, S_2) = \overline{D} - kP + \theta_1 S_1 + \theta_2 S_2 \quad (7.1)$$

在上述公式(7.1)中,$\overline{D}$ 为需求市场规模,k 为用户对价格的敏

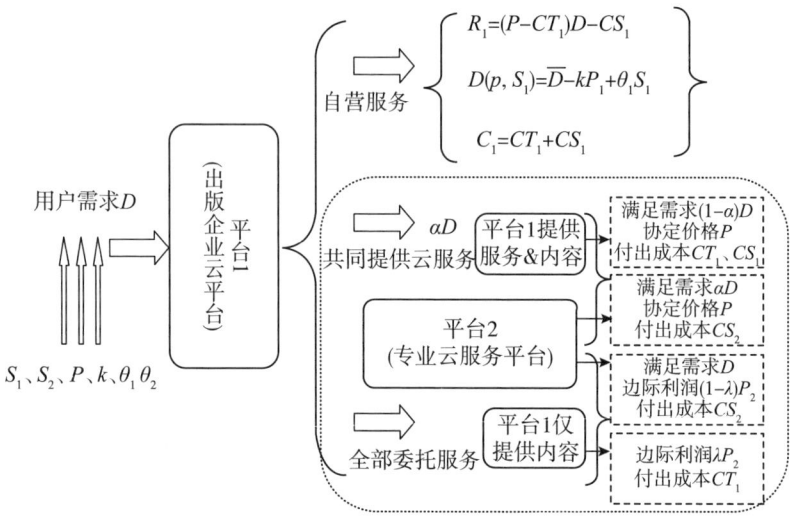

图 7-3 云出版知识服务平台合作模式

感系数,θ_1 和 θ_2 分别为用户对平台 1 和平台 2 服务质量提升的敏感系数,也即出版云平台的质量改进所能带来的边际需求量(k、θ_1、θ_2 均为正数)。当出版企业选择自营云服务时,$\theta_2 = 0$;反之,当出版企业将用户请求全部委托给其他平台时,$\theta_1 = 0$,市场需求 D 也随之发生变化。

$$D(p, S_1) = \overline{D} - kP_1 + \theta_1 S_1$$
$$D(p, S_2) = \overline{D} - kP_2 + \theta_2 S_2$$
(7.2)

云平台的服务质量取决于企业的相关投入,将企业用于改善服务质量的成本计作 $C(S)$,根据相关文献研究成果[1][2],服务成本是服务水平的递增严格凸函数,将平台服务固定成本与服务质量之间的关系表示为如下:

---

[1] 许明辉,于刚,张汉勤. 具备提供服务的供应链博弈分析[J]. 管理科学学报, 2006(2): 18-27.

[2] Tsay A, Aggrawal N. Channel Dynamics Under Price and Service Competition [J]. Manufacturing & Service Operations Management, 2000, 2(4): 372-391.

7.2 联合云环境下云合作博弈分析

$$C(S_1) = \eta_1 * \frac{S_1^2}{2}, \quad C(S_2) = \eta_2 * \frac{S_2^2}{2} \tag{7.3}$$

笔者对出版企业在合作过程中的博弈行为进行分析，本章所用参数及相关说明如表 7-1 所示。

表 7-1 相关参数列表

R_1	出版商(平台1)利润	DV	R_2	云服务商(平台2)利润	DV	
S_1	出版商(平台1)云服务质量/水平	DV	S_2	云服务商(平台2)服务质量/水平	DV	
CS_1	出版商(平台1)改善服务所需成本	DV	CS_2	云服务商(平台2)改善服务所需成本	DV	
η_1	出版商(平台1)服务成本系数	IV $\eta_1 > \frac{\theta_1^2}{2k}$	η_2	云服务商(平台2)服务成本系数	IV $\eta_2 > \frac{\theta_2^2}{2k}$	
P_1	出版商(平台1)单独服务所定价格	IV $P_1 > CT_1$	P_2	云服务商(平台2)单独服务所定价格	IV $P_2 > 0$	
P	出版商和服务商共同服务协定价格	IV $P > 0$	CT_1	出版商(平台1)单位内容生产成本	CV $CT_1 \geq 0$	
α	出版商委托给服务商的需求(D)比例	IV $0 \leq \alpha \leq 1$	λ	出版商全权委托时获取的收入(P_2)占比	IV $0 < \lambda < 1$	
$\overline{D}$	需求市场规模(饱和需求量)	CV $\overline{D} > 0$	k	用户对云服务价格的敏感系数（价格提升一单位需求的边际增加量）	CV $k > 0$	
θ_1	用户对出版商服务质量提升的敏感系数（服务水平提升一单位需求的边际增量）	CV $\theta_1 > 0$	θ_2	用户对云服务商服务质量提升的敏感系数（服务水平提升一单位需求的边际增量）	CV $\theta_2 > 0$	

DV: Dependent Variable(因变量)；*IV*: Independent Variable(自变量)；*CV*: Control Variable(控制变量，在本模型中将之视为常量，不予考虑)。本章通过探讨 *IV* 变化对 *DV* 的影响来分析出版企业的最优决策。

(1) 出版企业独自提供云服务。

在出版企业利用自营云平台提供知识服务时，市场最优服务水平 S_1、市场价格 P_1、内容生产成本 CT_1、服务成本 CS_1 都由出版企业确定，相应的市场需求 D 也由出版企业云平台的服务质量和服务价格确定。故出版企业通过提供云服务所获取的利润 R_0 如下：

$$R_0(P_1, S_1) = (P_1 - CT_1)(\overline{D} - kP_1 + \theta_1 \times S_1) - \frac{\eta_1 \times S_1^2}{2} \quad (7.4)$$

由于出版云平台知识生产成本 CT_1 相对稳定，主要受客观资源条件约束，故不纳入变量进行考虑。在此情况下，出版企业要获取最大利润，主要取决于合理的服务价格 P_1 和服务水平 S_1，两者均为出版企业可自主掌控的。对出版企业的利润函数 $R_0(P_1, S_1)$ 取一阶导数，求解得以下结果：

$$\begin{cases} P_1 = \dfrac{\overline{D}\eta_1 - CT_1 * \theta_1^2 + CT_1 * k\eta_1}{2k\eta_1 - \theta_1^2} \\ S_1 = \dfrac{\overline{D} - CT_1 * k}{2k\eta_1 - \theta_1^2} \end{cases} \quad (7.5)$$

故在最优价格和服务水平之下，出版企业能获取的最大利润为：

$$\max(R_0) = \frac{\eta_1(\overline{D} - k * CT_1)^2}{2\theta_1^2(2k\eta_1 - \theta_1^2)} \quad (7.6)$$

(2) 委托全部需求于服务商。

当出版企业将用户需求委托给专业云服务平台时，两个平台间的利益分成 λ 一般由出版企业确定，知识资源生产也由出版企业负责。而平台 2 则确定服务价格 P_2、服务水平 S_2 和相应成本 CS_2（这里笔者设定云服务平台 2 的容量空间相对于出版企业需求量而言是足够大的，需求数据量增加带来的边际成本可忽略，主要是平台 2 改善其整体服务能力所需的成本 CS_2）。假设 $\alpha = 1$，也即出版企业将云服务业务全部委托给平台 2，此时平台 2 的服务水平和服务价格将直接影响市场需求量 D，两平台间的利益分成也将直接影响双方合作意愿。在此情况下，出版云平台 1 和专业云服务平台 2

所获取的利润分别如下：

$$R_1(\lambda, CT_1) = (\lambda P_2 - CT_1)(\overline{D} - kP_2 + \theta_2 \times S_2) \quad (7.7)$$

$$R_2(P_2, S_2) = [(1-\lambda) * P_2](\overline{D} - kP_2 + \theta_2 \times S_2) - \frac{\eta_2 \times S_2^2}{2}$$
$$(7.8)$$

在双方的合作过程中，两个平台可选择合作博弈或非合作博弈来谋求整体利润和各自利润的最大化。由于出版企业和专业云服务平台在合作关系中的权威性以及战略地位不同，又会导致双方在博弈过程中的主从关系差异，对其决策造成不同影响。基于此，笔者采取 Stackelberg 博弈和 Nash 博弈分别对两者利益分配关系进行探讨。

7.2.2 两种云出版合作博弈分析

(1) 基于 Stackelberg 博弈的均衡模型。

在出版企业和专业云服务平台的合作过程中，出版企业一般处于主导地位。对于出版企业而言，当其合作时的收益 $R_1(\lambda, CT_1)$ 大于其自营时的利润 $R_0(P_1, S_1)$ 时，会选择合作。在不考虑服务成本 CS_i 和需求 D 变化的情况时，可得出以下公式：

$$R_1 = \lambda P_2 - CT_1 > R_0 = (1-\lambda)P_2 \quad (7.9)$$

由公式(7.9)可知，CT_1 小于 $(2\lambda-1)P_2$ 时出版企业会选择自己提供云服务，反之则倾向于将需求委托给其他平台。在出版企业平台 1 和平台 2 的合作过程中，将出版企业作为 Stackelberg 博弈的主导者，平台 2 为跟从者。在此情形下，出版企业首先确定给予委托平台的利益分成 $(1-\lambda)$，委托平台在此基础上确定自己的最优定价 P_2 以及最优服务水平 S_2，出版企业进一步根据平台 2 的反应进行决策，从而在一定程度上实现双方的最优收益。

以下考虑云服务平台 2 的利润最优化模型。对公式(7.8)取一阶导数，得到在给定双方收益比例时 $R_2(P_2, S_2)$ 关于 P_2 和 S_2 的一阶条件：

$$S_2 = \frac{(1-\lambda)\theta_2 \overline{D}}{2k\eta_2 - (1-\lambda)\theta_2^2} \qquad (7.10)$$

$$P_2 = \frac{\eta_2 \overline{D}}{2k\eta_2 - (1-\lambda)\theta_2^2} \qquad (7.11)$$

为方便计算,设 $w = \lambda * P_2$,其中 P' 为平台 1 将单位需求委托给平台 2 时所获取的收益,而 $(P_2 - w)$ 为平台 2 服务单位需求所获取的收益。将 P_2、S_2 及 w 带入平台 1 的利润函数(7.5)中可求得 $R_1(P', CT_1)$ 关于 P' 的最优条件:

$$w = \frac{\overline{D} + CT_1 * k}{2k}, \quad P_2 - w = \frac{\eta_2 \overline{D} - \eta_2 k * CT_1}{2(2\eta_2 k - \theta_2^2)} \qquad (7.12)$$

进一步得到平台 1 和平台 2 各自的最优利润分别为:

$$\max(R_1) = \frac{\eta_2 (\overline{D} - k * CT_1)^2}{4(2k\eta_2 - \theta_2^2)}$$

$$\max(R_2) = \frac{\eta_2 (\overline{D} - k * CT_1)^2}{8(2k\eta_2 - \theta_2^2)} \qquad (7.13)$$

(2)基于 Nash 博弈的均衡模型。

若出版企业平台 1 和专业云服务平台 2 在市场上具有相同的权威性,两者均按照自己的最优策略方案进行决策,并不考虑对方的策略,也即进行 Nash 博弈。此情形下两平台的 Nash 最优解如下:

$$w' = \frac{\eta_2 \overline{D} + (2\eta_2 k - \theta_2^2) * CT_1}{3\eta_2 k - \theta_2^2}, \quad S'_2 = \frac{\theta_2 (\overline{D} - k * CT_1)}{3\eta_2 k - \theta_2^2},$$

$$P'_2 = \frac{\eta_2 (2\overline{D} + kCT_1) - CT_1 * \theta_2^2}{3\eta_2 k - \theta_2^2} \qquad (7.14)$$

在 Nash 博弈下,平台 2 确定如上的服务水平 S_2 和市场定价 P_2 以确保自己能获取最大收益;同时平台 1 确定两者间的收益分配比例 λ,也即提供单位服务时其获取的收益 w,从而保证收益最大化。两个平台能获取的最大收益如下:

7.2 联合云环境下云合作博弈分析

$$\max(R'_1) = \frac{\eta_2^2 k (\overline{D} - k * CT_1)^2}{(3k\eta_2 - \theta_2^2)^2}$$

$$\max(R'_2) = \frac{\eta_2(2\eta_2 k - \theta_2^2)(\overline{D} - k * CT_1)^2}{2(3k\eta_2 - \theta_2^2)^2} \quad (7.15)$$

(3) 合作博弈模型。

在非合作博弈中平台 1 和平台 2 均追求自身利益最大化,而并不关注全局利益。当双方采取合作博弈时,出版企业平台 1 与专业云服务平台 2 的利润总和达到最大化,实现 Pareto 最优状态。此时,双方博弈的最优化模型如下:

$$\max(R_{12}) = R_1 + R_2 = (P_2 - CT_1)(\overline{D} - kP_2 + \theta_2 \times S_2) - \frac{\eta_2 \times S_2^2}{2}$$

$$\frac{\partial R}{\partial P_2} = 0 \quad \frac{\partial R}{\partial S_2} = 0$$

$$(7.16)$$

其中,平台双方的利益分配比例 λ 被消除了,即在追求服务商总体利益最大化的过程中,内部利益分配可被忽略,在 $\lambda \in [0,1]$ 的范围内只要满足公式(7.15)总体收益均可达到最大化。求得合作博弈模型最优解为:

$$S''_2 = \frac{\theta_2(\overline{D} - CT_1 * k)}{2k\eta_2 - \theta_2^2}, \quad P''_2 = \frac{\eta_2 \overline{D} + k\eta_2 * CT_1 - 2\theta_2^2 * CT_1}{2k\eta_2 - \theta_2^2}$$

$$\max(R_{12}) = \frac{\eta_2 \overline{D} - k\eta_2 * CT_1 - \theta_2^2}{2\eta_2} \quad (7.17)$$

7.2.3 出版企业和云服务商共同服务

当出版企业选择和专业平台共同提供云服务时,出版企业将用户总需求的 α 委托出去,自己服务 $(1-\alpha) \times D$ 的需求量,并付出知识生产成本 CT_1 和云服务成本 CS_1。委托云服务商则服务需求量 αD,并付出服务成本 CS_2。此时服务价格由双方协商而定,市场

需求总量 D 由双方的服务水平 S_1、S_2 及协定价格 P 决定。

在共同服务的情况下,出版企业和云服务平台各自获得的利润 R_1、R_2 为:

$$R_1(\alpha, S_1) = (P - CT_1) \times (1 - \alpha)$$
$$\times (\bar{D} - kP + \theta_1 \times S_1 + \theta_2 \times S_2) \frac{\eta_1 \times S_1^2}{2}$$

(7.18)

$$R_2(S_2) = P \times \alpha \times (\bar{D} - kP + \theta_1 \times S_1 + \theta_2 \times S_2) - \frac{\eta_2 \times S_2^2}{2}$$

(7.19)

(1)非合作博弈模型。

在 Stackelberg 博弈关系下,出版社先确定委托给云服务商的需求量 αD,云服务商根据自己所服务的需求量确定自己最优服务水平 S_2 以获取最大利润。云服务商的服务水平 S_2 进一步影响市场需求总量 D,在新的需求量下,出版商再确定自己的最优服务水平 S_1 以获取最大利润。故在需求分配比例 α 既定的前提下,首先考虑云服务平台的最优模型,求得 $R_2(S_2)$ 关于服务水平 S_2 的最优条件:

$$S_2 = \frac{P \times \alpha \times \theta_2}{\eta_2} \text{ 也即 } \alpha = \frac{S_2 \times \eta_2}{P \times \theta_2}$$

$$R_2\max = \frac{P\alpha \times [2\eta_2(\bar{D} - kP + \theta_1 S_1) + 2\theta_2^2 - P\alpha\theta_2^2]}{2\eta_2}$$ (7.20)

在云服务平台采取最优服务质量 S_2 情况下,市场总需求 $D(P, S_1, S_2)$ 会随之发生变化,总需求 D 的变化对出版商的决策 (S_1) 会造成影响,此时出版社取得最优利润的条件为:

$$S_1 = \frac{(P - CT_1) \times (1 - \alpha) \times \theta_1}{\eta_1}$$

$$\alpha = \frac{P\theta_2^2 - \eta_2 \times (\bar{D} - kP + \theta_1 S_1)}{2P\theta_2^2}$$

(7.21)

结合两个平台的最优解可得到需求分配比 α 与各项既定值的

关系：

$$\alpha = \frac{P\eta_1\theta_2^2 - \eta_1\eta_2 \times (\overline{D} - kP) - \eta_2\theta_1^2(P - CT_1)}{2P\eta_1\theta_2^2 - \eta_2\theta_1^2(P - CT_1)} \quad (7.22)$$

当出版商和云服务平台采取 Nash 博弈时，双方均以自己利润最大化为准则制定策略，而不考虑对方的决策。此时云服务平台的最优服务水平 S_2 与 Stackelberg 博弈情况下相同，为 $\dfrac{P \times \alpha \times \theta_2}{\eta_2}$；在忽略其他现实因素的情况下(如出版企业的云服务资源限度、市场开发策略等)，出版商自己服务所有需求(即 $\alpha = 0$)时能获取最大利润，此时出版商不会选择与云资源提供商合作，故这一情况在此不予考虑。

(2)合作博弈模型。

当出版商和云服务商选择合作博弈时，双方均追求总利润的最大化，各自的利益居于其次，以实现 Pareto 最优状态。博弈的最优化模型如下：

$$R_{12} = R_1 + R_2$$
$$= (P - CT_1 + \alpha \times CT_1)(\overline{D} - kP + \theta_1 \times S_1 + \theta_2 \times S_2)$$
$$- \frac{\eta_1 \times S_1^2}{2} - \frac{\eta_2 \times S_2^2}{2},$$
$$\frac{\partial R}{\partial S_1} = 0, \quad \frac{\partial R}{\partial S_2} = 0 \quad (7.23)$$

在不考虑 α 对两个平台服务水平(S_1、S_2)影响的情况下，α 越大市场总收益越大。但从供应链角度来看，α 的大小会影响到出版商和云服务商改善自己服务水平的意愿，进一步对服务成本和整个市场需求量产生影响。为了简化合作博弈下的最优求解策略，笔者设定需求分配比 α 由出版社根据自身服务能力和发展战略所确定，为既定值。此时计算得 S_1、S_2 的最优解为：

$$S_1 = \frac{[P - (1 - \alpha) \times CT_1] \times \theta_1}{\eta_1} \quad S_2 = \frac{[P - (1 - \alpha) \times CT_1] \times \theta_2}{\eta_2}$$

$$R_{12}\max = [P - (1-\alpha) \times CT_1]\left\{\overline{D} - kP + \frac{3\theta_1^2[P - (1-\alpha) \times CT_1]}{2\eta_1}\right.$$

$$+\frac{3\theta_2^2[P-(1-\alpha)\times CT_1]}{2\eta_2}\bigg\} \tag{7.24}$$

7.2.4 出版企业云服务决策

云计算为数字出版提供了更加成熟的技术解决方案和更加多元的出版服务模式，在向云服务转型的过程中，出版企业应充分发挥自己的知识资源优势，利用云平台高效实现知识资源整合与配置。对于不同规模、不同发展阶段的出版企业而言，应从自身技术能力和发展战略角度出发，采用不同的出版云服务策略。出版企业自身的云服务水平、云服务供应链中的议价能力、市场需求容量和层次等多方面因素都会影响出版企业的服务决策，结合上文博弈分析和出版企业的现实发展，以下对出版企业在云服务合作中的最优决策进行梳理。

(1)"云出版"转型初期。

在出版企业向云服务转型的初期，搭建自有"云出版"平台存在很大风险成本和资源约束，对于大多数出版企业而言，会采用B2B2C(Business to Business to Customer)模式，将读者需求全权委托给第三方云服务商。在此阶段，出版企业仅负责提供内容资源，第三方云服务商单独提供云服务($\alpha=0$)，双方在云服务供应链中分工明确，出版企业的博弈决策呈现出以下特点。

在仅提供内容资源的情况下，相比于 Nash 均衡博弈结构，出版企业更愿意采取 Stackelberg 博弈结构。在 Stackelberg 博弈中，出版企业处于主导地位，具有先发优势，第三方云服务商则跟随出版企业的决策进行最优决定，从战略层面来看，出版企业对整个云服务市场的供给状况起着决定性作用。而从企业经济层面来看，出版企业在 Stackelberg 均衡下的收益总是大于等于 Nash 均衡下的收益，证明如下：

$$\text{假设 } \max(R_1)=\frac{\eta_2(\overline{D}-k*CT_1)^2}{4(2k\eta_2-\theta_2^2)} \geqslant \max(R_1')=\frac{\eta_2^2 k(\overline{D}-k*CT_1)^2}{(3k\eta_2-\theta_2^2)^2}$$

化简之后可得到：$(k\eta_2 - \theta_2^2)^2 \geq 0$

公式恒成立，也即原假设成立。

可知，虽然在转型初期出版企业的技术平台构建处于劣势，但其掌握着关键的知识资源，尤其是对于掌握着优势知识资源的出版企业而言，其在合作关系中的主导地位更是不可动摇，采取 Stackelberg 博弈有助于其实现利润最大化。意味着相比于云平台的搭建和技术开发，"内容为王"仍是出版企业转型初期的主导战略。就现实情况来看，我国出版企业仍处于云服务的转型初期，鲜有出版企业有能力搭建自有云平台，而包括方正、同方、CNKI 等在内的第三方服务商则为出版企业整合内容资源、实现云服务提供了平台支撑。各云服务平台在自身业务范围内分别聚拢了一批出版企业和作者，并通过技术服务分成实现盈利。对于出版企业而言，如何通过知识资源的优化提升其议价能力，在出版云服务合作中占取主导地位成为关键。

此外，在出版企业将需求全部委托于第三方平台的情形下，双方的收益分成也构成了企业利润最优化的关键要素。当双方采取 Stackelberg 博弈时，出版企业和第三方平台提供单位云服务所取得的收益分别为 w 和 P_2-w，此时收益分配 $\lambda_1 = \dfrac{w}{P_2 - w}$；当两者采取 Nash 博弈时，收益分配 $\lambda_2 = \dfrac{w'}{P_2' - w'}$，根据公式（7.11）、公式（7.14）可得：

$$\lambda_1 = \frac{(2k\eta_2 - \theta_2^2)(\overline{D} + CT_1 * k)}{k\eta_2(\overline{D} - CT_1 * k)} \qquad \lambda_2 = \frac{\eta_2 \overline{D} + CT_1 * (2k\eta_2 - \theta_2^2)}{\eta_2(\overline{D} - CT_1 * k)}$$

整体来看，收益分配 λ 与用户对第三方平台的云服务质量的敏感度 θ_2 成反比，与出版企业的内容生产成本 CT_1 成正比。即用户对服务水平越重视或第三方平台提升其服务质量所能增加的用户需求越多，出版企业就越愿意让利给委托平台，自己从合作中获取的收益可相应减少。而出版企业的内容生产成本则限制了其让利水平，CT_1 越高，其委托单位服务需要抽取的收益也越多。故对于第三方云服务平台而言，要想从出版企业方面获取更多让利，必须针对用户需求去提升其服务水平，采取创新型、差异化战略，让用户对其服务质量提升更为敏感。而对于出版企业而言，则需降低其知识生产成本，以提升其总利润，同时也通过增加利益分配间接提升委托平台的利润，最终实现双赢。

(2) "云出版"探索成长期。

随着技术创新的扩散和读者需求的提升，部分出版企业开始搭建自有云平台，通过小规模"云出版"虚拟聚合平台的构建试水云服务，不再完全依赖于第三方服务商的技术支撑。在此阶段，出版企业多会选择与第三方服务商共同提供云服务（$0 < \alpha < 1$），出版企业不仅需深耕知识资源，也需在服务质量提升和成本控制上发力，根据自身实际状况确定合理的需求分配比例和博弈策略。

在双方合作过程中，出版企业会根据自身服务能力确定需求分配量，在博弈关系中往往处于主导地位。在出版企业主导的 Stackelberg 博弈下，出版企业委托的需求量 α 与用户对服务价格和第三方平台服务质量的敏感系数（k、θ_2）正向相关，与用户对出版企业服务的敏感系数 θ_1 反向相关。也就是说，在云出版发展初期，读者的付费意识还未完全形成，对云服务价格相对敏感，此时出版企业越倾向于委托更多需求给第三方服务商。而随着用户需求层次和消费能力的提升，价格不再是影响用户需求的关键要素，越来越多读者愿意为出版云服务付费，此时出版企业则会增加自营服务量。另外，用户对第三方服务商的服务质量越敏感，或者出版企业服务水平提升对需求刺激作用不明显时，出版企业会选择委托更多需求量给第三方，在实现资源最优配置时获取最优利润。

云服务价格也可影响双方的服务量分配，由公式(7.16)可知，在出版企业服务水平既定的情况下，定价越高，出版企业将委托更多需求给服务商。具体而言，当 $\dfrac{\eta_2 \theta_1^2}{2\eta_1} < \theta_2^2 < \eta_2 k$ 时，价格 P 越高，委托需求 α 越大。也即价格对需求分配的刺激作用是受用户敏感度及边际服务成本限制的，在用户对价格和服务质量的敏感度既定时，出版企业只有降低边际服务成本 $\left(\eta_1 < \dfrac{\theta_1^2}{2k}\right)$，同时采取高价

7.2 联合云环境下云合作博弈分析

策略时才会倾向于自己提供更多服务；而当出版企业服务成本较高 $\left(\eta_1 > \dfrac{\theta_1^2}{2k}\right)$ 时，高定价往往会让出版企业减少自营服务量，通过增加委托需求以获取最优利润。对于出版企业而言，应根据自身的服务能力采取合适的定价策略，在边际服务成本小、服务能力有余时可采取高定价；而当出版企业服务成本较高时，高定价策略则会使得第三方云服务商承担更多需求量、获取更大利润。

$$
\begin{aligned}
\alpha &= \frac{\theta_2^2 + \eta_2 k}{2\theta_2^2} - \frac{\eta_2(\overline{D} + \theta_1 S_1)}{2\theta_2^2 P}\\
&= \frac{P(\eta_1\theta_2^2 - \eta_2\theta_1^2 + \eta_1\eta_2 k) + \eta_2\theta_1^2 CT_1 - \eta_1\eta_2 \overline{D}}{P(2\eta_1\theta_2^2 - \eta_2\theta_1^2) + \eta_2\theta_1^2 CT_1}\\
&= \frac{(\eta_1\theta_2^2 - \eta_2\theta_1^2 + \eta_1\eta_2 k)}{(2\eta_1\theta_2^2 - \eta_2\theta_1^2)}\\
&\quad \times \left[1 + \dfrac{\dfrac{\eta_2\theta_1^2 CT_1 - \eta_1\eta_2 \overline{D}}{(\eta_1\theta_2^2 - \eta_2\theta_1^2 + \eta_1\eta_2 k)} - \dfrac{\eta_2\theta_1^2 CT_1}{(2\eta_1\theta_2^2 - \eta_2\theta_1^2)}}{P + \dfrac{\eta_2\theta_1^2 CT_1}{(2\eta_1\theta_2^2 - \eta_2\theta_1^2)}}\right]
\end{aligned} \quad (7.25)
$$

此外，在合作服务情形下，出版企业不仅会关注自身知识资源的优化，也会注重平台服务质量的提升。出版企业提升云服务水平的意愿受成本、需求等多方面因素约束，企业最优服务水平 S_1 与内容生产成本 CT_1、需求分配比 α、边际服务成本 η_1 反向相关，与服务价格 P、用户对服务质量的敏感系数 θ_1 正向相关。故为了提升出版企业服务水平，一方面要降低其内容生产成本和边际服务成本，适当增加自营云服务的量；另一方面也可采取较高定价刺激云服务平台提升服务质量，同时培养用户对平台的黏性和使用习惯。

另外，第三方云服务商的服务质量和用户群体也会影响到出版企业的服务策略。由公式(7.25)可知，当 $(P - CT_1)\theta_1^2 \geqslant \eta_1(2\overline{D} - P)$ 时，出版企业提升服务水平的意愿 S_1 是与用户对平台 2 所提供服务质量的敏感度 θ_2 正向相关的，反之则负相关。也即当出版企业云服务发展到较成熟阶段时,边际服务成本很低,且面向的用户群体层次较高,用户对云服务商服务质量越敏感,出版企业就越倾向于提升自己的服务水平;反之,在出版企业云服务的起步阶段,边际服务成本较大,用户群体不成熟,此时用户对云服务商服务质量越敏感,出版企业更倾向于消极应对,缺乏提升自身服务水平的动力。

云服务商的边际服务成本 η_2 对出版企业的服务水平提升也有刺激作用。在双方合作提供服务时,云服务商的服务能力越差,改善其服务水平的成本越高,出版企业就越有动力去提升自身的服务质量,以追求最优利润。而当云服务商通过技术革新等手段,能以较低成本提升其服务水平时,出版企业往往会缺乏改善自身服务质量的动力。出版企业和云服务商之间的竞争与激励共存,虽然在发展初期出版企业改善自身服务水平的意愿不高,服务质量对利润的提升作用不明显,但从长远发展来看,从根本上提升服务能力能够有效帮助出版企业把握主导权、获得远期最优利润。

$$S_1 = \frac{(P - CT_1) \times \theta_1 \times (P\theta_2^2 + \eta_2 \bar{D} - k\eta_2 P)}{2P\theta_2^2 \eta_1 - (P - CT_1) \times \theta_1^2 \eta_2}$$

$$= \frac{(P - CT_1) \times \theta_1}{2\eta_1} \times \left[\frac{\theta_2^2 + \dfrac{\eta_2 \bar{D} - k\eta_2 P}{P}}{\theta_2^2 + \dfrac{(P - CT_1) \times \theta_1^2 \eta_2}{2P\eta_1}} \right]$$

$$= \frac{(P - CT_1) \times \theta_1}{2\eta_1} \times \left[1 + \dfrac{\dfrac{\eta_2 \bar{D} - k\eta_2 P}{P} - \dfrac{(P - CT_1) \times \theta_1^2 \eta_2}{2P\eta_1}}{\theta_2^2 + \dfrac{(P - CT_1) \times \theta_1^2 \eta_2}{2P\eta_1}} \right]$$

(7.26)

(3)"云出版"发展成熟期。

随着出版云技术的普及应用和消费市场的成熟,部分出版企业将率先完成"云出版"转型,搭建企业自有"云出版"虚拟聚合平台,在掌握知识资源的同时也具备专业云服务能力,以此脱离第三方平台,直接为读者提供一站式云服务。当然,考虑到服务成本和企业战略定位,出版企业往往会在自营服务(B2C)和合作服务(B2B2C)之间进行博弈选择,以寻求最佳供应模式,实现利润最优化。

当出版企业的技术条件足以满足自营云服务时,企业在服务模式和合作关系的选择上有更大的自主权,用户对服务质量的敏感程度和云服务成本则成为影响企业决策的关键因素。在"云出版"发展成熟阶段,假设出版企业和第三方平台改善服务水平的能力相同,且用户对其服务的感知能力也相同,即 $\eta_1 = \eta_2$,且 $\theta_1 = \theta_2$。根据公式(7.7)、公式(7.14)可得:

$$\frac{\max(R_1)}{\max(R_0)} = \frac{\theta_2^2}{2} \begin{cases} > 1, & (\sqrt{2k\eta} > \theta_2 > \sqrt{2}) \\ = 1, & (\theta_2 = \sqrt{2}) \\ < 1 & (\sqrt{2} > \theta_2 > 0) \end{cases}$$

即当 $\sqrt{2k\eta} > \theta > \sqrt{2}$ 时,$\max(R_1) > \max(R_0)$,出版企业委托第三方服务时获取的最优利润更大;而当 $\theta < \sqrt{2}$ 时,出版企业自营服务时可获取更大收益。由此可知,在 Stackelberg 博弈中,当出版企业和委托平台的服务能力相近时,用户的需求层次越高,对云服务水平的提升越敏感,出版企业就越倾向于委托第三方提供云服务;反之,若服务质量提升不能有效带动需求增长,且价格构成了用户需求的主导因素,则出版企业更倾向于选择自营服务。在出版企业选择 Stackelberg 博弈的情形下,用户的感知能力和行为偏好决定了出版企业服务模式的最优策略。

而在 Nash 博弈情形下,当改善服务的边际成本(η)较大而用户对服务水平提升敏感度(θ)较低时,出版企业更倾向于委托第三方提供服务,反之则会选择自营服务。假设 $\eta_1 = \eta_2$,且 $\theta_1 = \theta_2$,根据公式(7.7)、公式(7.17),当:

$$\frac{\max(R_1')}{\max(R_0)} = \frac{2\theta^2 \eta k (2\eta k - \theta^2)}{(3\eta k - \theta^2)^2} > 1 \text{ 时,有:}$$

$$9k^2\eta^2 + \theta^4(2\eta k + 1) < 4\theta^2 k\eta + 2\theta^2 k\eta(2\eta k + 1)$$

由于 $2k\eta > \theta^2$(最优利润非负),故:

$$\frac{9}{4}\theta^4 + \theta^4(\theta^2 + 1) < 4k^2\eta^2(2k\eta + 1)$$

在用户需求价格弹性 k 一定的情况下，η 很大或 θ 很小时，有 $\max(R_1') > \max(R_0)$，出版企业会委托服务于第三方平台，反之则会选择自营服务。由此可见，在 Nash 博弈中，技术条件和需求层次决定了出版企业的合作策略。当出版云服务供应市场发展不成熟，提升服务水平花费成本高，且用户对服务质量的提升并不敏感，所投入的服务成本不能拉动消费时，出版企业会选择将需求委托给第三方云平台。这也是在出版云发展初期多数出版企业普遍选择的策略。而随着用户需求层次的提高，相比于价格其逐渐更看重服务质量和使用体验，技术的发展也使得服务成本进一步降低，此时自营服务将会为出版企业带来更大的利润。故出版企业在制定策略时要具有前瞻性，虽然在发展初期选择委托代理更有利，但不能忽视自营平台的建设，要为企业未来的发展建立平台基础。此外也可以看出，知识内容生产成本并未对出版企业合作方式及博弈方式的选择构成实质性影响，而其提升服务水平所需的成本对决策起到更大的作用。

（4）"云出版"市场拓展期。

当"云出版"进入成熟应用阶段时，出版企业和第三方服务商都已经具备较高的服务能力和服务质量，云服务的供给相对充足，需求开发和市场拓展则成为出版企业和服务商共同面对的问题。此时，云服务供应商不仅要考虑自身的盈利问题，更应从市场全局出发，追求整个出版云服务市场的利益最大化。通过创新突破性发展刺激需求，促进整个"云出版"市场的可持续发展。

为了实现出版云服务供应链整体利润的最优化，出版企业和第三方服务商采取合作博弈策略。由公式（7.20）可知，合作博弈情形下总收益 R_{12} 与服务平台的边际服务成本系数 η 成正比，与出版企业的内容生产成本 CT_1 和用户对云服务的敏感系数 θ 成反比，与两平台之间的利益分配 λ 无关。也即，当出版企业将需求全部委托给第三方服务商时，无论双方的收益分配如何，均可在合作博弈中获取最优总利润。故要实现出版云服务供应市场整体利益的最大化，出版企业应尽量控制其内容生产成本，第三方服务平台应增加投入去改善其服务水平，两者间的收益分配可不作考虑。此外，随着用户需求层次的提高，其更愿意为提升的服务质量买单，这对于服务平台而言是发展利好，但却会降低合作博弈下的总收益。

当出版企业和云服务商共同服务时，整个云服务供应市场的利润与需求服务弹性 θ_1、θ_2 正相关，与需求价格弹性 k 以及服务成本系数 η_1、η_2 反向相关。总利润和服务价格 P 的关系受 k、θ、η 值的限制，当 $k \leqslant \dfrac{3\theta_1^2 \eta_2 + 3\theta_2^2 \eta_1}{2\eta_1 \eta_2}$ 时，总利润与服务价格 P 正向相关；而当 $k > \dfrac{3\theta_1^2 \eta_2 + 3\theta_2^2 \eta_1}{2\eta_1 \eta_2}$ 时，总利润与服务价格 P 反向相关。也即，当用户对价格不再敏感而更关注服务质量，且服务边际成本很低时，提高服务价格有利于增加市场总利润；而当出版云服务市场发展还不成熟，用户对价格很敏感对服务水平却要求不高，且改善服务所需成本较大时，应适当降低服务价格以追求利润最大化。总之，随着出版云服务市场逐渐发展成熟，出版企业和服务商会趋向于提升服务价格，服务质量则将成为争夺用户的关键因素。

此外，合作博弈下的市场总利润与需求分配比 α 呈先减后增的二次函数关系，且当 $\alpha = \dfrac{3(P - CT_1)(\eta_2 \theta_1^2 + \eta_1 \theta_2^2) + \eta_1 \eta_2 (\overline{D} - kP)}{3CT_1(\eta_2 \theta_1^2 + \eta_1 \theta_2^2)} < 1$ 时，市场总利润最低。故对出版企业而言，为了实现整个供应市场利润的最优化，不应一味增加或减少其委托需求量，而要根据边际成本、用户需求弹性等进行合理配置，以促进整个云出版市场的可持续发展。

总体而言，出版企业应根据自身所处的发展阶段合理制定云服务合作策略，并通过成本控制、价格制定、服务量配置、需求引导等多元手段去实现不同服务模式下的利润最优化。我国大多数出版企业还处于云服务的试水阶段，包括中版集团的"云出版"平台、高教社的"云课程"平台、长江报刊传媒的"报刊云平台"等在内的自营平台虽呈现多元发展趋势，但在功能实现和市场应用上存在明显不足，第三方平台仍是出版云服务实现的主要技术支撑。方正Apabi 的"云出版服务平台"、CNKI 的"云出版+云数图"平台等为一大批出版社提供了技术解决方案，也成为目前出版社进行云服务的主要选择。故现阶段出版企业应将重点放在优势知识资源的多次开发上，利用第三方云平台进行服务创新和功能升级，在"云出版"的市场竞争中占得一席之地。随着企业技术水平的提升和市场需求层次的升级，出版企业将面临更加复杂的博弈行为和竞合策略，如何提升企业在供应链中的议价能力和在云服务市场中的核心竞争力将成为企业转型发展需解决的关键问题。

7.2.5　联合云环境下的云出版弹性扩展策略

由联合云出版服务商业模式可知，在联合云出版服务过程中，参数 γ 将直接影响到各参与方的最终收益，从而决定联合云出版各参与方参与到合作服务的积极性，具有重要意义。由前文分析又可知，对于委托和代理双方而言，随着 γ 值增大，委托方利润随之增加，而代理方的利润则随之减少。在极端情况下，当 $\gamma=0$ 时，委托方相当于将自己的客户完全让与代理方而在此部分客户中毫无收益；而当 $\gamma=1$ 时，代理方为委托方提供了服务，但却没有获得任何收益。显然，无论 $\gamma=0$ 或 $\gamma=1$，合作都会因为某一参与方无收益而终止，进而导致合作失败。而当 $\gamma\neq 0$ 时，随着 γ 值的增加，代理方因付出服务而获得利益，实现其服务价值，而委托方虽然将更多的利益让渡给代理方，但自身也能获得一定利益，这就保证了委托和代理双方参与合作的利益基础。显然，调整 γ 到合适的值，能保证委托和代理双方的经济利益，促进双方通过合作来为更大规模和范围的客户提供出版内容服务。鉴于此，可设计出相应的联合云出版的弹性扩展策略，其步骤如下所示：

7.3 联合云环境下的云出版扩展方案

算法：基于经济的云出版弹性扩展

 1：计算云出版需求量、要求的服务品质以及系统资源余量；
 2：利用线性回归算法，预估未来周期内出版服务需求量及服务品质；
 3：判断是否需要启动扩展（若不需要则转步骤4，若需要则转步骤5）；
 4：若不需要，则进入云出版内容服务资源调度程序，转步骤1；
 5：若需要，则选择合适 γ 值，利用合适的算法找出接收该值的合作云系统及所需资源；
 6：利用虚拟化技术收集合作云系统资源，部署相应的服务，实现系统扩展；
 7：利用扩展云出版系统，向读者提供出版知识服务。

在上述算法中，每个云计算系统都可扮演代理方和委托方等两重角色，并根据自身服务性能和资源的消耗情况，设定相应的合作 γ 门槛值。当自身资源不够时，可以向联合云出版其他云计算系统发出扩展请求，并发送相应 γ。在获得参与合作云计算系统的相关信息后，启动系统扩展进程，实现系统扩展。

7.3 联合云环境下的云出版扩展方案

7.3.1 联合云环境下的云出版扩展系统

基于上述联合出版云扩展机制，以下设计一种联合云环境下云出版弹性扩展方案，如图7-4所示，包括监视单元、数据单元、扩展接口和扩展单元四个部分。其中，扩展单元是联合云环境下云出版扩展系统的核心单元，负责扩展的启动、扩展算法的实现等核心功能；数据单元则存储系统扩展必需的各类数据，包括系统运行状态、用户服务品质等；监视单元主要负责内部系统和外部环境的监视工作，收集各类测量数据并做预处理，为扩展单元实现系统扩展提供必要的数据支持；扩展接口根据扩展单元提供的各类指令，通过外部连接与其他云系统进行通信，实现云出版的弹性扩展功能。

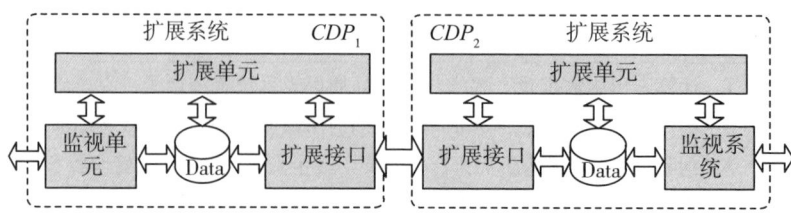

图 7-4 联合云环境下云出版平台扩展系统

在图 7-4 中,CDP_1 监视模块负责监视云出版系统的运行状况和网络环境以及出版内容服务状况,并将各类监视数据传输到扩展单元。扩展单元接收到监视单元的数据,计算并判断是否需要启动系统扩展功能。若需要启动,则启动扩展策略,从数据单元中取出 γ 值、资源类型以及扩展请求一起发往联合云环境中其他云系统。云系统 CDP_2 通过扩展接口获取来自 CDP_1 的扩展请求并取出 γ 值,判断是否参与该联合服务系统。若不参与,直接抛弃该信息,否则,向 CDP_1 发送参与扩展的响应消息。CDP_2 根据所有参与合作的 CDP_2 的信息,结合自身系统运行状况和读者请求,计算并找出合适的合作方与相应的合作资源配额。通过扩展接口启动扩展,进行资源一体化,实现系统扩展。

7.3.2 联合云计算知识服务平台性能分析

A. 利益分配参数 γ 取值。

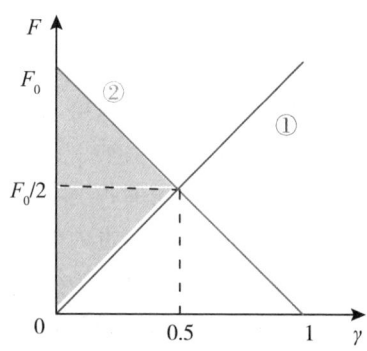

图 7-5 两朵云合作服务情况下不同 CDP 的 F-γ 函数曲线

7.3 联合云环境下的云出版扩展方案

在图 7-5 的扩展系统中，γ 的取值影响到每个参与实体的具体收益，对各参与实体对出版知识合作服务活动的参与度和参与积极性起到直接的决定性影响。图 7-5 反映了 γ 对出版云之间利润分配的整体趋势。在两朵云进行相互合作的情况下，CDP_1 的收益 $F_2 = \gamma F$，而 CDP_2 的收益 $F_2 = (1-\gamma)F$。其 F 随 γ 的变化情况分别如图中曲线①②所示。随着 γ 增加，CDP_1 的利益不断增加，而 CDP_2 则不断减少。当 $\gamma=0.5$ 时，两个 CDP 的利益相等。显然当 $\gamma>0.5$ 后的分配策略，CDP_2 是完全无法接受的。因此两个 CDP 之间的分配情况只能在阴影区域内，即 $0<\gamma\leq 0.5$ 时才能被两者接受。因此，总结来说，通过调节 γ 值可以从宏观上控制整体收益的分配，同时 γ 在 $(0, 0.5]$ 范围内是合理的。

B. 扩展性能分析。

为了验证算法的有效性，笔者利用网宿科技 2013 年发布的网络信息作为网络环境，其中数据显示用户请求变化曲线如图 7-6 所示，并以此为依据随机地产生网络请求，所有请求都限定在面积为 1 的区域内，并记录该请求的横纵坐标值。实验还设定一个主 CDP 和四个合作 CDP，其坐标值分别为 [0.25, 0.25]、[0.75, 0.75]、[0.75, 0.25] 和 [0.25, 0.75]。在上述环境设定下，实验分别考察云出版系统的服务范围能覆盖整个服务区域、仅能覆盖全部区域的 70% 和仅能覆盖全部区域的 50% 等三种情况下其服务的响应延迟和总服务收益两项指标。假设服务每个读者请求的资源为 1Mbps，可以获得 1 元钱的收益。为便于数据处理与呈现，实验对所有数据进行归一化预处理，以消除因量纲而产生的不必要问题。

图 7-7 为有品质保障的云服务、无品质保障的云服务和扩展云服务等三类服务策略各自的平均响应延迟。可以看出，有品质保障的服务机制在各种环境下都能保证服务品质，其最高延时为 0.684，最低为 0.661；而无品质保障的服务策略则取得了整体最高的响应延迟，为 0.782，其最低的响应延迟为 0.759；合作服务策略的响应延迟则整体最低，其最高值仅为 0.596，最低值为 0.54。

7 联合云环境下云出版知识服务平台构建

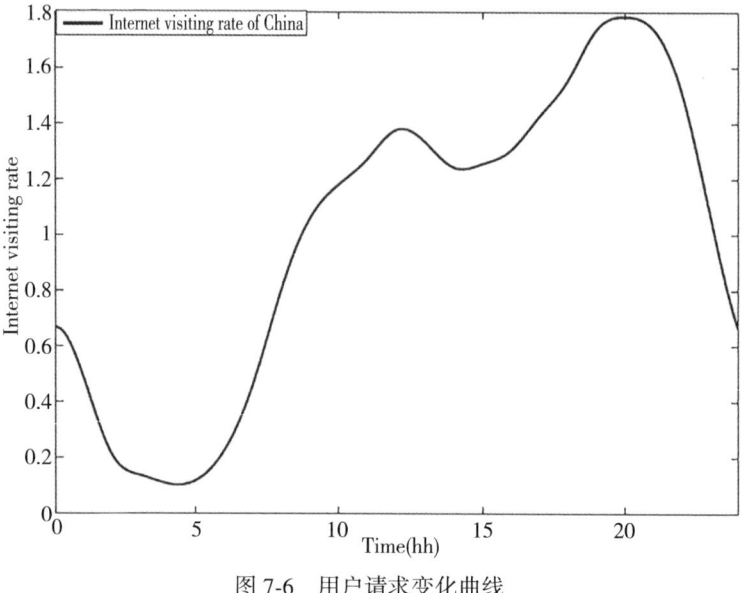

图 7-6 用户请求变化曲线

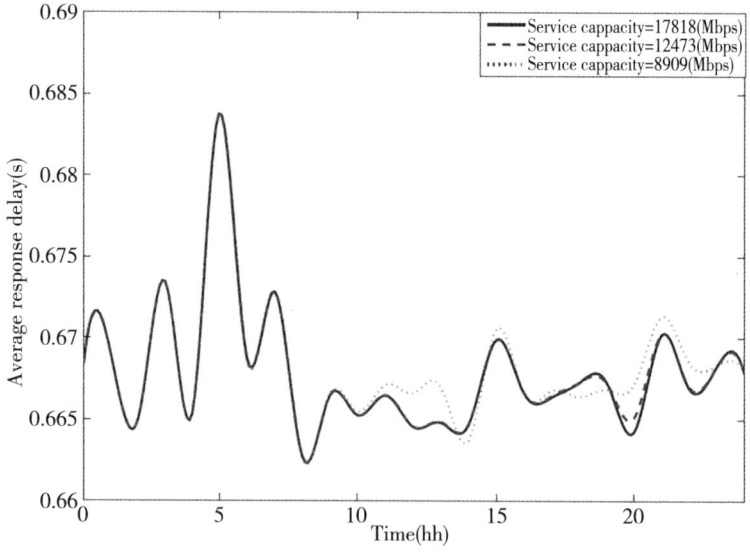

(a) 有品质保障服务策略的响应延迟曲线

7.3 联合云环境下的云出版扩展方案

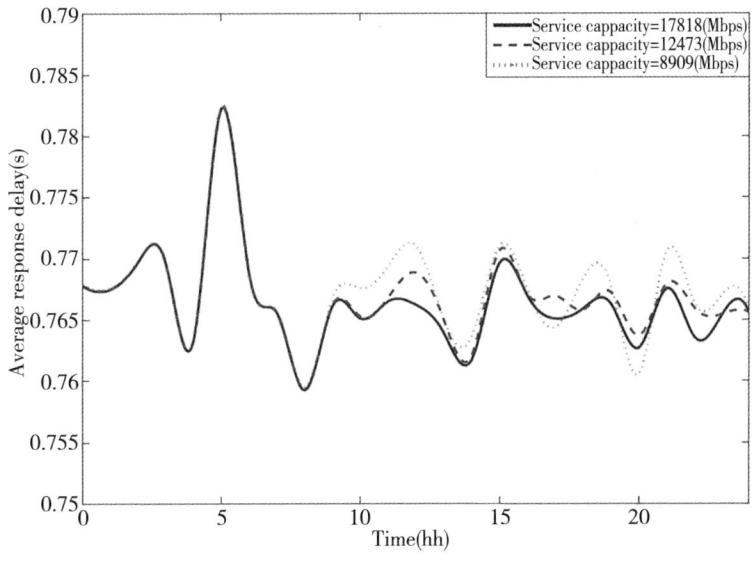

(b)无品质保障服务策略的响应延迟曲线

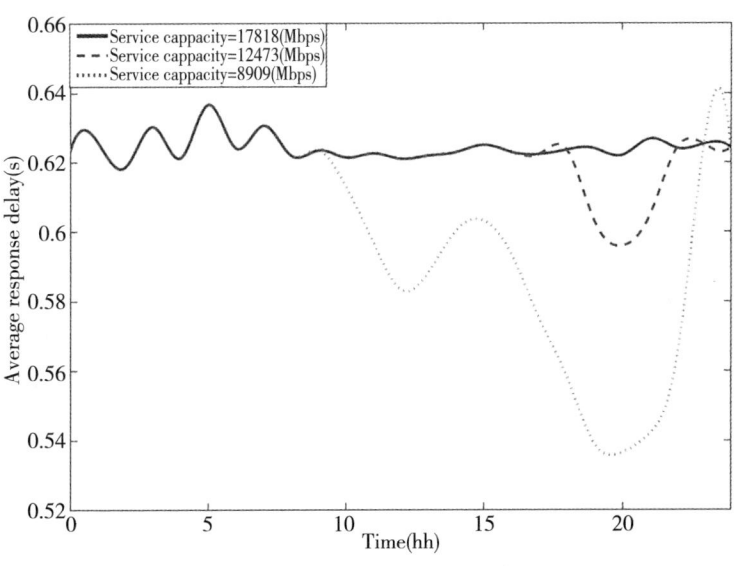

(c)合作服务策略的响应延迟曲线

图 7-7 三类服务策略下的平均响应延迟曲线

图 7-8 为上述三种策略下云出版系统所对应的收益值。可以看出，在系统能保证所有读者请求服务（即系统容量足够大，能够为所有读者提供有品质保障的服务）的时候，无拒绝服务策略能获得最高服务收益，其最高收益为 17818 元；有拒绝服务策略则获得最低收益，其最高收益值仅为 14030 元；扩展服务策略的内容服务收益值为 15930 元。而当系统服务范围有限时，如实验中仅能服务设定服务面积的 70% 或 50% 时，则扩展服务策略取得最高服务收益，其最高值分别为 15150 元和 13360 元，而有拒绝策略和无拒绝策略的对应值则分别为 12473 元和 8909 元。综合服务的响应延迟曲线与总收益的性能曲线来看，采用无品质保障的服务策略能为其服务范围内的读者服务，但这种服务是以不能保障读者的阅读响应时间为代价的；有品质保障的出版内容服务虽然能保障所有读者的阅读品质，但只能服务有限的读者，还有一些读者的内容服务请求则不能满足；而扩展服务策略则能服务所有的读者，且能保障每个读者的服务品质。当然，这种品质保障需要出让其部分读者内容服务的部分收益，但相比无品质保障和有品质保障所损失的更多收益，扩展服务策略还是具有更强的竞争优势。

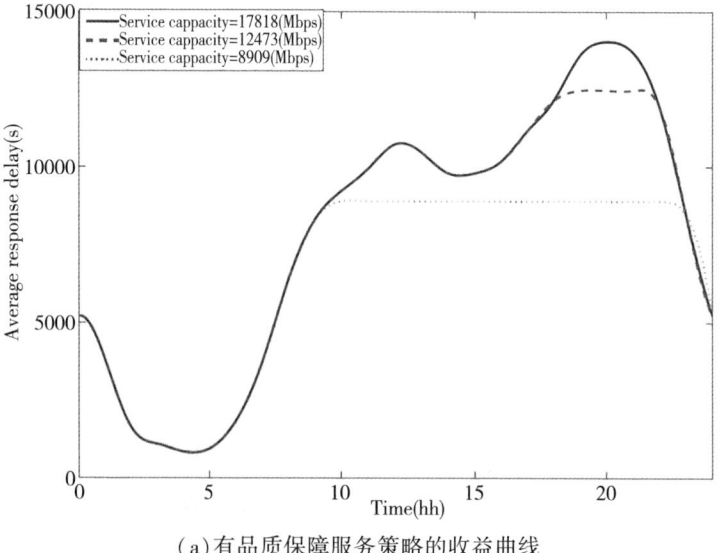

(a) 有品质保障服务策略的收益曲线

7.3 联合云环境下的云出版扩展方案

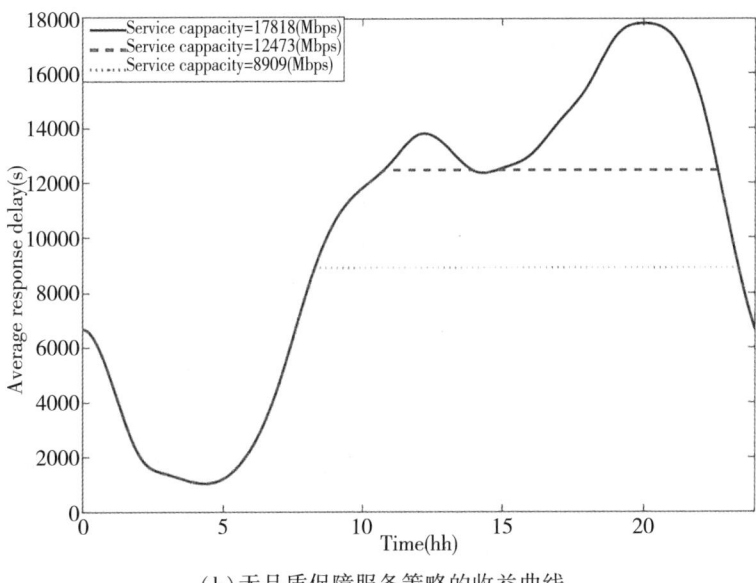

(b) 无品质保障服务策略的收益曲线

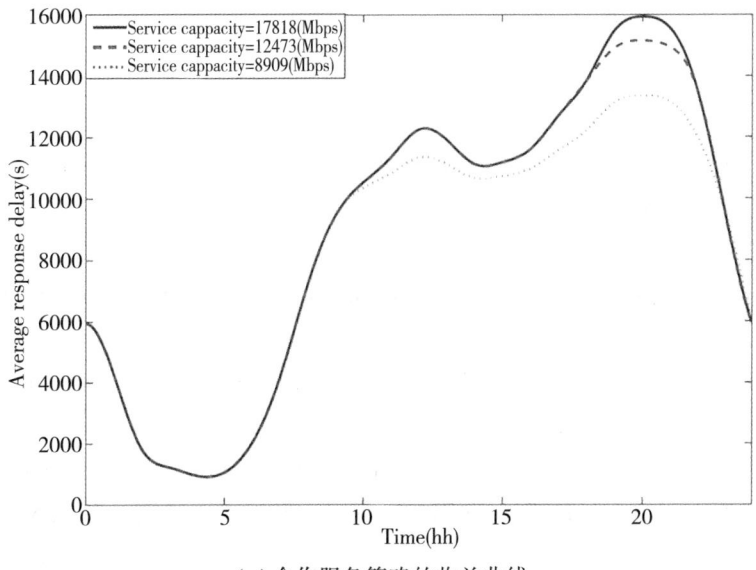

(c) 合作服务策略的收益曲线

图 7-8 三种服务策略下的收益曲线

7.4 本章小结

数字出版知识服务平台建设是出版企业转型改制的重要内容，但国内出版企业的知识服务平台建设面临资金短缺等困境。利用云计算和联合云计算，构建能够有效扩展的云出版平台，是解决当前出版企业构建数字出版知识服务平台所面临问题的可行方案。但如何在联合云环境下实现云出版平台的有效扩展，是一个亟待解决的问题。鉴于此，本章在分析联合云环境下云出版平台间合作服务的经济模式的基础上，提出一种基于经济的云出版平台扩展策略，并设计其实现方案。实验表明，该策略能在保证云出版内容服务品质的前提下，扩大云出版的服务范围和服务规模，提高云出版知识服务的收益，是一种有效且可行的扩展机制。

本章参考文献

[1] M. Armbrust. Above the Clouds: A Berkeley View of Cloud Computing[J]. Eecs Department University of California Berkeley, 2009, 53(4): 50-58.

[2] M. Mihailescu, M. T. Yong. Dynamic Resource Pricing on Federated Clouds[C]. IEEE/ACM International Conference on Cluster, 2010: 513-517.

[3] D. Fei, Y. Feng, L. Liang, M. Yang, Do Service Providers Adopting Market Segmentation Need Cooperation with Third Parties?: An Application to Hotels[J]. International Journal of Contemporary Hospitality Management, 2016, 28(1): 136-155.

8 数字出版平台内容服务

本章基于前一章中构建的基于合作云的数字出版服务平台,介绍数字出版内容传播载体网络化环节的内容。具体将按照数字出版资源在网络中的流动方向,来介绍数字出版传播过程数字化以及传播载体网络化的过程。

8.1 出版知识服务平台资源分配

数字出版的基本环节是生产过程数字化、产品形态数字化、管理过程数字化和传播载体网络化。在这四个环节中,传播载体网络化构建于网络之上,负责实现数字内容从出版者到用户终端的传输,对数字出版产业的发展有重要意义。尤其近年来电子和计算机技术的发展打破了传统出版不同内容间的壁垒,使各类数字内容能以统一的方式展现,也使得构建统一数字内容分发平台为用户提供各种数字服务成为可能,进而推动数字出版进入一个崭新时代。

前章阐述了利用合作云资源构建云服务平台能有效减少平台构建成本,但在网络环境下,各类应用服务提供商通常采用三类方式实现自己的网络服务:(1)租用知识服务提供商的资源,形成自身网络应用服务;(2)构建自身知识服务平台,实现数字内容分发服务的提供;(3)构建自己网站,采用 C/S 模式为用户提供知识服务。上述三类网络服务模式中,第一类能很好实现有效的知识服务，也无需构建自己的服务平台，不仅能保证服务品质，还能节约网络构建成本。但这种方式预先确定了服务资源且租用内容加速公司提供的平台，不足以应对网络用户的多变性，当网络用户出现突发性增长时，会由于网络资源的缺失，导致用户服务品质降低或用户服务拒绝率升高。通过构建自己的知识服务平台，虽然会增加系统构建和运营管理费用，但服务提供商拥有的自己的加速平台，能根据网络环境和用户变化情况实时调整知识服务策略，具有很好的灵活性，同时在保证用户服务品质的前提下，实现尽量节约网络资源的目标。不采取任何附加措施，单独构建网络为用户提供C/S模式服务的方式虽然无须再支出任何额外费用，但由于网络环境的多变性以及数字出版终端的多样性，这种服务模式不能为用户提供其所需的多样化品质需求服务，无法让用户获得满意的阅读体验和服务体验。显然，为了留住用户，数字出版服务提供商有必要在数字出版内容生产平台基础之上，构建自己的知识服务平台，通过灵活有效的数字出版知识服务策略，为不同的网络环境和终端设备提供对应品质的出版服务，以提高用户阅读体验和阅读兴趣，促进数字出版长足发展。

内容服务一直都是网络信息传输的核心问题，从20世纪末到现在，已经历了4代，即传统的C/S内容分发技术、内容分发网络(Content Delivery Networks)、Peer to Peer技术、云计算技术和混合分发技术，如图8-1所示。

由图8-1可看出，计算机网络的内容服务技术经历了5个历史阶段，分别根据当时具体的网络环境来解决内容服务过程中面临的不同问题。1998年前，由于网络用户少，网络上传输的信息主要以文字和小图片为主，所以传统的C/S服务模式即能满足用户对服务品质的需求。随着网络用户增加，过多的用户访问会引发服务网站过热甚至是网站瘫痪的问题。如果在网络边缘部署服务器，然后把需要分发的内容传输到网络边缘服务器上，使用户就近访问，解决了网络过热的问题，同时还能降低服务延迟，提高服务品质，即以Akamai为代表的CDN分发技术。[1]

---

[1] Akamai. Inc，http：//www.akamai.com.

8.1 出版知识服务平台资源分配

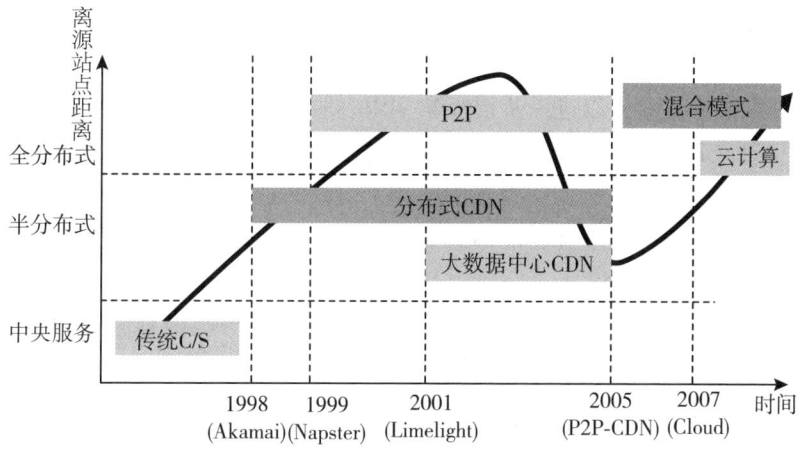

图 8-1 数字出版知识服务技术发展历程

上述 CDN 用于以文字和小图片为主的数字知识传输时,能具有很好的服务品质,但随着带宽消耗性较大的视频内容兴起,尤其是视频点播应用的快速发展,上述 CDN 会遭遇从源服务器到边缘服务器数字内容分发的带宽瓶颈。为了突破这一瓶颈,Limelight 公司提出构建若干分布式大型服务节点,通过私有光纤将这些节点连接成私有网络,从而减少源服务器到边缘服务器间的带宽。① 为了进一步减小服务带宽,降低服务成本,研究者还提出用户共享带宽的思路,即构建 P2P 网络。显然,CDN 和 P2P 这两种数字内容分发技术下的服务模式各具特点,因此,可以考虑融合这两种分发技术的特点,从而研发出更为高效的内容分发技术以优化出版服务。

随着网络技术、通信技术以及存储技术的发展,越来越多信息通过网络传播,并且各种内容交叉出现,如富媒体、富文本等内容形式出现,加之 Web2.0 兴起,社交网络应用流行,这些新的应用对网络内容服务品质提出了更高的要求。同时,存储成本的下降以及光纤网络的普及使得存储和内容传输不再成为限制内容服务品质

---

① https://www.limelight.com/.

提升的瓶颈。在此情况下，云计算技术应运而生。虽然云计算取得巨大成功，但这种中央控制结构仍然面临不小困境，如安全性问题、应对高清视频时的带宽瓶颈等。为此，人们试图同时引入其他内容服务技术，以进一步提高数字内容服务效率。典型的想法即将 P2P、CDN、Cloud 三种分发技术融合，构建一种统一的数字内容服务平台。该平台能够根据不同数字内容的特点，采用不同的方式提供优化的出版服务，能够有效提高数字出版效率，减小数字出版成本。

鉴于此，本章采用基于云计算的弹性数字出版内容服务平台，根据不同网络环境，针对不同的用户类型及其请求的内容类型，灵活采用对应的数字内容服务技术，为终端用户提供相应的品质知识服务。该平台利用虚拟化技术，自行组织所有计算资源和存储信息，构建存储和计算资源池，在此基础上，利用云化技术实现云服务平台的构建，并利用云平台，以 C/S 方式为读者提供各类数字出版服务。当用户请求数量过多，或者网络服务环境恶劣时，可以临时租用共有云相关资源，通过云化技术，将云服务平台扩展成云化 CDN 服务平台，利用就近原则，借助靠近读者的服务器来为读者提供数字出版知识服务，以保证服务品质。当用户进一步增加或者其分布地域较广时，系统引入 P2P 技术将具有相似类型的终端组织起来，利用用户自身能提供资源的能力，提高知识服务品质和服务效率。

8.2 基于用户需求的服务节点确定

弹性数字出版服务平台利用离用户近的服务节点为用户提供出版服务，以提高出版服务品质和服务效率。显然，这种平台需要根据用户需求随时调整整个平台的服务节点部署，属于服务器部署问题。事实上，服务节点部署一直以来都是学术界和工业界关注的热点和难点，目前已取得众多有意义的成果。但近年来，计算机技术、网络技术和网络应用的飞速发展，使得内容服务系统的发展规

8.2 基于用户需求的服务节点确定

模、所处 Internet 环境、所需服务应用类型以及与其他系统之间的关系都发生了较大改变。传统服务节点部署理论在面对新的网络环境和新的应用需求时，遭遇众多挑战。首先是网络信息的缺乏。在复杂网络环境下，由于测量技术的限制，设计者设计节点部署方案时会面临不同程度的信息缺乏，有时甚至会出现无法获取建模所需先验知识的情况。其次是现有部署理论存在局限。研究者多数将服务节点部署问题模型化为基于图论的选择问题加以解决。这一解决思路存在两个缺陷：一是转化之后的问题是一个 NP-Hard 问题；二是搜索算法效率随样本数增加而快速下降。最后，服务节点需要突破传统的从少数节点池中选择的局限。弹性数字内容服务系统规模和终端用户规模的扩大导致服务节点容量和规模增加，还需要为整个弹性数字内容服务系统提供网络应用服务，使得节点部署的选择不能只从少数备选节点池中选取，需要在更大范围中去进行主动筛选。此外，在现实应用中，所设计的方案除了需要克服上述理论局限性外，还要考虑简单性、实用性等因素。

针对上述问题及实际服务节点部署的特点，本节提出一种基于网络坐标系统的服务节点部署方法。与传统服务节点部署相比，该方法可以较小的代价获得较完整的 Internet 时延信息，解决了传统方法中无法获得完整网络信息的问题；同时还采用聚类方法，避免了传统服务节点部署存在的 NP-hard 和搜索效率低下等问题，能很好地适用于核心节点的选择和部署。

8.2.1 基于网络坐标服务节点部署方案

图 8-2 为基于网络坐标服务节点的部署方法框图。可以看出，构建基于网络坐标的服务节点部署方案包括网络信息获取、部署方案形成和部署方案验证等三部分。其中，(1) 网络信息获取主要解决服务节点部署中信息获取不完整的问题，其核心思想是通过 Ping 测量技术，构建网络坐标，从而以较少的测量成本获取较为完整的网络信息，具体包括网络坐标基准点的选择和网络坐标的形成。在这里，笔者采用中央控制网络坐标(GNP)的构成方式。

(2)部署方案形成部分是在已构建好的网络坐标基础上实现服务节点部署方案,具体包括服务节点选择和服务资源分配。服务节点选择是在构建好的网络坐标基础上进行服务节点选址工作,即根据得到的网络坐标,对样本点进行聚类,得到若干个逻辑节点,然后将获得的逻辑节点转换成现实中的 IP 值,并进一步获得服务节点部署的物理位置。在这里,笔者对传统分层聚类方法进行改进,在考虑测量样本分布密度的同时,也考虑服务节点部署成本和服务性能等因素,以准确反映真实的网络环境,并获得服务节点部署方案。
(3)在部署方案验证部分,笔者将传统服务节点部署方案与基于网络坐标的服务节点部署方案的服务性能进行对比,以验证后者的有效性。

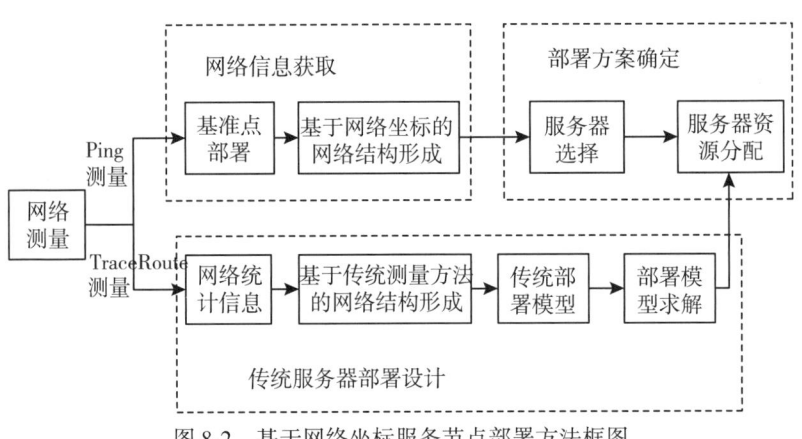

图 8-2 基于网络坐标服务节点部署方法框图

8.2.2 基于网络坐标服务节点部署的关键技术

由图 8-2 可知,基于网络坐标服务节点部署方案的核心技术包括网络基准点的选择和分层聚类算法两种,以下对其分别阐述。

8.2.2.1 基准点选择

在中央控制式网络坐标体系中,网络坐标的构建首先需部署网络探测点,通过网络探测点获得网络节点的延迟信息,选择网络基

8.2 基于用户需求的服务节点确定

准点,构建网络坐标系。然后,通过基准点的测量来获取客户端到网络基准点的延迟,根据网络基准点的坐标计算出该客户端在网络坐标系中的坐标值,构建 Internet 网络结构图。在上述过程中,网络基准点具有三重作用:构建网络坐标系的三要素(维度、坐标原点和刻度)、网络延迟测量的主机和网络坐标定位基础。因此,基准点的选择对网络坐标的精度有重要影响。

目前已有学者对网络坐标系基准点做了研究。其中,张辉等通过在已部署的探测节点中选择坐标基准点,并提出了最大分离度、N-Median 以及 N-cluster-Median 三条准则。并在此基础上,通过实验证明了与三角坐标和 IDMap 网络坐标系相比,GNP 即使采用随机选择的网络基准点,也具有更好的稳定性,且当基准点为 6,坐标维度为 5 时,网络坐标具有较好的准确性;P. Francis 等详细研究了 IDMap 系中探测点的选址问题,并将该问题模型化为已知网络拓扑情况下的图优化问题;M. Rabinovich 等则通过对统计数据的分析,证实了在网络坐标系中,选择距离较远的三个节点作为网络基准点,能够在大多数情况下获取满意的网络坐标精度。

在服务节点部署方案设计过程中,由于方案中的节点位置选择和资源部署都属于静态过程,且在较长时间内不会发生改变。因此,用于服务节点部署应用的网络坐标系统的基准点选择需要定义一系列新的准则。对此,笔者采用如下三种准则:(1)被选择的基准点间的网络距离应该足够大;(2)基准点的个数应该比网络坐标维度数大;(3)基准点应尽量选择靠近骨干网络接入汇集点(POP)处。

在一个网络坐标空间里,如果用 N 表示节点集,i,j 表示空间中两点,x_i 和 y_i 分别表示点 i 和点 j 在坐标系中的坐标向量,$d(i,j)$ 表示点 i 和点 j 间在坐标中的距离函数,则有

$$d(i, j) = |x_i - x_j| = \sqrt{\sum_{l=1}^{L}(x_{il} - x_{jl})^2} \qquad (8.1)$$

这里假定网络坐标系为欧式空间,空间维度为 L,表示节点 i 在坐标系第 i 维中对应的坐标值。在测量过程中,假定测量误差最大值为 σ,即对于任意节点 i 和 j,有

$$|\sigma_{ij}| = |d(i,j)_{real} - d(i,j)_{measure}| \leqslant \sigma$$

一次测量的相对精度可表示为：

$$\frac{|\sigma_{ij}|}{d(i,j)_{measure}} \leqslant \frac{\sigma}{d(i,j)_{measure}}$$

显然，选择的基准点间的网络距离应该足够大，才能保证测量数据的精度。

一般来说，使用基准点构建网络坐标系统时，基准点和网络坐标维度存在如下关系：$N \geqslant d+1$。其中，N 表示基准点个数，d 表示网络坐标系统的维度数。

此外，在基于网络的服务节点部署方法中，构建网络坐标的核心任务是以尽量小的测量成本来获取完整的网络结构信息，便于实现服务节点部署的选址和资源分配工作。因此，基准点的部署应该选择能够直接获取较多网络信息的位置。在 Internet 中，PoP (Point-of-presence) 位于不同 ISP 相互连接的位置，能够直接获取更多和更准确的网络信息，是部署网络基准点合适的选择。

8.2.2.2 聚类算法

在已构建的网络坐标基础上，笔者采用聚类方法来实现服务节点的部署。聚类的目的是将一个数据集划分为不相连的、有相同属性的簇。其在许多方面都有着重要的应用，包括 K-均值算法(K-Means)和分层聚类算法(Hierarchical Clustering)。其中，K-Means 算法的算法复杂度 $O(ktn)$，依赖于初始聚类质心的选择，而分层聚类算法具有固定的算法复杂度 $O(n^2)$，与商业系统简单稳定的思想较为稳合，故本章采用分层聚类算法。但考虑到 $O(n^2)$ 的算法复杂度，其在样本数量巨大时显然不适用，为此，笔者利用网络坐标系统中的样本具有空间属性这一特点，先对样本进行初聚类，以减少样本数，从而降低系统运算复杂度，算法流程如下：

步骤 1：将所有样本所在的空间 Ω 均匀地划分为 $p \gg k$ 个区域，计算每个区域的样本数 p 和质心点的坐标，即为 p 个初始样本点。

步骤 2：设初始时共有 p 个类，每个类由一个对象类成。令顺序号 $m=0$，$L(m)=0$。

步骤 3：在 D 中寻找最小距离 $d[(r),(s)] = \min d[(i),$

$(j)]$。

步骤4：将两个类(r)和(s)合并成一个新类(r,s)。令$m=m+1$，$L(m)=d[(r),(s)]$。

步骤5：更新距离矩阵D：将表示类(r)和类(s)的行列删除，同时加入表示新类(r,s)的行列，并定义新类(r,s)与各聚类(k)的距离为$d[(k),(r,s)]=\min d[(k),(r)],d[(k),(s)]$。

步骤6：重复步骤2—步骤4，直到所有对象合并成k个类，并找出这k个类对应的质心位置坐标。

步骤7：根据服务节点部署成本和用户体验，在每个区域中选择合适的服务节点。

步骤8：分配服务节点服务的用户和需要的资源。

步骤9：按照服务用户在物理空间的位置分布，进行逻辑节点的重新选择，并最终得到服务节点部署方案。

8.3 平台中心节点到边缘节点间传输内容资源分配

出版知识服务根据用户需求实时产生出版内容并封装成用户所需作品形式，通过网络传输给用户。随着各类智能设备的快速普及，出版服务平台需要考虑为各类阅读设备提供有品质保障的服务。前文介绍，出版服务平台利用现有的云计算系统资源，根据用户阅读需求，选择合适的边服务节点，构建能根据用户需求变化的服务平台，为用户提供有品质保障的出版知识服务。显然，如何实现内容资源在出版服务平台内部快速传输，对于构建的弹性云出版平台的运行效率，甚至对于出版平台服务对用户的服务品质，有巨大影响。由于弹性出版平台各节点均由其他云计算资源利用虚拟化构建，该出版服务平台可以看作一个分布式的云计算系统，其出版服务过程中个节点间传输内容分配可以看作分布式云计算系统间不同节点间传输内容资源分配问题。接下来，本节将出版服务平台为用户提供服务式的节点间内容传输过程的资源分配抽象为云计算系统间的不同节点间传输资源分配问题加以解决,将出版服务平台抽象为分布数云计算系统,将用户抽象成终端用户或者 Things(由于用户会使用各种移动或非移动的终端进行阅读消费,这些终端通常被称之为 Things)。

大多数云计算的数据中心会部署在不同互联网提供商(ISP)运行的网络中,是的在这种异构环境下分配数据中心间的带宽资源就成为一个巨大挑战。作为云计算的热点议题,云计算资源分配被广泛研究。Beloglazov 等人提出一种能量感知的资源分配算法,以求在不影响协商的服务水平协议条件下有效地将数据中心资源分配到终端用户上去。利用虚拟化技术,Xiao 等人开发了一个资源分配系统以避免云计算系统的过载的同时,实现服务器最小化。Warneke 和 Kao 讨论了不同并行式数据处理的优缺点,并提出了一种数据处理框架来同时处理任务分配和执行。Teng 和 Magoul 分析了用户和供应商之间的交易和消费行为,设计了一种贝叶斯纳什均衡分配算法便于云计算资源管理。显然,这些工作大多关注于中心式云计算的带宽资源分配,在分布式数据中心环境下并不能取得预期效果。因此,近年来,一些工作开始关注于分布式环境下的资源分配。J. Guo 等关注于一个数据中心的虚拟机间的带宽资源分配,设计了一个基于逻辑斯模型的分发率带宽资源分配算法。这些工作包含了云服务应用的两个方面:(1)云计算间的资源利润最大化,(2)数据中心间的能量效率和,(3)保证虚拟机的服务品质。针对特定的应用,资源分配被形式化为优化问题并设计出相应的分配算法。虽然这些算法能确定在其设定条件下能取得预期效果,但他们都没有考虑网络环境这一因素。事实上,网络环境如拥塞、延迟,反映了网络连接的拥挤程度和网络设备的负载情况,会直接影响到资源优化策略的性能。和其他覆盖网络类似,一朵云,尤其分布式数据中心云,和其他分布式系统,如 P2P、流媒体服务等,共享底层物理网络。由于这些数据中心通过互联网相互连接,他们的响应延迟会受内容传输的影响,进而影响到数据中心间的数据传输。云计算数据中心的资源分配一般包括两步:映射和调度。前者旨在将应用层的资源分配到网络元素和服务器、路由器和物理链接。后者则将云

8.3 平台中心节点到边缘节点间传输内容资源分配

计算虚拟资源分配到这些元素上。需要强调的是，映射和调度都依赖于物理条件，如链接的拥塞和节点的负载。因此，这些并没有考虑到网络环境的自我调度策略在真实环境下并不能取得预期效果。

本节旨在解决上述弹性出版服务平台不同节点间内容传输过程中的资源分配策略问题。众所周知，各类覆盖网络应用共享底层物理架构，但很少有互联网提供商对外公布其流量管理和调度策略，导致每个覆盖网络都会独自优化其网络流量。因此，这数据中心和互联网间的带宽资源分配就会变成一个非合作博弈。此时，如果将其他覆盖网络流经一条物理链接的流量看出背景流量，弹性出版服务平台中的个节点间内容传输过程中的资源分配可以被描述成一个带物理链接容量限制的非合作非零和博弈。因此，M/M/1 排队理论将被引入来分析所有互联网应用的带宽共享。在此基础上，本节提出一个交互式模型来揭示内容传输效率和物理链接中带宽消耗之间的关系。此后，本节将博弈论引入这个交互模型，提出了资源分配模型来优化互联网和弹性出版服务平台的资源分配。基于这个模型，一个动态资源分配算法被用来分配数据中心间的内容传输过程中的带宽资源。该算法将覆盖网络的流量当做背景流量，意味着本算法仅需要利用网络测量数据如延迟等而无需知道互联网提供商的流量测量即可执行。此外，该算法综合考虑了互联网和云计算操作状态，能从全局上优化分布式数据中心间的资源分配。因此，该策略不仅能实现分布式数据中心间的资源优化，还能导致互联网络的负载均衡，避免互联网的局部过热的现象发生。

8.3.1 系统模型和资源分配

本节介绍弹性出版服务平台计算的基本模型。首先，我们描述了弹性出版服务平台在内容服务过程中的资源分配框架，研究了这些云与物理网络之间的关系。然后利用排队论建立互动模型，并提出相应的资源分配策略，如图 8-3 所示。

8.3.1.1 系统模型

图 8-3 揭示了该弹性出版服务平台与其他三个网络元素之间的

关系：互联网服务提供商（ISP），用户和云客户（出版服务提供商）。ISP 是互联网的所有者，它利用网络元素来构建和管理互联网络。最终用户消耗应用程序并产生对云计算应用程序的需求。云用户即出版服务提供商是物联网和互联网服务提供商之间的用户，他们租用云的资源/服务来承载其应用程序和服务。

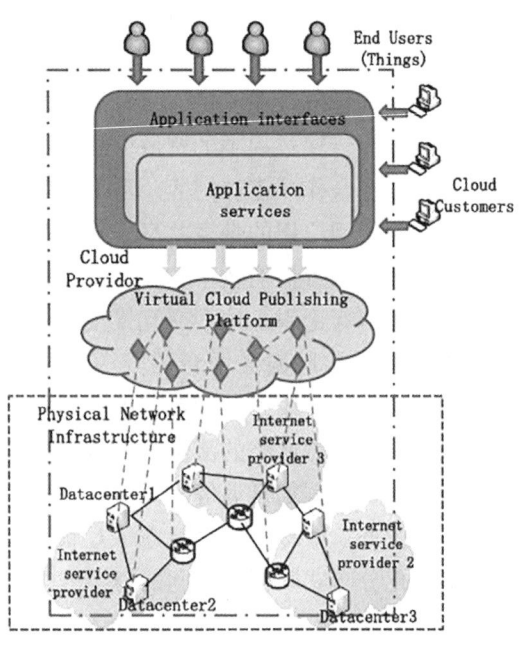

图 8-3　弹性出版服务平台计算系统

如图 8-3 所示，云架构由四层组成：物理网络基础架构，虚拟云平台，应用程序和服务接口。物理网络基础架构是最底层，它提供处理、存储、网络和其他基本计算资源。云用户可以为其基础架构部署和运行操作系统以及软件。应用程序服务是虚拟云平台顶部的一层，它为用户提供所有类型的应用服务。该架构的最高层是服务接口层（Service Interface），它是云计算和用户之间的接口。通过该界面，云用户可以方便地部署和发布操作系统、软件和工具，同时从弹性出版服务平台中获取所需的服务，并将所生成的内容上传

8.3 平台中心节点到边缘节点间传输内容资源分配

到云上。此外,该架构中最重要的组件是这个虚拟云平台,它将物理网络基础设施的所有资源集成为一个虚拟网络,提供一个集成的运行环境,使用云提供商支持的编程语言和工具部署应用程序。为此,弹性出版服务平台应监测其运行状态和互联网状况。

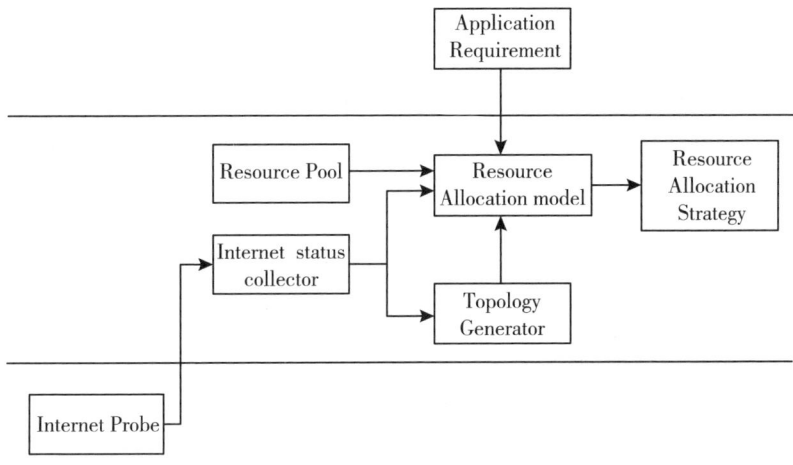

图 8-4 分布式云计算资源分配框架

8.3.1.2 解决框架和交互模型

从本质上讲,云计算资源分配旨在利用有限资源尽量满足用户服务需求。也就是说,允许不同条件下的部分用户服务品质下降到可以接受的程度。因此,云计算在分配资源的时候,需要了解自身运行状态和网络环境状态。基于这些信息,本节提出一个合适的算法来分配云计算资源以满足用户需求。

因此,本节综合考虑云资源,应用需求和网络条件,并将这些信息作为资源分配算法的输入。然后云计算提供商优化其带宽资分配算法来管理带宽资源。如图 8-4 所示,这些分布式网络探测节点收集网络环境的原始数据(如拥塞和延迟等),然后将这些数据传送到网络状态收集器。网络状态收集器分析原始数据来获得数据中心处理能力和不同数据中心间的连同性。网络拓扑产生其利用这些数据产生一个适合的虚拟云计算平台的拓扑并将这个拓扑映射到物理网络,以找出最优流量传输路径。随后,资源分配模型根据应用需求、云系统资源、虚拟云平台网络拓扑和网络环境等数据,优化资源分配策略。

显然,如何构建分布式数据中心间的分配资源模型是弹性出版服务平台资源管理的核心。与其他覆盖网络相似,云计算利用虚拟化技术,在应用层上将它所有数据中心的资源综合成一个服务系统,因此,可以利用合适的映射算法如 GreeDi 将弹性出版服务平台的每一个连接映射到物理连接上。也就是说,通过合适的映射算法,弹性出版服务平台系统内的每一条连接都能映射到合适的物理链接。因此,云计算链接的内容传输代价依赖于代价和物理网络连接的流量。

用链接的延迟 T_l 来代表链接的成本,它是该链接所有流量的函数。应用 $M/M/1$ 排队模型,链接 l 上云流量和物理流量间的交互关系可被描述为:

$$T_l = \begin{cases} \dfrac{1}{c_l - b_l - f_l} & f_l < c_l - b_l \\ \infty & the\ others \end{cases} \quad (8.2)$$

这里,f_l 表示链接 l 上的物理流量,c_l 表示链接 l 的资源容量,b_l 意味着背景流量。根据公式(8.2),可以看出链接 l 的延迟是背景流量 b_l 和内容流量 f_l 的一致减函数,也是链接容量的一致增函数。

8.3.1.3 分布式云资源分配

考虑到一个数据中心接收到其他数据中心资源需求的场景,它需要将所需内容尽快地通过网络传输到其他数据中心。此时,将源数据中心定义为 SD,其他为边数据中心 ED。由于不同数据中心资源需求是相互独立的,数据中心间资源分配可被形式化为一个虚拟有向图,其点集合为 $S=\{1, 2, \cdots, I\}$,并且他们共享连接集为 $L=\{1, 2, \cdots, L\}$。ED 间是非合作的,也就是说,每一个 ED 根据其自身特性来优化其路由策略。此外,SD 还需要传输内容到终端用户,也需要优化内容传输路径。假定 SD 能识别 ED 间的非合作行文,并且能根据弹性出版服务平台和物理网络的信息来优化其资源分配。

8.3 平台中心节点到边缘节点间传输内容资源分配

显然，ED间的交互行文可以被形式化为一个非合作非零和的博弈问题。

方便起见，本节令SD为0号数据中心，令弹性出版服务平台的元素集为$S_0=S\cup 0$。令c_l为链接l的容量限。假定c_1, c_2, …, c_l满足as $c_1>c_2>$, …$>c_l$。每个ED_i的资源需求表示为$r^i>0$。

不失一般性，本节假设非合作ED的流量需求满足如下条件：$r^1>r^2>\cdots>r^i$。令$r=\sum_{l=1}^{l}r^l$表示所有非合作ED的流量需求，$R=r+r_0$表明整个弹性出版服务平台计算系统的总资源需求，并且受$R<C$约束。为了优化资源分配，弹性出版服务平台系统将内容拆分成若干子内容，然后可以通过所有的链接并行传输这些内容。令f_l为源通过链接l传输到ED_i的流量。则ED_i的流量配置策略空间可用$F^i=\{f_1, \cdots, f_l\}$来表示。

同样的，$F=\{f_0, \cdots, f_l\}$被称之为系统流量配置策略。

用代价函数T：$F\rightarrow R$来衡量ED_i的品质，T_J则为ED_i在配置策略下的代价。也就是说，T^i越高，ED的服务品质越低。本节旨在设计一个自由分配策略来确保内容在分布式数据中心间传输更有效。因此，该问题可以被形式化为：

$$\text{Min}: T^i(f) = \sum_{l=1}^{l} T_l^i(f_l) \tag{8.3}$$

式(8.2)表明弹性出版服务平台计算系统需要通过链接传输内容，以获得最小延迟。在这里有$\sum_{l=1}^{l}T_l^i(f_l)=f_l T_l(f_l)$，$l\in L$。

8.3.2 数据中心间的动态资源优化

本小节旨在讨论如何通过在不同链接间分配资源以优化系统性能。

8.3.2.1 资源分配模型

给定策略文件f_l，根据公式(8.2)，ES_i的平均物理网络延迟可被描述成$\dfrac{T^i(f_l)}{r^i}$。由于资源分配策略旨在高效的传输内容，这个

问题可进一步被描述成:

$$\hat{T}(f) = \sum_{l=1}^{L} \frac{f_l}{(c_l - b_l - f_l)R} \quad (8.4)$$

公式(8.4)表明该平均延迟是链接 l 背景流量和内容流量的严格增函数,是源节点资源限 c_l 的严格递减函数。假定 c_l 为常数,则最优策略依赖于物理网络的背景流量和弹性出版服务平台系统的内容传输量。公式(8.4)同时也表明背景流量和内容流量共享相同的物理网络。

由于函数 $\hat{T}(f)$ 是一个凸紧函数,且满足 $0 < c_l - b_l - f_l < c_l$,纳什均衡点一直存在,即存在一个最优的优化策略 $f*$,可以使得整个网络代价最小。

应用 Kuhn-Tucker optimality Conditions(KTC 优化条件),引入拉格朗日算子 λ,可得

$$f_l^i > 0 \Rightarrow T_l^i(f_l) = \lambda^i \quad (8.5)$$

$$f_l^i = 0 \Rightarrow t_l^i(f_l) > \lambda^i \quad (8.6)$$

接下来将证明本模型存在唯一纳什均衡策略。

假定模型存在两个纳什均衡策略 $\bar{f}$ 和 $\hat{f}$,则公式(8.5)和公式(8.6)能被改写成:

$$\bar{T}_l^i(f_l^i, f_l) \begin{cases} \geqslant \lambda_i & f_l^i = 0 \\ = \lambda_i & f_l^i \geqslant 0 \end{cases} \quad (8.7)$$

$$\hat{T}_l^i(f_l^i, f_l) \begin{cases} \geqslant \lambda_i & f_l^i = 0 \\ = \lambda_i & f_l^i \geqslant 0 \end{cases} \quad (8.8)$$

假设存在链接 l 和数据中心 i 且满足:$\hat{\lambda}^i \leqslant \bar{\lambda}^i$ 且 $\hat{f}_l > \bar{f}_l$

当 $\hat{f}_l = 0$,显然有 $\bar{f}_l \geqslant \hat{f}_l$ 成立。

当 $\hat{f}_l > 0$ 时,由公式(8.6)和(8.7),可得:

$$T_l^i(\hat{f}_l, \hat{f}_l) = \hat{\lambda}^i \leqslant \bar{\lambda}^i \leqslant T_l^i(\bar{f}_l, \bar{f}_l). \quad (8.9)$$

由于 $\hat{f}_l \geqslant \bar{f}_l$,可得如下不等式:

$$T_l^i(\bar{f}_l, \bar{f}_l) \leqslant T_l^i(\bar{f}_l, \hat{f}_l) \quad (8.10)$$

8.3 平台中心节点到边缘节点间传输内容资源分配

显然，函数 T_l^i 随两个因变量增加而增加。

对比公式(8.9)和(8.10)，可得 $\bar{f}_l \geqslant \hat{f}_l$；

假设存在集合 $L_1 = \{l : \hat{f}_l > \bar{f}_l\} \neq \varnothing$，和集合 $L_2 = \{l : \hat{f}_l \leqslant \bar{f}_l\}$，且集合 $I = \{i : \hat{\lambda}^i > \bar{\lambda}^i\}$。则对任意 $i \in I$，均可得到：

$$\sum_{l \in L_1} \hat{f}_l = \left(r^i - \sum_{l \in L_2} \hat{f}_l\right) \leqslant \left(r^i - \sum_{l \in L_2} \bar{f}_l\right) = \sum_{l \in L_1} \bar{f}_l \tag{8.11}$$

显然，这与先前定义相矛盾，即 $L_1 = \varnothing$。也就是说，集合 $L_1 = \{l : \hat{f}_l > \bar{f}_l\} = \varnothing$。

同理可得 $\{l : \hat{f}_l > \bar{f}_l\} = \varnothing$。因此，对任意 $l \in L$，等式 $\bar{f}_l = \hat{f}_l$ 恒成立。

假设集合 $I \neq \varnothing$，使得 $\hat{\lambda}^i < \bar{\lambda}^i$，$i \in I$ 成立。由于 T_l^i 是一个不增函数。当 $\hat{\lambda}^i < \bar{\lambda}^i$，$i \in I$ 时，$\hat{f}_l < \bar{f}_l$ 成立。进一步有 $\sum_{l=1}^{L} \bar{f}_l > \sum_{l=1}^{L} \hat{f}_l = R^i$。这与 $\sum_{l=1}^{L} \bar{f}_l = \sum_{l=1}^{L} \hat{f}_l = r^i$ 相矛盾。因此，策略 I 集合为 $\varnothing$。

同理，可得对任意 $i \in I$，$\hat{\lambda}^i = \bar{\lambda}^i$ 恒成立。因此，对于弹性出版服务平台系统，存在唯一的纳什均衡策略来获得最优的资源分配。

8.3.2.2 资源分配策略

上文表明本节提出的资源分配模型存在唯一最优解，以下旨在找到这个最优解。

应用 KTC 最优解条件并引入拉格朗日算子 λ 和 μ，可得

$$\frac{\alpha T^i}{\alpha f_l^i} - \lambda^i - \mu^i = 0 \tag{8.12}$$

$$\sum_{l=1}^{L} f_l^i = r_l^i, \mu_l^i = 0 \tag{8.13}$$

$$\mu_l^i \geqslant 0, f_l^i \geqslant 0 \tag{8.14}$$

当策略满足上述条件即为纳什均衡点（最优策略）。

将 $\sum_{l=1}^{L} \dfrac{f_l^i}{c_l - b_l - f_l^i}$ 代入到 $T_l^i(b_l, f_l)$，可得

$$\lambda_i = \frac{c_l - b_l - f_l + f_l^i}{(c_l - b_l - f_l)^2}, f_l^i > 0 \qquad (8.15)$$

$$\lambda_i < \frac{1}{c_l - b_l - f_l}. \qquad (8.16)$$

显然,当所有数据中心满足上述两个条件,SD 能为自己和其他数据中心分配最优内容传输策略,从而使得底层的物理网络和分布式数据中心传输内容的代价都最小。

$$f_l^i \begin{cases} > 0 & l \leq L^i \\ = 0 & l > L^i. \end{cases} \qquad (8.17)$$

如果 ED_i 采用这种最优策略。显然,系统必然存在链接 $L^i < L$,去 $f_l^i > 0$,$l \leq L^i$。

将其代入式(8.16),可得

$$\lambda_i = \left(\frac{\sum_{l=1}^{L^i} (cb_l^i)^{1/2}}{\sum_{l=1}^{L^i} cb_l^i - r^i} \right)^2 \qquad (8.18)$$

$$\frac{\sum_{l=1}^{L^i} (cb_l^i)^{1/2}}{\sum_{l=1}^{L^i} cb_l^i - r^i} = (\lambda_i)^{1/2} < \frac{1}{(cb_{L^i+1}^i)^{1/2}} \qquad (8.19)$$

由式(8.18)(8.19),可得:

$$r^i \leq \sum_{k=1}^{l-1} cb_m^i - (cb_L^i)^{\frac{1}{2}} \sum_{m=1}^{l-1} (cb_m^i)^{\frac{1}{2}} \qquad (8.20)$$

同理,令 $i = L_i$,可得:

$$(\lambda_i)^{1/2} = \frac{(cb_{L^i}^i)^{1/2}}{cb_{L^i}^i - f_{L^i}^i} > 1/(cb_{L^i}^i)^{1/2} \qquad (8.21)$$

进一步可得

$$r^i \geq \sum_{k=1}^{l-1} cb_m^i - (cb_l^i)^{1/2} \sum_{m=1}^{l-1} (cb_m^i)^{1/2} \qquad (8.22)$$

公式(8.20)和公式(8.22)一道,确定了哪些链接需要完成弹性出版服务平台计算系统中的内容到 ED_i 的传输。换句话,根据 Ed_i 的资源需求,SD 应用公式(8.19)来确定链接的上行带宽以便于将内容传输到 ED。并用公式(8.22)来确定其传输到 ED 的下行带宽。

8.3 平台中心节点到边缘节点间传输内容资源分配

由公式(8.15)和公式(8.18)，可得

$$f_l^i = cb_l^i - (cb_l^i/\lambda^i)^{1/2} \tag{8.23}$$

表明是残留容量和拉格朗日算子的函数。

最后，可得

$$f_l^i = \begin{cases} cb_l^i - \left(\sum_{m=1}^{L^i} cb_m^i - r^i\right) - \dfrac{(cb_m^i)^{\frac{1}{2}}}{\sum_{m=1}^{L^i} cb_m^{i\frac{1}{2}}} & 0 < l \leqslant L^i \\ 0 & \text{the others} \end{cases} \tag{8.24}$$

公式(8.24)显示 SD 仅使用了前 L_i 个链接来向 ED_i 传输内容，且各链接传输内容的带宽分配依照公式(8.24)。在公式(8.24)中，门槛 L_i 由公式(8.20)和公式(8.22)确定，cb_m^i 为残留容量，可以由一些信息技术检测得到。

对于所有链接，最优全局策略 f^* 可以写成：

$$f_l^* = \begin{cases} cb_l - \left(\sum_{n=1}^{L} cb_n - R\right) \dfrac{cb_l^{\frac{1}{2}}}{\sum_{n=1}^{L} cb_n^{\frac{1}{2}}} & 0 < l \leqslant L^* \\ 0 & \text{the others} \end{cases} \tag{8.25}$$

其中，L^* 可由式(8.24)确定。

8.3.2.3 资源分配算法

基于上述策略，此处设计了一个资源分配算法。该算法周期性的进行资源分配，以适应物理网络和分布式云计算的变化。为了降低通讯和计算的开销，算法采用中心控制结构。换句话说，所有分配策略均在分布式数据中心中的图8-3所示的资源分配模块中产生。然后这些策略分别被传输到相应的数据中心。每个数据中心收到其优化策略后，按照优化策略进行内容传输。

如上文所述，算法以云系统资源，应用需求和网络条件为输入。一般来说，云资源和服务请求可以直接收集到，但网络条件不能直接获取。为此，系统在网络不同地点部署了探测节点，用以收集网络物理层的背景流量，然后这些数据被传输到网络专题收集

器,以便抽取有用的网络信息。这些信息再被传输到拓扑产生器和资源分配模块。利用这些信息,拓扑产生器构造弹性出版服务平台系统的虚拟拓扑,并将这些拓扑映射到物理网络中。随后,拓扑产生器将虚拟拓扑和映射结果传输到资源分配模块。当资源分配模块接收到所有输入信息,利用公式(8.25)生成网络优化策略,并利用公式(8.24)产生弹性出版服务平台计算系统自己的优化策略。

算法1:分布式数据中心云的资源分配方案

Input:
  EDs resource demand, $r^1, \cdots, r^I$;
  The Things resource demand, r^0;
  Service capacities of links, $c_1, \cdots, c_L$;
  Background traffic of links, $b_1, \cdots, b_L$;
  The number of EDs, I;
  The number of links shared by the cloud, L;

Output:
  Resource allocation strategy for the client, f^0;
  Resource allocation strategy for EDs, $f^{d,\cdots,I}$;

1: Calculate total demand resource: $R = \sum_{i=0}^{I} r^i$;

2: Calculate total residual capacities of all sharing links: $tResid = \sum_{i=1}^{L}(c_i - b_i)$;

3. **If** $tResid > R$ **then**

4: **for** $i=l$; $i<n$; i++ **do**

5: $cb^i = c^i - b^i$;

6: Sort cb^i;

7: Sort r^i;

8: Calculate $U_l = \sum_{i=1}^{l-1} cb_l - (cb_l)^{1/2} \sum_{i=1}^{l-1} cb_i^{1/2}$;

9: Find L^*, which satisfies $U_{L^*} \leq R \leq U_{L^*+1}$;

10: Generate the optimum network strategy file by applying Eq. (24);

11: Generate the optimal resource allocation strategies for the client and EDs by applying Eq. (23);

12: **end for**

13: **End if**

完整算法如算法 1 所示。8.3.2.1 证明了存在唯一的最优资源分配策略，8.3.2.2 推导出这个优化策略由公式（8.24）和公式（8.25）来确定。因此，算法 1 利用公式（8.24）和公式（8.25）即可。为此，算法中的第一和第二补旨在获得总的自己需求和所有共享链路残留自己量 $tResid$，这些资源表明的是云计算可用资源。在此基础上，算法利用 $R = \sum_{i=0}^{l} r^i$ 和 $tResid = \sum_{i=1}^{l}(c_i - b_i)$ 分别计算应用需求和网络条件。基于计算的 R 和 $tResid$，步骤 2 决定是否启用资源分配策略如果需要启用，最优分配策略产生器为每个数据中心和所有用户产生对于的优化策略。对于资源需求 i，残留资源容量在步骤 5 通过式 $cb_i = c_i - b_i$ 计算获得。然后步骤 6 和 7 应用快速分类算法来获得 cb_i 和 r、i 的降序排列。然后，公式（8.20）和公式（8.22）被用来确定数据中心 i 传输内容时用到的链接。之后，步骤 8 计算 $U_l = \sum_{i=1}^{l-1} cb_i - (cb_l)^{1/2} \sum_{i=1}^{l-1} c\, b_i^{1/2}$，公式（8.20）和公式（8.22）被用来计算链接的传输上限和下限，如步骤 9 所示。最后，步骤 10 应用公式（8.25）来产生网络优化策略，步骤 11 利用公式（8.24）为用户和每个数据中心产生资源优化策略。在算法 1 中，没有参与的数据中心均周期性的向系统发送其运行状态信息并接受来自系统产生的优化策略，然后按照优化策略来传输内容，以达到整个系统传输效率的提升。

8.4 边缘节点服务用户资源分配机制

在弹性数字内容服务平台边缘层，服务节点直接通过 Internet 服务终端用户，其服务品质严重依赖于网络环境，根据终端用户不同特点来合理分配资源，能提高系统服务品质，增加网络资源利用率。本章重点关注弹性数字内容服务平台边缘层服务节点的网络资源分配，以实时数字出版内容应用为例，试图通过合理的资源分配方案来提高在恶劣网络环境下系统服务品质。

在现实生活中，大多数弹性数字内容分发系统提供商，如

Akamai、蓝汛通信、Coolstreaming 等同时为终端用户提供多种类型的实时数字出版内容应用。为了便于服务和管理,它们将请求相同类型的服务终端组织起来,形成一个子系统(本书称为频道),如网络新闻直播频道、体育直播频道等等。但网络环境的变化使得这些弹性数字内容分发系统服务品质不一定都能得到保障。为了保证用户服务品质,大多数系统提供商实际上采用超额提供资源的方式来应对用户需求,即根据在高峰时候的服务带宽来确定系统容量。显然,这种方式在网络闲时存在大量容量的冗余,会导致系统高额运行成本和较低的资源利用率。而且,对于服务节点而言,由于所有频道的用户都需要服务节点提供服务,不同子系统中的终端用户数以及其 Peer 的类型不同,会造成各频道对服务节点资源需求的不同,而所有频道共享同一服务节点的服务资源,如何分配服务节点资源,就成为 P2P 系统面临的一个挑战。

虽然在不同频道间实现有效的资源调度是实时数字出版内容 P2P 系统面临的难题,但目前关于 P2P 实时数字出版内容系统的研究仍停留在单频道系统中。直到 2008 年,一些学者才开始关注多频道的资源调度问题。例如 Wu 等在文献中对 UUS 长达 7 个月的实时数据进行了分析,提出了一种在线的服务器资源分配方案,但是该模型仅仅是基于实际运行的数据的分析提出的,而没有对多频道实时数字出版内容系统进行深入分析。W. De 等在其工作中将多频道实时数字出版内容系统的资源分配问题形式化为无限排队网络模型,并将该模型应用到隔离频道 Isolated Channel(ISO) 和观看上传双向 View-Upload Decoupling(VUD) P2P 数字出版内容系统的设计。这些模型都是基于无限排队模型,适合 P2P 数字出版内容系统的网络性能设计。显然,由于 P2P 系统中 Peer 的随机性,他们并不适合为成百上千个频道同时提供在线的资源分配任务。因此,有必要从理论上解决多频道动态资源调配问题。

P2P 实时数字出版内容多频道资源调配的核心目标是最大化 P2P 系统资源效率,初看起来与传统的网络资源分配问题很相似。但从实质上看,大多数传统网络资源优化的研究关注如何有效的实现底层物理网络的资源分配和有效的流量路由,从而达到第三层

8.4 边缘节点服务用户资源分配机制

(CTP)或第四层(IP)层的资源利用率最大化。对于 P2P 系统,由于 Peer 可同时作为资源汇接点和源节点的独特特性,使得传统的资源分配策略不适用于 P2P 系统,有必要研究出一种新的资源分配算法来满足多频道 P2P 实时数字出版内容系统的服务品质。

为此,本章首先分析了 P2P 系统资源需求与服务器服务能力之间的关系。在此基础上,提出了广义的数字出版内容品质模型,并将该模型应用于 P2P 实时数字出版内容系统,提出一种实时数字出版内容多频道 P2P 动态资源分配算法。为此,本文构建了一个广义的实时数字出版内容 P2P 多频道系统的品质模型,该模型揭示了多频道 P2P 系统的数字出版内容品质与其对应影响因素,如 Peer 数量、服务器资源服务能力和每一个频道的 Peer 平均贡献率之间的关系。在上述数字出版内容品质模型基础上,本文为多频道实时数字出版内容 P2P 系统提出一种动态资源调配算法。该算法在基于每个频道资源需求的基础上对各频道进行合理的资源分配,有利于提高 P2P 系统的数字出版内容品质。

8.4.1 问题描述

从本质上讲,多频道 P2P 实时数字出版内容系统的动态资源调配可以被描述成一个优化问题,即根据不同的网络环境,将有限的资源合理地分配到不同频道中,以取得最优的频道品质。因此,多频道资源调配问题描述成如下问题:

假设多媒体 P2P 系统有一台服务器和 M 个频道。系统服务器总的服务能力为 U,R^k 表示频道 k 的码率,N^k 表示子系统 k 中所有的 Peer 数,ρ^k 表示频道 k 中 Peer 的平均贡献率。在这种情况下,多频道资源调配可被描述成如何将有限的资源分配到不同频道中。显然,这个问题可以被描述成一个带多个约束的优化问题:

Maximize:

$$\sum_{i=1}^{M} (Q^k)^\alpha (\delta^k)^\beta \qquad (8.26)$$

Subject to:

$$\sum_{i=1}^{M} r_s^k \leqslant U \tag{8.27}$$

$$Q^k = f(N^k, r_s^k, \rho^k) \tag{8.28}$$

在公式(8.28)中，δ^k 表示对子系统 k 中的流媒体品质的预测值；前一个约束表示总的分配资源应小于服务器上传资源；后一约束则表示频道 k 中流媒体的品质是变量 N^k，r_s^k 和 ρ^k 的函数。

8.4.2 多频道品质模型

前文描述了 P2P 系统的可扩展性模型，可以看出，当 Peer 平均贡献率大于或等于 1 时，服务器只需为系统提供足够种子[在实时流媒体系统中，系统只需提供 $r_s^k(r_s^k \geqslant R^k)$ 的资源]，能维持系统以高品质服务用户，但是当 Peer 平均贡献率小于 1 时，系统需要上传更多资源来为终端用户提供高品质的流媒体服务，本书主要关注这种情况。

对于频道 k，假设 β^k 表示 Peer 具有高下载能力，即其下载能力超过系统码率，设 v_s^k 表示频道 k 中 Peer i 观看的速率。此时，Peer i 的观看率可描述如下：

$$v_s^k = \begin{cases} R^k, & r_{si}^k + r_i^k \geqslant R^k \\ r_{si}^k + r_i^k, & r_{si}^k + r_i^k < R^k \end{cases} \tag{8.29}$$

定义 Peer i 的流媒体品质 $q_i^k = E[P\{v_s^k : v_s^k \geqslant R^k\}]$，将公式(8.28)代入频道服务品质 q_i^k 中，有如下关系：

$$q_i^k = \begin{cases} 1, & r_{si}^k + r_i^k \geqslant R^k \\ \beta^k + (1 - \beta^k) \dfrac{r_{si}^k + r_i^k}{R^k}, & r_{si}^k + r_i^k < R^k \end{cases} \tag{8.30}$$

对于频道 k，令 q_i^k 表示频道中 Peer i 观看流媒体期望，则有：

$$(r_{s(t+1)}^k)^* = \begin{cases} \beta_{s(t+1)}^k, & \lambda^* < c\pi(\beta_{s(t+1)}^k + \pi\beta_{s(t+1)}^k) \\ \dfrac{\lambda^{1/(a-1)}}{\pi^{a/(a-1)}c} & \end{cases} \tag{8.31}$$

在频道 k 中，所有的 Peer 服从独立同分布（Independently and

Identically Distribution，IID)，因此，频道 k 的服务品质 Q 可由下式描述：

$$Q^k = \frac{\sum_{i=1}^{N_i^k} q_i^k}{N^k} = \beta^k + \frac{(1-\beta_i^k)r_s^k}{N^k R^k (1-\rho^k)} \quad (8.32)$$

上述表明，流媒体服务品质与对应的影响因数 r_s^k、ρ^k 和 N^k 之间的关系。

图 8-5 至图 8-7 揭示了实时数字出版内容多频道系统中频道 k 的服务品质因数与对应的影响因数间的关系。在这三图中，频道 Peer 数以步长为 1 从 1000 增加到 2000，服务器服务能力从 0 增加到 12，对应的步长为 0.1；Peer 的评价贡献率的变化范围为 0.5 到 0.95，步长为 0.01。在上述三图中，图 8-5 表示的是 P2P 系统频道品质因数在不同服务器服务能力情况下与该频道 Peer 数间的关系；图 8-6 表示的是频道服务品质与服务器服务能力间的相互关系，而图 8-7 则是频道品质在不同服务器服务能力下与佩尔、贡献

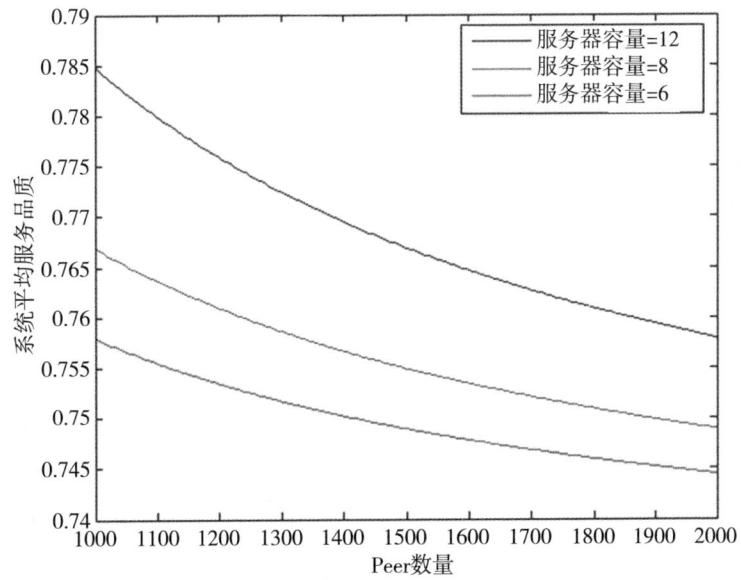

图 8-5　频道服务品质与 Peer 数量间关系曲线

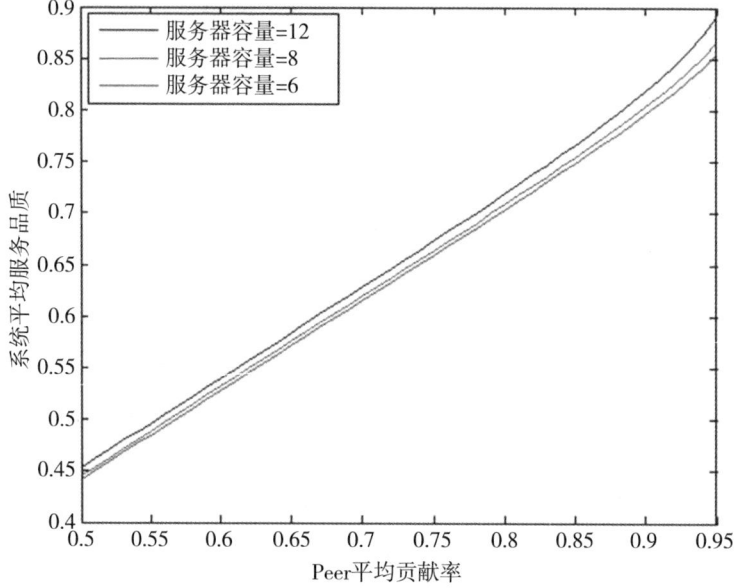

图 8-6 频道服务品质与 Peer 平均贡献率间关系曲线

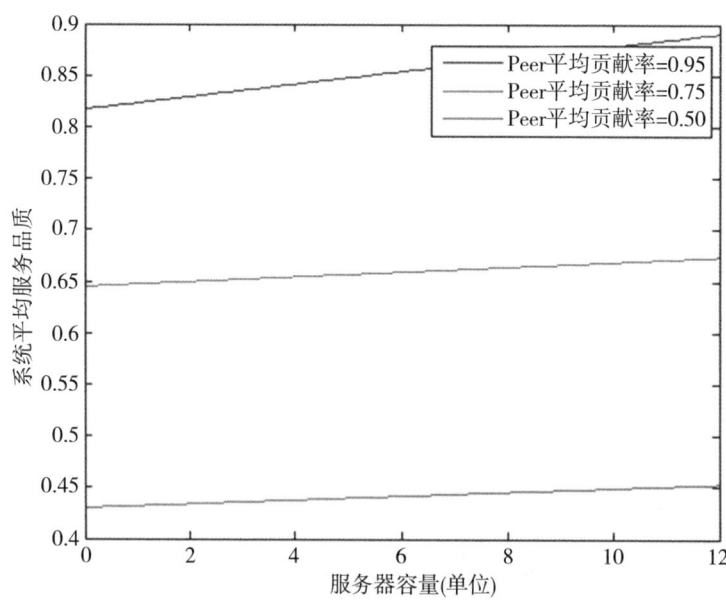

图 8-7 频道服务品质与服务器服务能力间关系曲线

8.4 边缘节点服务用户资源分配机制

率间的相互关系。从图 8-5 可以看出,当服务器能力给定的情况下,频道品质因数与 Peer 数量呈负相关。同样的,由图 8-6 和图 8-7 可以看出,在 Peer 贡献率给定的情况下,频道服务品质随服务器能力提高而增加,当服务器能力不变时,频道服务品质随 Peer 贡献率增加而增加。上述三个图很直观地说明了频道服务品质与 Peer 数呈负相关,与 Peer 贡献率和服务器的服务能力呈正相关。

8.4.3 参数估计和预测

动态资源调配算法是建立在对各种相关参数加以预测基础上的。因此,在描述算法之前,先介绍各种参数的预测和确定。

A. Peer 数量预测。

8.4.2 详细介绍了 P2P 系统频道的服务品质与服务器服务能力 r_s^k、Peer 贡献率 ρ^k 以及 Peer 数量 N^k 间的相互关系。为了将服务器资源合理分配到不同频道中,有必要合理估计该频道中 Peer 在下一时刻间 $t+1$ 的数量 N_{t+1}^k,$0 < k \leqslant M$。

在时刻 t,假设频道 k 中的 Peer 数量为 N_t^k。则在 $t+1$ 时刻,Peer 数量 N_{t+1}^k 可通过如下关系加以描述:

$$\overline{N_{t+1}^k} = (1 + p_t^k)N_t^k - \mu(N_t^k - \overline{N_t^k}) \tag{8.33}$$

在公式(8.33)中,参数 p_t^k 是频道 k 在 t 时刻的 Peer 数量改变率,参数 μ 是矫正参数,参数 $\overline{N_t^k}$ 是频道 k 在 t 时刻对 Peer 数的估计值。

B. 频道预测服务品质。

由前文可知,频道 k 中具有高服务品质的概率可由下式表示:

$$\beta_{t+1}^k = \frac{n_t^k}{N_t^k} \tag{8.34}$$

在公式(8.34)中,参数 n_t^k 是在 t 时刻哪些下载能力超过流媒体码率的 Peer 数量。

令参数 $r_{s(t+1)}^k$ 表示服务器在 $t+1$ 时刻服务器为频道 k 提供的服务资源,将公式(8.33)、公式(8.34)和 $r_{s(t+1)}^k$ 代入公式(8.30)中,

则频道 k 在 $t+1$ 时刻的平均服务品质可以被描述成下式：

$$\overline{Q}_{t+1}^k = \beta_{t+1}^k + \frac{(1-\beta_{t+1}^k)r_{s(t+1)}^k}{N_{t+1}^k(1-\rho^k)R^k} \quad (8.35)$$

C. 频道服务品质的可控性。

在多频道 P2P 实时数字出版内容系统中，所有频道都共享并竞争同一服务器提供的资源。公式(8.35)表明在 Peer 贡献率小于 1 且服务器服务能力一定时，频道 k 的平均服务品质随 Peer 数量增加而减小，这意味着过度资源分配方式在网络尖峰时刻不适用。进一步考虑，由于 P2P 系统的分布式和 Peer 的自私性，P2P 系统会经常受到各种扰动，从而降低了对频道服务品质的可控性。

在 P2P 流媒体系统中，Peer 的扰动是造成 Peer 服务品质显著下降的关键因素。从时间刻度上看，Peer 扰动可以分为如下两类：长时间的 Peer 退出和进入和短时间两类。前者被称之为 on-devicePeer。这类 Peer 一旦进入 P2P 系统，会在较长时间存在并提供较为稳定的资源贡献率。后者则被称为随机 Peer。这类 Peer 进入或退出 P2P 系统是随机发生的，如大多数网络终端用户。例如，机顶盒一旦进入 P2P 实时流媒体系统，将会在一段时间内有稳定的上传和下载速度，并且能维持较长的时间。但一些随机 Peer 加入和退出系统都会较随机，不能为系统提供稳定的资源来源，并使得系统更难预测和控制服务品质。由于这类 Peer 是 P2P 系统的主要用户，系统很难对其服务品质加以预测并在尖峰时刻为系统提供可靠的服务品质。但幸运的是，P2P 系统除了随机型 Peer 外，还存在 on-device 型 Peer，使得系统能够对系统对频道服务品质存在一定程度的预测和控制。在文中，以参数 δ_t^k 来表示频道 k 在 t 时刻对流媒体服务品质的可控性，并对参数 δ_t^k 作如下定义：

$$\delta_t^k = Q_t^k/\overline{Q}_t^k \quad (8.36)$$

在式(8.36)中，参数 $Q_t^k = \dfrac{\sum_{i=1}^{N_t^k} q_{i(t)}^k}{Q_t^k}$，$q_{i(t)}^k = \min(1, (r_{si(t)}^k + r_{i(t)}^k)/R^k)$ 表示频道 k 在 t 时刻的实际流媒体服务品质，参数 $\overline{Q}_t^k$ 表

示频道 k 在 $t-1$ 时刻对服务品质的预测值。

显然，频道 k 的预测性随可控性的增加而增加。可控参数为 1 表明频道的服务品质完全可以预测并加以控制，当可控性大于 1 时意味着流媒体品质会优于期望值。

8.4.4 服务器服务资源的分配

基于上述的 Peer 数量，流媒体服务品质和每个频道流媒体品质的可预测性，公式（8.26）可被重新描述成如下：

Maximize：

$$RA = \sum_{i=1}^{M} (Q_{t+1}^k)^a (\delta_t^k)^b \qquad (8.37)$$

Subject to：

$$0 \leqslant r_{s(t+1)}^k \leqslant B_{s(t+1)}^k \qquad (8.38)$$

$$\sum_{i=1}^{M} r_{s(t+1)}^k \leqslant U \qquad (8.39)$$

$$a + b = 2,\ 1 \leqslant a \leqslant 2,\ 0 \leqslant b \leqslant 1 \qquad (8.40)$$

$$Q_{t+1}^k = f(N_{t+1}^k, r_{s(t+1)}^k, \rho^k) \qquad (8.41)$$

在公式（8.38）至公式（8.41）中，$RA = \sum_{k=1}^{M} \left(\beta_{t+1}^k + \dfrac{(1-\beta_{t+1}^k) r_{s(t+1)}^k}{N_{t+1}^k (1-\rho^k) R^k} \right)^a (\delta_t^k)^b$，为目标函数；参数 $B_{s(t+1)}^k = (1-\rho^k) R^k \overline{N_{t+1}^k}$ 为频道 k 在 $t+1$ 时刻对服务器的最大资源需求，即该资源需求能使得该频道所有 Peer 的服务品质为 1；公式（8.38）意味着服务器分配给频道 k 的容量不超过其需求的容量；公式（8.39）表示总的服务容量不超过服务器服务能力。

为了找到上述优化问题的最优解，引入三个拉格朗日乘法算子。其中拉格朗日算子 λ 用于公式（8.39），拉格朗日算子 γ 和 μ 用于公式（8.38），拉格朗日算子 ω 则用于公式（8.40）。将 Karush-Kuhn-Tucker（KKT）条件应用到公式（8.37），则有如下结果：

$$-\dfrac{dRA}{dr_{s(t+1)}^k} + \lambda + \mu + \gamma + \omega = 0 \qquad (8.42)$$

$$\lambda \left(\sum_{i=1}^{M} r_{s(t+1)}^{k} - U \right) = 0 \qquad (8.43)$$

$$\mu (r_{s(t+1)}^{k} - B_{s(t+1)}^{k}) = 0 \qquad (8.44)$$

$$\gamma r_{s(t+1)}^{k} = 0 \qquad (8.45)$$

$$\omega (a + b - 2) = 0 \qquad (8.46)$$

对于 $r_{s(t+1)}^{k}$，有 $r_{s(t+1)}^{k} \geq 0$ 和 $r_{s(t+1)}^{k} \leq B_{s(t+1)}^{k}$。此时，对于约束公式(8.43)和公式(8.44)，可得到 $\mu^{*} = 0$ 且 $\gamma^{*} = 0$ 将上述约束代入对应约束及模型公式(8.42)，有 $\dfrac{dRA}{dr_{s(t+1)}^{k}} = \lambda^{*}$。定义等式 $\pi = \dfrac{1 - \beta_{t+1}^{k}}{(1 - \rho^{k}) R^{k} N_{t+1}^{k}}$。由公式(8.41)可得 $\dfrac{dRA}{dr_{s(t+1)}^{k}} = \dfrac{\lambda^{1/(a-1)}}{\pi^{a/(a-1)} c^{1/(a-1)}} - \dfrac{\beta_{t+1}^{k}}{\pi}$。最后，可得到最佳解：

$$(r_{s(t+1)}^{k})^{*} = \begin{cases} \beta_{s(t+1)}^{k}, & \lambda^{*} < c\pi(\beta_{s(t+1)}^{k} + \pi\beta_{s(t+1)}^{k}) \\ \dfrac{\lambda^{1/(a-1)}}{\pi^{a/(a-1)} c^{1/(a-1)}}, & \lambda^{*} \geq c\pi(\beta_{s(t+1)}^{k} + \pi\beta_{s(t+1)}^{k}) \end{cases}$$

$$(8.47)$$

在公式(8.47)中，$c = a - 1$，表示可控性参数参与到服务器资源分配的程度。然后利用注水定理来获得最佳服务器资源分配策略。

8.4.5 动态资源分配算法

在上述资源分配模型基础上，本书提出一种动态资源分配算法。该算法周期性执行以便根据不同频道对资源的需求来改变资源分配策略。为了减小计算开销，本文利用累计注水定理方法，根据先前和当前状态信息，动态分配共享资源。

在 t 时刻，算法从 $r_{s(t+1)}^{k} = r_{s(t)}^{k*}$ 开始。系统首先收集每个频道 Peer 的数据，如上传和下载能力，再利用公式(8.42)计算在 t 时刻的相关参数和在 $t+1$ 时刻的预测参数。随后，算法对各频道的资源进行预分配，该过程包含如下三步：(1)收集剩余服务器资源，这些剩余资源指在 t 时刻所有超过预期频道的资源；(2)分配剩余资源，将收集来的服务器资源在那些，需要额外资源的频道中进行分配；(3)在各频道间调整服务器资源分配，重复上述调整，直到系统获得最大资源利用率，或者达到系统最大资源需求。

上述算法详细步骤总结如算法2。该算法被服务器周期性地执行，每一个Peer仅需周期性地向服务器上传其状态信息，例如下载能力和上传能力。

算法2 动态资源调度算法

输入：频道数、每个频道Peer数、每个Peer上传能力和下载能力和服务器总服务能力

输出：每个频道分配带宽资源。

(1) Peer信息收集

收集每个频道活跃Peer数量N_t^k、每个Peer状态信息，包括β_t^k、r_t^k和b_t^k。推导出流媒体品质，平均流媒体品质和每个频道服务品质的期望值。

(2) 频道相关参数预测

预测在$t+1$时刻Peer数量，平均贡献能力和平均服务品质。

(3) 服务器资源预分配

a 计算当前服务剩余容量

b 对每一个频道进行资源预分配

c 利用累计注水定理对频道资源进行微调

8.5　本章小结

弹性数字内容分发系统服务节点部署一直都是学术界研究的重点，但传统服务节点部署中未对核心层服务节点与边缘层服务节点加以区分，且存在网络信息获取不完整和搜索算法效率随样本数量增加而急剧下降的缺陷。针对这些问题，本章提出一种基于网络坐标的访问节点部署方案。为解决网络信息获取不完整的问题，该方案引入网络坐标的测量方法，实现以少量测量成本获得更完整的网

络信息。同时，针对网络坐标系统的特性以及商用系统的特点，引入并改进分层聚类算法，使之能够在全局网络范围内主动选择服务节点，进而较好地适用于核心层服务节点的部署。

在此基础上，本章分析了现有 CDN 服务器选择机制在移动环境下所面临的不足，提出一套应用于移动互联网下的移动性感知数字出版知识服务系统，并进一步提出一种由客户端驱动的面向服务质量的服务器选择机制。该机制以移动客户端为主导，综合考虑了边缘服务器的负载状况以及综合服务质量等级，以为移动用户持续提供优质服务。

最后，通过构建适合弹性数字出版内容分发系统、当前网络环境和用户设备特点的服务器部署模型并提出数字出版过程中的服务器选择策略，实现弹性数字出版内容分发系统静态资源在系统各服务器间的合理分配，有助于提高系统服务效率和服务品质，保证总体服务品质。

本章参考文献

［1］N Lin，B Zhou，Y Nie. Markov Theory Based Multi-server C/S System Reliability Algorithm［J］. 2011 International Conference on Computer Science and Service System（CSSS），2011：2315-2318.

［2］M A Salahuddin，J Sahoo，R Glitho，H Elbiaze，W Ajib. A Survey on Content Placement Algorithms for Cloud-Based Content Delivery Networks［J］. IEEE Access，2018(6)：91-114.

［3］H Shen，Z Li，K Chen. Social-P2P：An Online Social Network Based P2P File Sharing System［J］. IEEE Transactions on Parallel and Distributed Systems，2015，26(10)：2874-2889.

［4］I Petri，J Diaz-Montes，M Zou，T Beach，O Rana，M Parashar. Market Models for Federated Clouds［J］. IEEE Transactions on Cloud Computing，2015，3(3)：398-410.

［5］L Tseng，J DeAntonis，T Higuchi，O Altintas. Peer-Assisted

Content Delivery Network by Vehicular Micro Clouds [J]. 2018 IEEE 7th International Conference on Cloud Networking (CloudNet), 2018.

[6] M Charikar, S Guha, et. al. A Constant-factor Approximation Algorithm for the K-median Problem [C]//Ann. ACM Symp. Theory of Computing, 1999: 1-10.

[7] K Jain, V V Vazirani. Approximation Algorithms for Metric Facility Location and K-median Problems Using the Primal-dual Schema and Lagrangian Relaxation[M]. Journal of the ACM, 2001: 274-296.

[8] C W Cameron, S H Low, D X Wei. High-Density Model for Server Allocation And Placement [C]//ACM SIGMETRICS, 2002, 30 (1): 152-159.

[9] T S E Ng, H Zhang, Predicting Internet Network Distance with Coordinates-based Approaches[C]//IEEE INFOCOM, 2002.

[10] R G D'Andrade. U-statistic Hierarchical Clustering [J]. Psychometrika, 1978, 43(1): 59-67.

[11] A Böcker, S Derksen, E Schmidt, G Schneider, Hierarchical k-Means clustering [EB/OL]. [2011-03-01]. http://gecco.org.chemie.uni-frankfurt.de/hkmeans/H-k-Means.pdf.

[12] P Francis, S Jamin, V Paxson, et al. An Architecture for a Global Internet Host Distance Estimation Service[C]//IEEE INFOCOM '99, 1999.

[13] Z Wen, M Rabinovich. Network Distance Estimation with Dynamic Landmark Triangles[C]//SIGMETRICS '08, 2008, 36(1).

[14] A Ponraj. Optimistic Virtual Machine Placement in Cloud Data Centers Using Queuing Approach[J]. Future Generation Computer Systems, 2019, 93(4): 338-344.

[15] C Wu, B Li, S Zhao. Magellan: Charting Large-Scale Peer-to-Peer Live Streaming Topologies[C]//IEEE ICDCS'07, 2007: 62.

[16] A Beloglazov, J Abawajy, R Buyya. Energy-aware Resource Allocation Heuristics for Efficient Management of Data Centers for

Cloud Computing[J]. Future Gener. Comput. Syst, 2012, 28 (5): 75-68.

[17] Z Xiao, W Song, Q Chen. Dynamic Resource Allocation Using Virtual Machines for Cloud Computing Environment[J]. IEEE Trans. Parallel Distrib. Syst, 2013, 24(6): 1107-1117.

[18] D Warneke, O Kao. Exploiting Dynamic Resource Allocation for Efficient Parallel Data Processing in the Cloud[J]. IEEE Trans. Parallel Distrib. Syst, 2011, 22(6): 985-997.

[19] F Teng, F Magouls. A New Game Theoretical Resource Allocation Algorithm for Cloud Computing[C]//Advances in Grid and Pervasive Computing-5th International Conference, GPC, vol. 2010, 2010: 321-330.

[20] J Guo, F Liu, X Huang, et al. On efficient Bandwidth Allocation for Traffic Variability in Datacenters[C]//IEEE INFOCOM 2014-IEEE Conference on Computer Communications, 2014: 1572-1580.

[21] T Baker, B Al-Dawsari, H Tawfik, D Reid, Y Ngoko, GreeDi: An Energy Efficient Routing Algorithm for Big Data on Cloud[J]. Ad Hoc Netw, 2015(35): 83-96.

[22] X Zhang, J Liu, B Li, et al, CoolStreaming/DONet: A Data-driven Overlay Network for Peer-to-Peer Live Media Streaming[J]. IEEE INFOCOM, 2005.

[23] C Wu, B Li, S Zhao, Multi-channel Live P2P Streaming: Refocusing on Servers[C]//IEEE INFOCOM, 2008: 1355-1363.

[24] C Wu, B Li, S Zhao, Diagnosing Network-wide P2P Live Streaming[C]//IEEE INFOCOM Mini-Conference, 2009: 2731-2735.

[25] D Wu, Y Liu, K Ross, Queuing Network Models for Multi-Channel P2P Live Streaming Systems[C]//IEEE INFOCOM, 2009: 73-81.

[26] D Wu, C Liang, Y Liu, K Ross, View-Upload Decoupling: A

Redesign of Multi-Channel P2P Video Systems [C]//IEEE INFOCOM Mini-Conference, 2009: 2726-2730.

[27] S H Low. A Duality Model of TCP and Queue Management Algorithms[J]. Networking, IEEE/ACM Transactions, 2003, 11(4): 525-536.

[28] J W Lee, M Chiang, R A Calderbank, Price-based Distributed Algorithm for Optimal Rate-reliability Tradeoff in Network Utility Maximization[J]. IEEE J. Sel. Areas Commun, 2006, 24(5): 962-976.

[29] S Floyd, V Jacobson, Random Early Detection Gateways for Congestion Avoidance[J]. Networking, IEEE/ACM Transactions, 1993, 1(4): 397-413.

后　　记

　　2011年我获得博士学位后转行进入出版业，作为博士后，跟随合作导师方卿教授从事数字出版研究，主要从事如何将信息技术引入出版领域，完成出版流程再造方面的工作。在这期间，我先后参与了方卿教授主持的国家文化产业发展专项研发工作和国家科技支撑"基于语义的动态数字出版服务系统研发和应用示范"项目的申报书撰写工作，对个性化定制出版有了初步认识。博士后出站后，我继续从事利用信息技术再造出版流程的研究工作，在参与国家科技支撑计划"基于语义的动态数字出版服务系统研发和应用示范"项目的研发工作并主持自己的国家自然科学基金项目"基于文本逻辑主题结构的数字出版内容重组研究"研究工作过程中，我对个性化定制出版服务有了更为深刻的认识，并在同事和学生帮助下，探索形成并逐步实现这种个性化出版知识服务的生产流程。

　　出版知识服务是信息技术与出版产业相结合的产物，也是信息技术发展到一定阶段用户阅读的必然需求。出版知识服务对数字出版进行了取长补短，在继承数字出版高效便捷和灵活多样等优势的同时，还在一定程度上克服数字出版内容复制带来的弊端，促进了数字出版的快速发展；同时，出版知识服务能够根据用户需求定制其阅读内容，满足网络环境下用户内容消费个性化和阅读时空碎片化的趋势；最后，出版知识服务这种根据用户需求定制出版内容的出版形态，有助于提高出版商内容资源的利用率，在增强其盈利能力的同时，推动其由内容提供商转变成知识服务提供商，进而形成知识密集型出版企业。虽然出版知识服务有助于促进出版产业良性发展，但这一服务过程不仅需要推断出用户的真正阅读目的，并临时生成相应的出版内容，还需要根据不同阅读设备匹配适当的形式展现，是对用户行为分析、推荐技术、语义和自然语言处理，以及网络内容服务等技术的综合运用。此外，由于文本阅读和内容消费行为涉及个人意识以及审美情趣等主观因素，无法用传统物理手段衡量，需要借助生物信息技术，共同完成出版产品的生成和服务。就目前来看，众多来自不同领域、涵盖不同内容的技术，能够协作完成用户的个性化内容定制出版服务，但这种出版方式在改变当前出版业态的同时，必然引发经济、法律和政策等方面的变化，需要我们进一步探索明确。最后，作为技术驱动的内容产业，数字出版的生产、消费必然会随着技术进步而被推进，产生与之相适应的新出版形态和出版生态，这也需要我和我的同事们一道不断探索实践和逐步优化改进。

在初步完成个性化出版内容生产与服务后，我将近年来的研究成果凝练于本书之中，谓之"基于知识库的出版知识服务实现"，是以对本人和同学们研究和实践成果的一次全面凝练和系统归纳。

在成稿过程中，方卿、徐丽芳和徐雷老师给予了帮助，孙梦婷和许芸茹分别为本书的第 1 章和第 5 章内容提供基本素材，曹蒙、向安玲、朱赋蕊、李紫尘、张溪源、卢慧质等同学在内容上为本书的成书提供内容素材帮助。在项目研究和系统开发过程中，曹蒙、陈腾、向安玲、孙梦婷等都付出辛勤汗水。刘叶萍同学帮助进行格式编排。大家都激励我尽快完稿。其间，无论是武汉大学信息管理学院的同事、学生，还是我的家人、朋友都给予我莫大支持和鼓舞。遗憾的是，限于篇幅，而无法在此列举更多的人。

在《基于知识库的出版知识服务实现》即将付梓之际，一并向所有关心、支持、帮助和指导我的人们致以崇高敬意！向参与数字出版和出版知识服务相关课题研究的同仁，向业内进行数字出版和出版知识服务相关探索的专家学者致敬。

袁小群

2020 年 8 月 21 日于珞珈山枫园